법과 생활

노종천

화산미디어

머 리 말

인간은 사회적 동물이다. 인간은 사회를 구성하여 상호관계를 맺으면서 삶을 영위하는 존재로서 사회생활관계의 주체가 된다. 사회생활 가운데 누구든지 법률문제를 겪게 된다. 즉 법률문제는 당위적인 사회현상의 하나이다. 법률문제에 의해 법익을 침해당한 경우, 그 구제를 위한 사회안전망이 만들어져 있고, 법규범은 대표적인 사회안전망의 하나이다. 그런데 법익을 침해당한 경우 법규범에 의한 구제를 받는 경우, 엄격하게 법정되어 있는 절차에 따라 국가의 공권력에 의해서만 구제받을 수 있다는 점에서 시간과 비용이 필요하게 된다. 그렇지만 사회 구성원 각자가 스스로 법률문제의 발생을 예방하거나, 법익을 침해당한 경우 구제받을 수 있는 법률지식과 능력을 가질 수 있다면 시간과 비용을 절감할 수 있을 것이고, 나아가 개인의 능력에 의한 사회안전망의 확충이라는 기능도 하게 될 것이다.

이 책은 이런 점에 초점을 맞추어 우리의 사회생활 관계에서 빈번하게 접할 수 있는 법률문제에 대한 해결의 법리를 알기 쉽게 정리하였다. 채권관계, 가족관계, 부동산 법률관계, 고용과 임금의 법률관계, 형사상 법률관계, 소비자 법률관계 등에 따르는 법률적 내용을 다루었고, 실무적 해결방안으로 민사소송절차, 행정심판 및 행정소송절차를 다루었다. 이 책을 통하여 독자들이 법률문제를 해결하고 자신의 권리를 보전하는 능력을 함양할 것을 기대한다. 여러분의 관심과 지적을 통하여 계속적인 업데이트가 되도록 노력하고자 한다. 이 책의 출간에 힘써 주신 현근택 사장님께 감사드린다.

2017년 8월

노종천

차 례

제 2 장 가족관계의 법 37

제 3 장 부동산과 법 81

제 7 장 민사소송절차 220

제 8 장 행정심판·행정소송절차 238

법과 생활

Chapter

01 채권관계의 법

Ⅰ. 채권관계

"인간은 사회적 존재이다."[1] 사회생활 관계에서 채권관계는 가장 빈번하게 발생하는 법률관계의 하나이다. 하루의 시작은 채권관계에서 시작하여 채권관계로 종료한다고 해도 과언이 아니다. 채권관계는 너무 빈번하여 당사자는 자신이 채권관계에 있다는 사실을 모르는 경우도 많다. A는 아침에 월세로 살고 있는 집에서 일어나 배달된 신문을 보면서, 배달된 우유와 빵을 먹었다. 샤워를 하고 드라이어로 머리를 말린 후 출근길에 나섰다. 버스를 타고 전철역에 가서 환승하여 직장에 도착하였다. 아침에 일어나 일상을 거쳐 직장에 출근한 A는 몇 개의 채권관계가 관련되어 있는가? 집에 대한 임대차 계약관계, 배달된 우유와 빵에 대한 계속적 공급계약 관계, 수도・전기 공급계약 관계, 교통수단과의 운송계약 관계 등 모두 채권관계이다. A가 퇴근한 후 귀가하여 잠자리에 들기까지는 더욱 많은 채권관계를 맺게 될 것이다.

물권관계는 재화의 지배관계를 규율하는 법률관계로서 정적(靜的)인 법률관계이다. 반면 채권관계는 재화의 동적(動的) 이전관계를 규율하는 법률관계로서 유동적이며 박진감 있는 법률관계이다. 채권관계는 채권자와 채무자라는 당사자로 구성된다. 이들은 채권과 채무라는 권리를 향유하고 의무를 부담하는 관계이다. 채권은 채무자에게 채무이행을 요구하는 권리이며, 채무는 채권을 실현시켜주어야 하는 법적 당위를 말한다. 이 장에서는 채권・채무는 어떻게 발생하고, 채무자의 채무불이행에 의해 채권을 침해당한 경우, 법률상 채권자가 구제받을 수 있는 제도를 중심으로 내용을 서술하고자 한다.

1) Aristotle, 「Politics」 Book 1, section 1253a.

Ⅱ. 채권의 발생

1. 서 설

채권·채무를 발생시키는 법률상 원인은 두 가지가 있다. 법률행위와 법률의 규정이다. 법률행위는 단독행위, 계약, 합동행위로 분류하는데 이 가운데 채권을 발생시키는 법률행위는 계약이다. 종래 봉건시대로부터 근대시대로의 이행과정을 "신분에서 계약으로"[2]라고 표현할 정도로 계약은 채권을 발생시키는 가장 중요한 법률행위이다.

본래 의미의 계약은 채권발생을 목적으로 하는 당사자 간의 법률행위이다. 민법 제3편 제2장의 계약은 이 채권계약에 대한 규정이다(민법 제527조~제733조). 계약에 의한 지배, 이른바 계약지상주의 사상에 의한 계약자유의 원칙에 의하여 근대 자본주의 경제체제가 형성되었다. 이후 계약은 재화의 합법적, 합리적 이동수단으로 기능하고 있다. 종래 신분관계에 기초하여 재화가 이동되었지만, 이제 계약에 의해 재화가 이동함으로써, 계약은 재화의 사회적 유통수단으로서의 지위를 갖게 되었다. 즉 사적 자치의 모습이 신분에서 계약으로 바뀐 것이다.

2. 계약자유의 원칙과 그 제한

(1) 계약자유의 원칙의 내용

계약당사자의 자유로운 의사에 의하여 계약관계가 형성·유지되고 의욕 된 법률효과가 발생토록 한다는 것이 자유와 평등을 기반으로 형성된 근대 사법원리의 기초가 되었다. 이는 계약자유의 원칙으로 나타내게 되었고 사적 자치를 구체적으로 실현하는 수단이 되었다. 계약자유의 원칙은 네 가지로 구체화되는데, 계약을 체결할 자유, 계약의 상대방을 선택할 자유, 계약의 내용을 결정할 자유, 계약의 방식의 자유를 의미한다. 계약자유의 원칙을 실현하는 인간상은 자유롭고 대등하게 교섭하는 자유인으로서의 인간을 전제로 하고 있다.

---

2) "신분에서 계약으로(from status to contract)"는 영국의 법학자인 헨리 메인경(Sir Henry Maine)이 그의 저서 《고대법 Ancient Law》 에서 사용한 표현으로, 중세의 신분질서 사회로부터 근대적 계약질서 사회로의 전환을 표현한 용어이다.

① 계약체결의 자유

계약당사자는 계약의 청약이나 승낙, 또는 계약의 체결이나 불체결을 자유로이 결정할 수 있는 자유가 있고 이를 계약체결의 자유라고 한다.

② 상대방선택의 자유

계약당사자는 계약을 체결하는 경우에 자기의 의사에 의하여 상대방을 자유롭게 선택할 수 있다. 이는 특정인과 계약체결을 강제당하지 아니할 자유로 이야기할 수도 있다. 이를 계약상대방선택의 자유라고 한다.

③ 내용결정의 자유

계약당사자는 계약에 의하여 발생하는 채권과 채무의 내용을 상대방과 합의하여 자유로이 결정할 수 있다. 즉 계약 전반에 관한 내용을 자신의 의욕에 의하여 정할 수 있고 원칙적으로 법률은 당사자에 의하여 의욕 된 효과를 보장한다.

④ 방식의 자유

계약당사자는 계약의 방식을 자유로이 선택할 수 있다. 계약을 하는 청약과 승낙의 방법이나 방식, 계약체결의 방식 등을 자유로이 선택할 수 있다. 여기서 선택이란 정해진 방식에서의 선택을 의미하는 것이 아니라 자유로운 방식으로 정할 수 있고 이를 보장한다는 의미이다. 구두로 하든, 계약서를 작성하든, 계약서를 작성하여 공증을 하든 자유로이 할 수 있고, 계약서도 조그만 메모지에 작성하든, 커다란 종이에 매직펜으로 작성하든지, 볼펜으로 작성하든지 등 당사자가 자유로이 할 수 있고 아무런 제한이 없는 것이다.

(2) 계약자유에 대한 제한

① 계약자유의 제한에 대한 근거

계약자유의 원칙은 개인의사 절대의 사상에 기초를 둔 것으로 근대 이후 자본주의 사회건설의 원동력이 되었으나 그것이 지니고 있는 형식적 합리성은 현대적 복리추구의 요청에 부합할 수 없는 결함을 갖게 되었다. 즉 자본주의의 발전단계에 따라 사회 속에 형성된 자본가와 무산자라는 계급 간에 경제적 힘의 균형이 깨지게 되었고 이 경우에도 계약자유의 원칙을 관철하게 되면 무산자는 자본가의 경제적 힘에 의하여 예속당하는 한편 사회적 잉여이익의 균등한 분배를 기대할 수 없게 되었다. 또한 사회생활 속에 기본적으로 필요한 생활필수품의 독점적 공급자에 대하여 수요자의 생존배려라는 점에서도 당사자 간의 계약자유에 의해서는 필요한 사회적 요구를 수용할 수 없게 되었다. 이러한 사회현상에 대응하여 근대민법은 대대적인 수정을 가하여 사적 자치, 소유권절대, 과실책임의 법리에 일정한 제한을 가함으로써 실질적인 자유와 평등을 실현하고자 하였다.[3] 따라서 계약자유의 원칙도 이러한 필요성에 의하여 일정한 수정과 제한을 받게 되었다.

② 체결 여부와 상대방선택의 자유의 제한

주로 생필품을 독점적으로 공급하는 사업자에게는 수요자의 청약만 있으면 계약체결이 강제되고 체결 여부의 자유와 상대방선택의 자유가 제한된다. 생필품의 독점적 공급자로는 전기·가스·수도·교통·통신·우편 등과 같은 공익적 독점사업자를 들 수 있다. 또한 공증인·법무사·집행관·의사·조산사·약사 등과 같은 공익적 면허사업자를 들 수 있다. 그 외 민법상으로는 지상권관계에서의 지상물매수청구권, 전세권관계·임대차관계에서 부속물매수청구권 등의 형성권적 보장 등이다.

③ 내용결정과 방식의 자유의 제한

불특정다수를 상대로 하는 계약이나 단체계약인 경우 일일이 개별당사자 간에 계약의 내용과 방식을 결정한다는 것은 실질적·형식적으로 어려운 일이다. 따라서 일방당사자가 계약의 내용과 방식을 미리 정형화하여 정하여 둠으로써 상대방은 내용과 방식을 선택하지 못하고 계약을 체결하게 된다. 본래 의미의 계약자유의 제한이라기보다는 현실적인 어려움을 극복하는 기술적 방법에 따라 반사적으로 계약자유의 내용이 침해당하거나 제한당하는 것이라고 할 수 있다.[4] 가령 전기공급자와 수많은 전기수요자 간에 개별적으로 전기공급 계약의 내용과 방식을 정한다는 것은 어려운 일이기 때문에 전기공급자 편에서 미리 전기공급 계약의 내용과 방식을 정하여 두고 개별전기수요자는 이러한 계약내용과 방식에 동의하는 형식으로 전기공급 계약이 체결되게 된다. 주로 사업자나 공급자 측에서 미리 정한 계약의 내용과 방식에 관한 것을 보통거래약관이라고 하고 이러한 약관을 사용하여 체결하는 계약을 부합계약 또는 부종계약이라고 한다. 사업자나 공급자가 일방적으로 정해 놓은 계약내용과 방식에 대한 약관도 계약자유에 따라 자유로이 정할 수

3) 노종천, 채권법[2판], 법문사, 2011, 322.
4) 위 책, 322.

있는 것이 원칙이지만 계약상대방에 대한 관계에서 일정한 제한과 제재가 필요하다. 따라서 이를 규율하기 위하여 마련된 법률이 약관의 규제에 관한 법률이다.

또 한편 계약의 내용이 사회질서에 반하거나 강행법규에 반하는 경우 이의 효력을 부인하는 것이나, 계약의 내용을 법률이 정한 일정한 범위 내에서 행하도록 하는 경우인데, 주택임대차보호법상 임차권의 존속기간을 2년으로 하거나, 민법상 전세권의 최장기간을 10년으로 하거나, 지상권의 최단기간을 제한하는 경우 등을 들 수 있다. 이렇게 법률에 의하여 계약내용이 제한을 받는 것을 규제된 계약이라고 한다.

3. 약관의 규제에 관한 법률

(1) 이 법의 목적

이 법은 사업자가 그 거래상의 지위를 남용하여 불공정한 내용의 약관을 작성·통용하는 것을 방지하고 불공정한 내용의 약관을 규제하여 건전한 거래질서를 확립함으로써 소비자를 보호하고 국민생활의 균형 있는 향상을 도모함을 목적으로 한다(동법 제1조).

(2) 약관해석의 원칙

① 서 설

약관의 내용도 계약의 내용이 되는 것이므로 일반적인 법률행위의 해석에 따를 수 있지만 이 법에서는 약관의 해석에 관한 기준과 원칙을 정하고 있다. 즉 신의칙을 전제로 하여 개별약정우선의 원칙, 객관적 해석의 원칙, 불명확조항해석의 원칙, 축소해석의 원칙이다.

② 개별약정의 우선

사업자와 고객이 약관의 내용과 다르게 합의한 개별약정이 있을 때에는 당해 합의사항은 약관에 우선하여 계약의 내용이 된다(동법 제4조).

③ 객관적 해석의 원칙(평등해석의 원칙; 통일적 해석의 원칙)

약관의 내용은 모든 고객에 대하여 동등하게 동일한 내용으로 해석되고 적용되어야 한다(동법 제5조 제1항). 동일한 약관내용을 고객에 따라 다르게 해석적용 하여서는 안 된다는 원칙이다.

④ **불명확조항해석의 원칙(작성자위험부담의 원칙)**

약관의 의미가 불명확하거나 다의적인 경우에는 고객에게 가장 유리한 내용으로 해석되고 적용되어야 한다는 원칙이다(동법 제5조 제2항).

⑤ **축소해석의 원칙**

고객에게 부담을 지우거나 사업자가 면책한다는 내용을 담은 약관의 내용은 축소해석 하여 적용되어야 한다는 원칙이다.

(3) 사업자의 의무

① **약관의 명시·설명의무**

i) 약관의 명시의무

사업자는 계약체결에 있어서 고객에게 약관의 내용을 계약의 종류에 따라 일반적으로 예상되는 방법으로 명시하고, 고객이 요구할 때에는 당해 약관의 사본을 고객에게 교부하여 이를 알 수 있도록 하여야 한다(동법 제3조 제1항). 다만, 다른 법률의 규정에 의하여 행정관청의 인가를 받은 약관으로서 거래의 신속을 위하여 필요하다고 인정되어 대통령령이 정하는 약관에 대하여는 그러하지 아니하다.

ii) 약관의 설명의무

사업자는 약관에 정하여져 있는 중요한 내용을 고객이 이해할 수 있도록 설명하여야 한다. 다만, 계약의 성질상 설명이 현저하게 곤란한 경우에는 그러하지 아니하다(동법 제3조 제2항).

iii) 약관의 제시 · 설명의무위반의 효과

사업자가 약관의 제시 · 설명의무에 위반하여 계약을 체결한 때에는 당해 약관을 계약의 내용으로 주장하지 못한다(동법 제3조 제3항).

참조판례 ▌보험자가 보험계약자의 대리인과 보험계약을 체결하는 경우, 보험약관에 관한 명시·설명의무의 상대방

상법 제638조의3 제1항 및 약관의규제에관한법률 제3조의 규정에 의하여 보험자는 보험계약을 체결할 때 보험계약자에게 보험약관에 기재되어 있는 보험상품의 내용, 보험요율의 체계, 보험청약서상 기재사항의 변동 및 보험자의 면책사유 등 보험계약의 중요한 내용에 대하여 구체적이고 상세한 명시 · 설명의무를 지고 있다고 할 것이어서, 만일 보험자가 이러한 보험약관의 명시 · 설명의무에 위반하여 보험계약을 체결한 때에는 그 약관의 내용을 보험계약의 내용으로 주장할 수 없다고 할 것임은 물론이라 할 것이나, 그 설명의무의 상대방은 반드시 보험계약자 본인에 국한되는 것이 아니라, 보험자가 보험계약자의 대리인과 보험계약을 체결할 경우에는 그 대리인에게 보험약관을 설명함으로써 족하다.[5)]

참조판례 ▌보험계약자가 보험약관의 내용을 충분히 잘 알고 있는 경우, 보험자에게그 약관 내용을 설명할 의무가 있는지 여부(소극) 및 그 입증책임의 소재

약관의규제에관한법률 제3조의 규정에 의하여 보험자는 보험계약을 체결할 때에 보험계약자에게 보험약관에 기재되어 있는 보험상품의 내용, 보험요율의 체계, 보험청약서상 기재사항의 변동 및 보험자의 면책사유 등 보험계약의 중요한 내용에 대하여 구체적이고 상세한 명시·설명의무를 지고 있으므로, 만일 보험자가 이러한 보험약관의 명시·설명의무에 위반하여 보험계약을 체결한 때에는 그 약관의 내용을 보험계약의 내용으로 주장할 수 없지만, 보험약관의 중요한 내용에 해당하는 사항이라 하더라도 보험계약자나 그 대리인이 그 내용을 충분히 잘 알고 있는 경우에는 당해 약관이 바로 계약 내용이 되어 당사자에 대하여 구속력을 가지므로 보험자로서는 보험계약자 또는 그 대리인에게 약관의 내용을 따로 설명할 필요가 없다고 볼 것인바, 이 경우 보험계약자나 그 대리인이 그 약관의 내용을 충분히 잘 알고 있다는 점은 이를 주장하는 보험자측에서 입증하여야 할 것이다.[6)]

참조판례 ▌은행거래약관에 예금채권의 양도금지 특약이 포함되어 있는 경우, 은행의 고객에 대한 약관의 명시·설명의무의 존부(적극) 및 그 위반시 특약의 효력(무효)

예금채권은 금전채권의 일종으로서 일반거래상 자유롭게 양도될 필요성이 큰 재산이므로, 은행거래약관에서 예금채권에 관한 양도금지의 특약을 정하고 있는 경우, 이러한 특약은 예금주의 이해관계와 밀접하게 관련되어 있는 중요한 내용에 해당하므로, 은행으로서는 고객과 예금계약을 체결함에 있어서 이러한 약관의 내용에 대하여 구체적이고 상세한 명시·설명의무를 지게 되고, 만일 은행이 그 명시·설명의무에 위반하여 예금계약을 체결하였다면, 은행거래약관에 포함된 양도금지의 특약을 예금계약의 내용으로 주장할 수 없다.[7)]

② 불공정약관조항의 사용금지

사업자는 이 법 제6조 내지 제14조의 규정에 해당하는 불공정한 약관조항을 계약의 내용으로 하여서는 아니 된다(동법 제17조).

(4) 불공정약관조항

① 불공정약관조항의 효력

i) 일반원칙

신의성실의 원칙에 반하여 공정을 잃은 약관조항은 무효이다(동법 제6조 제1항).

5) 대법원 2001. 7. 27, 2001다23973.
6) 대법원 2001. 7. 27, 99다55533.
7) 대법원 1998. 11. 10, 98다20059.

다만 국제적으로 통용되는 약관 기타 특별한 사정이 있는 약관으로서 대통령령이 정하는 경우에는 제7조 내지 제14조의 규정의 적용을 조항별·업종별로 제한한 경우에는 이 법의 적용이 제한된다(동법 제15조).

ii) 일부무효의 특칙

약관의 전부 또는 일부의 조항이 제3조 제3항의 규정에 의하여 계약의 내용이 되지 못하는 경우나 제6조 내지 제14조의 규정에 의하여 무효인 경우 계약은 나머지 부분만으로 유효하게 존속한다. 다만, 유효한 부분만으로는 계약의 목적달성이 불가능하거나 일방당사자에게 부당하게 불리한 때에는 당해 계약을 무효로 한다(동법 제16조).

② 불공정약관조항으로의 추정

약관에 다음에 해당되는 내용을 정하고 있는 경우에는 당해 약관조항은 공정을 잃은 것으로 추정된다(동법 제6조 제2항). a) 고객에 대하여 부당하게 불리한 조항, b) 고객이 계약의 거래형태 등 제반사정에 비추어 예상하기 어려운 조항, c) 계약의 목적을 달성할 수 없을 정도로 계약에 따르는 본질적 권리를 제한하는 조항.

③ 무효인 불공정약관

i) 면책조항의 금지

a) 사업자, 이행보조자 또는 피용자의 고의 또는 중대한 과실로 인한 법률상의 책임을 배제하는 조항, b) 상당한 이유 없이 사업자의 손해배상범위를 제한하거나 사업자가 부담하여야 할 위험을 고객에게 이전시키는 조항, c) 상당한 이유 없이 사업자의 담보책임을 배제 또는 제한하거나 그 담보책임에 따르는 고객의 권리행사의 요건을 가중하는 조항 또는 계약목적물에 관하여 견본이 제시되거나 품질·성능 등에 관한 표시가 있는 경우 그 보장된 내용에 대한 책임을 배제 또는 제한하는 조항 등은 무효로 한다(동법 제7조).

ii) 손해배상액의 예정

고객에 대하여 부당하게 과중한 지연손해금 등의 손해배상의무를 부담시키는 약관조항은 이를 무효로 한다(동법 제8조).

iii) 계약의 해제·해지

계약의 해제·해지에 관하여 정하고 있는 약관의 내용 중 a) 법률의 규정에 의한 고객의 해제권 또는 해지권을 배제하거나 그 행사를 제한하는 조항, b) 사업자에게 법률에서 규정하고 있지 아니하는 해제권·해지권을 부여하거나 법률의 규정에 의한 해제권·해지권의 행사요건을 완화하여 고객에 대하여 부당하게 불이익을 줄 우려가 있는 조항, c) 계약의 해제 또는 해지로 인한 고객의 원상회복의무를 상당한 이유 없이 과중하게 부담시키거나 원상회복청구권을 부당하게 포기하도록 하는 조항, d) 계약의 해제·해지로 인한 사업자의 원상회복의무나 손해배상의무를 부당하게 경감하는 조항, e) 계속적인 채권관계의 발생을 목적으로 하는 계약에서 그 존속기간을 부당하게 단기 또는 장기로 하거나 묵시의 기간연장 또는 갱신이 가능하도록 정하여 고객에게 부당하게 불이익을 줄 우려가 있는 조항은 무효로 한다(동법 제9조).

iv) 채무의 이행

채무의 이행에 관하여 정하고 있는 약관의 내용 중 a) 상당한 이유 없이 급부의 내용을 사업자가 일방적으로 결정하거나 변경할 수 있도록 권한을 부여하는 조항, b) 상당한 이유 없이 사업자가 이행하여야 할 급부를 일방적으로 중지할 수 있게 하거나 제3자로 하여금 대행할 수 있게 하는 조항은 무효로 한다(동법 제10조).

v) 고객의 권익보호

고객의 권익에 관하여 정하고 있는 약관의 내용 중 a) 법률의 규정에 의한 고객의 항변권, 상계권 등의 권리를 상당한 이유 없이 배제 또는 제한하는 조항, b) 고객에게 부여된 기한의 이익을 상당한 이유 없이 박탈하는 조항, c) 고객이 제3자와 계약을 체결하는 것을 부당하게 제한하는 조항, d) 사업자가 업무상 알게 된 고객의 비밀을 정당한 이유 없이 누설하는 것을 허용하는 조항은 무효로 한다(동법 제11조).

vi) 의사표시의 의제

의사표시에 관하여 정하고 있는 약관의 내용 중 a) 일정한 작위 또는 부작위가 있을 때 고객의 의사표시가 표명되거나 표명되지 아니한 것으로 보는 조항, b) 고객의 의사표시의 형식이나 요건에 대하여 부당하게 엄격한 제한을 가하는 조항, c) 고객의 이익에 중대한 영향을 미치는 사업자의 의사표시가 상당한 이유 없이 고객에게 도달된 것으로 보는 조항, d) 고객의 이익에 중대한 영향을 미치는 사업자의 의사표시에 부당하게 장기의 기한 또는 불확정기한을 정하는 조항은 무효로 한다. 다만, 고객에게 상당한 기한 내에 의사표시를 하지 아니하면 의사표시가 표명되거나 표명되지 아니한 것으로 본다는 뜻을 명확하게 따로 고지하거나 부득이한 사유로 그러한 고지를 할 수 없는 경우에는 그러하지 아니하다(동법 제12조).

vii) 대리인의 책임가중

고객의 대리인에 의하여 계약이 체결된 경우 고객이 그 의무를 이행하지 아니하는 때에는 대리인에게 그 의무의 전부 또는 일부를 이행할 책임을 지우는 내용의 약관조항은 이를 무효로 한다(동법 제13조).

viii) 소제기의 금지 등

고객에 대하여 부당하게 불리한 소제기의 금지조항 또는 재판관할의 합의조항이나 상당한 이유 없이 고객에게 입증책임을 부담시키는 약관조항은 이를 무효로 한다(동법 제14조).

참조판례 ▌약관을 해석함에 있어 참작할 사항

일반적으로 보험계약의 약관조항을 해석함에 있어, 그 내용이 명확하지 않거나 당사자 사이에 의사가 일치하지 아니한 경우에는 보험계약서 및 당사자가 보험계약의 내용으로 삼은 약관의 내용, 당사자가 보험계약을 체결하게 된 경위와 그 과정, 보험회사의 실무처리 관행 등 제반 사정을 참작하여야 한다(대법원 2001. 6. 29, 99다55786).

Ⅲ. 계약의 분류

1. 전형계약(유명계약)·비전형계약(무명계약)·혼합계약

(1) 분류기준

계약자유의 원칙에 의하여 수많은 유형의 계약이 얼마든지 성립할 수 있지만 이러한 계약의 전부를 민법전에 규정한다는 것은 입법기술상 불가능한 문제이다. 따라서 민법전에는 실생활관계에서 가장 빈번하게 행하여지는 계약 15종만을 민법전 제3편 제2장의 계약각칙에 규정하고 있다. 따라서 민법전 제3편 제2장 제2절 증여에서부터 제16절 여행계약까지 민법이 규정하고 있는 계약유형을 전형계약(典型契約)이라고 한다. 전형계약은 계약유형별로 민법상 각각 이름이 붙여져 있기 때문에 유명계약(有名契約)이라고도 한다. 이 외에 민법이 규정하지 아니하는 계약유형을 비전형계약(非典型契約) 또는 무명계약(無名契約)이라고 한다. 전형계약에 관한 민법의 규정은 그 대부분이 당사자의 의사를 보충하는 임의규정에 불과하기 때문에 당사자가 다른 합의를 하면 그 적용이 배제될 수 있다. 따라서 계약당사자는 전형계약과 다른 명칭이나 다른 내용의 계약을 체결하더라도 자유이고, 무명계약도 물론 유효하다. 현행민법이 규정하는 전형계약은 새로운 거래형태에 의하여 생성된 계약유형을 충분히 반영하지 못하고 있으며 또한 거의 행해지지 않거나 다른 특별법에 의하여 규율됨으로써 의미가 없는 유형의 계약도 포함하고 있다고 할 수 있다. 가령 여행계약, 리스계약, 신용카드계약, 프랜차이징가입계약 등과 같은 신종계약이 생성되어 있으며 종신정기금계약 등은 거의 행하여지는 경우가 드문 계약유형에 속한다고 할 수 있다. 그런데 2015.2.3. 민법 일부개정을 통하여 "여행계약"을 신설함으로써 전형계약은 종래 14종에서 15종이 되었다.

전형계약과 전형계약 또는 전형계약과 비전형계약의 요소가 섞여있는 계약의 유형을 혼합계약이라고 한다. 그리고 당사자 간에 점포를 대여하는 임대차계약을 체결하는 한편 그 점포에서 취급할 일정한 상품의 공급계약을 체결하는 경우와 같이 복수의 계약이 성립하고 그 복수의 계약 사이에 일정한 결합관계가 성립하는 경우를 계약의 연립이라고 한다.

(2) 비전형계약의 법적 규율

비전형계약에 대하여 민법에 직접적인 규정이 없으므로 그에 대한 법률적 취급을 어떻게 할 것인가에 대한 문제가 생긴다. 이에 관한 규율의 방법에 관하여 세가지의 해석론이 있다.

a) 흡수주의

비전형계약의 구성요소 가운데 가장 중요한 요소가 속하는 전형계약에 관한 규정을 적용하여 규율한다는 견해이다.

b) 결합주의

전형계약에 관한 규정을 분석하고 이것을 종합하여 비전형계약에 적용하여 규율한다는 견해이다.

c) 유추주의

가장 유사한 전형계약에 관한 규정을 유추적용하여 규율한다는 견해이다. 우리 민법상 비전형계약은 유추주의에 의하여 규율한다는 것이 통설이다.

2. 쌍무계약·편무계약

계약당사자 쌍방이 대가적 채무를 부담하는 계약이 쌍무계약, 일방당사자만이 채무를 부담하는 계약을 편무계약이라고 한다. 전형계약 가운데 매매·교환·임대차·고용·도급·조합·화해·여행은 쌍무계약에 속하고, 증여·사용대차·현상광고는 편무계약에 속한다. 소비대차·위임·임치는 유상인 경우에는 쌍무계약이고, 무상인 경우에는 편무계약이다. 쌍무계약이냐 편무계약이냐는 계약의 효과로서 발생하는 채무만을 대상으로 하여 그 채무가 서로 대가적 의미를 지니는가 아닌가를 기준으로 구분한다. 따라서 쌍무계약은 모두 유상계약이지만, 반대로 유상계약은 반드시 쌍무계약이라고 할 수 없다. 가령 현상광고는 유상계약이지만 편무계약에 해당한다. 쌍무계약이냐 편무계약이냐의 구별실익은 쌍무계약에 대하여는 동시이행의 항변권(제536조)과 위험부담(제537조-제538조)에 관한 규정이 적용된다.

3. 낙성계약·요물계약

계약성립이 계약당사자의 의사표시의 합치, 즉 합의만으로 이루어지는 계약이 낙성계약(諾成契約)이고, 당사자의 합의 이외에 당사자 일방이 물건의 인도 기타의 급여를 하여야 성립하는 계약을 요물계약(要物契約)이라고 한다. 전형계약 15종 가운데 현상광고만이 요물계약이고 나머지 14종은 모두 낙성계약이다. 전형계약 외에 요물계약의 유형으로는 대물변제와 계약금계약, 임대차보증금계약 등을 들 수 있는데, 임대차보증금계약은 낙성계약으로도 성립할 수 있다. 낙성계약과 요물계약의 경우 계약의 성립시기에 차이가 생긴다. 즉 낙성계약은 당사자의 의사의 합치시, 따라서 당사자의 의사표시 중 최후의 의사표시가 효력을 발생한 때에 계약이 성립한다. 반면 요물계약은 당사자의 의사의 합치와 물건의 인도 또는 기타의 급여가 완료된 때에 계약이 성립한다.

4. 유상계약·무상계약

계약당사자 쌍방이 대가적 의미의 재산권을 출연하는 계약을 유상계약(有償契約), 당사자 일방만이 재산권을 출연하는 계약을 무상계약(無償契約)이라고 한다. 전형계약 가운데 매매·교환·임대차·고용·도급·조합·화해·현상광고·여행은 유상계약에 속하고, 증여·사용대차는 무상계약이다. 그리고 소비대차·위임·임치·종신정기금은 이자 또는 보수의 존부에 따라 유상계약 또는 무상계약으로 성립할 수 있다. 그 외에 대가적 급여의 존재여부 및 크기가 우연히 또는 상황에 따라 결정되는 도박계약, 보험계약 등의 사행계약이나 자본제공에 대한 이득분배계약 등은 유상계약의 특수한 형태로 다룬다. 유상계약·무상계약의 구별실익은 유상계약에 대하여는 매매에 관한 규정, 특히 매도인의 담보책임에 관한 규정이 준용된다.

5. 유인계약 · 무인계약

어떤 채권계약이 그 기초가 된 법률행위가 무효 또는 취소, 기타의 사정으로 실효되는 경우에 영향을 받아 계약도 함께 실효되는 것을 유인계약(有因契約)이라 하고, 기초적 법률행위의 실효에 의하여 영향을 받지 않는 계약을 무인계약(無因契約)이라고 한다.

6. 본계약 · 예약

당사자의 일방 혹은 쌍방 중 어느 일방이 장래 희망하는 때에 일정한 내용의 계약을 체결한다고 미리 약정하는 계약을 예약, 예약에 의하여 장차 성립할 계약을 본계약이라고 한다.

7. 계속적 계약 · 일시적 계약

계약의 내용인 급여가 일정기간 동안 계속하여 실현되는 급부인가, 1회의 급여만으로 실현되는 계약인가에 따른 구별이다. 1개의 물건의 매매 · 증여와 같이 1회의 급여의 이행으로 계약의 목적이 실현되는 경우를 일시적 계약이라고 하고, 임대차 · 고용과 같이 계속적인 급여의 실현으로 계약의 목적이 실현되는 계약관계를 계속적 계약이라고 한다.

Ⅳ. 계약의 성립

1. 계약의 성립요소

계약은 법률관계의 발생 · 변경 · 소멸의 효과를 발생시키는 법률요건으로써 법률행위이다. 따라서 법률행위에 있어서 불가결의 요소가 되는 법률사실로서 의사표시가 있어야 하며, 나아가 의사표시의 합치가 있어야 성립하게 된다. 이러한 의사의 합치는 계약 성립의 불가결의 요소가 될 것이지만, 곧바로 이것이 계약 성립의 요소가 되는 낙성계약의 경우와 별도의 요소가 첨가되어야 계약이 성립하는 요물계약이 있음은 앞에서 살펴보았다.

2. 계약 성립요소로서의 합의

(1) 합 의

계약 성립의 요소로서 합의가 있어야 하는데 이는 의사표시의 합치를 말한다. 의사표시의 합치는 객관적으로 합치하여야 하고 동시에 주관적으로 합치하여야 한다. 의사표시의 객관적 합치란 수개의 의사표시가 그 객관적 내용에서 일치하는 것을 말하고, 주관적 합치란 객관적 의사표시가 다른 의사표시와 결합하여 계약을 성립시키려는 의사의 합치를 말한다. 여기서 의사의 합치의 정도는 당해 계약의 내용을 이루는 모든 사항에 관하여 있어야 하는 것은 아니지만, 계약의 본질적 사항이나 중요 사항에 관하여는 구체적으로 의사의 합치가 있거나 적어도 장래 구체적으로 특정할 수 있는 기준과 방법 등에 관한 합의는 있어야 한다.

참조판례 ▌계약의 성립을 위한 당사자 사이의 '의사의 합치'의 정도
계약이 성립하기 위하여는 당사자 사이에 의사의 합치가 있을 것이 요구되고 이러한 의사의 합치는 당해 계약의 내용을 이루는 모든 사항에 관하여 있어야 하는 것은 아니나 그 본질적 사항이나 중요 사항에 관하여는 구체적으로 의사의 합치가 있거나 적어도 장래 구체적으로 특정할 수 있는 기준과 방법 등에 관한 합의는 있어야 한다(대법원 2001. 3. 23, 2000다51650).

(2) 불합의

의사표시가 객관적으로 그리고 주관적으로 합치하지 않으면 계약은 성립하지 않는다. 여기서 의사표시가 객관적으로 또는 주관적으로 합치하지 않는 것을 불합의라고 한다. 불합의에는 당사자가 불합의의 사실을 아는 안불합의(의식적 불합의)와, 당사자가 불합의의 사실을 모르는 숨은불합의(무의식적 불합의)가 있다.

3. 청약과 승낙에 의한 계약 성립

(1) 청약의 의의 및 상대방

청약이란 이에 대응하는 승낙과 결합하여 계약을 성립시키려고 하는 확정적인 의사표시이다. 청약에 대하여 승낙이 있으면 계약은 성립하기 때문에 청약의 내용은 확정되어 있어야 한다. 청약과는 달리 상대방으로 하여금 청약을 해오도록 유인하기 위하여 하는 청약의 유인이 있다. 가령 "임차인 구함"이라든가 "사원모집공고"와 같은 것은 청약의 유인이다. 청약은 특정인에 대하여 할 수도 있고 불특정 다수의 상대방에 대해서도 할 수 있다.

청약자는 철회의 자유를 유보하고 있지 않는 한, 계약의 청약이 효력을 발생한 후에는 임의로 철회할 수 없는데 이것을 청약의 구속력이라 한다(제527조). 청약의 구속력이 미치는 기간은 승낙의 기간을 정한 청약은 그 승낙기간 내, 승낙기간을 정하지 않은 청약은 상당한 기간 내에 구속력이 미친다.

(2) 승 낙

승낙이나 청약에 응하여 계약을 성립시키려고 피청약자가 청약자에 대해서 하는 확정적 의사표시이다. 승낙은 ① 특정한 청약에 대하여 할 것 ② 승낙적격을 가질 것(승낙기간 내의 승낙일 것) ③ 청약의 내용과 일치할 것의 세 가지 요건을 갖추어야 한다.

4. 기타의 방법에 의한 계약성립

(1) 의사실현에 의한 계약성립

청약자의 의사표시나 관습에 의하여 승낙의 통지가 필요하지 않은 경우에는 승낙의 의사표시로 인정될 만한 사실이 있으면 계약은 성립한다(제532조).

(2) 교차청약에 의한 계약성립

계약당사자가 서로 우연히 청약을 하고 그 쌍방이 청약내용이 일치하는 경우이다. 이 경우 두개의 의사표시는 객관적·주관적으로 일치하고 있기 때문에 계약은 성립한다(제533조). 실제적으로 대화자간에서는 어렵고 격지자간에서 행하여진다.

계약성립의 시기는 양청약이 상대방에게 도달한 때이다. 두개의 의사표시 중 나중에 행하여진 것도 승낙의 의사표시는 아니다.

(3) 시스템계약

컴퓨터가 미리 입력된 프로그램에 따라 의사표시를 형성하고 이를 전달하는 컴퓨터표시에 의한 의사표시를 기초로 하여 컴퓨터통신망을 이용하여 성립하는 일련의 계약관계를 시스템계약이라고 한다.

5. 계약의 경쟁체결

(1) 경쟁체결의 의의

계약당사자의 일방을 2인 이상 수인으로 하여 그들 간에 경쟁에 의하여 가장 유리한 계약 내용을 제시하는 자와 계약을 체결하는 방법을 계약의 경쟁체결이라고 한다. 경쟁자들이 서로 다른 경쟁자들의 조건을 알 수 있느냐의 여부에 따라 경매와 입찰로 구분된다. 즉 다른 경쟁자의 경쟁조건을 알면서 경쟁하는 것이 경매이고 다른 경쟁자들의 경쟁조건을 모르면서 경쟁하는 것이 입찰이다.

(2) 경 매

① 올라가는 경매

올라가는 경매란 일정한 재화를 제시하고 수인의 경쟁자들은 매수가격을 제시하는데, 바로 앞에서 제시한 가격보다 높여서 가격을 제시해 가다가 최종적으로 가격을 제시한 자와 계약을 체결하는 방법이다.

② 내려가는 경매

내려가는 경매는 수인의 상대방에 대하여 일정한 가격을 제시하여 청약하고 그 가운데 승낙자가 없으면 처음에 제시한 가액에서 내려서 다시 제시하여 승낙자를 찾는 방식의 경매이다.

(3) 입 찰

입찰에 붙이는 표시에 대하여 응찰하고, 응찰자 가운데 가장 적합한 계약조건을 제시한 자를 선정하여 승낙하고 계약을 체결하는 방식이다.

V. 계약관련 각종 서식의 작성

1. 차용증서

차용증서란 소비대차를 증명하는 증서이다. 금전이나 대체물의 소비대차에서 대주(빌려주는 이)로부터 금전이나 물건을 빌렸다는 내용을 담아 차주(빌리는 이)가 작성하여 대주에게 교부하는 증서이다. 통상 차용증이라고 한다. 차용증의 작성은 차용증이란 제목을 달고[8] 소비대차의 목적물, 변제기, 이자의 약정이 있는 경우 이율 및 이자의 지급시기, 기타 필요한 사항, 연월일을 기재하고, 소비차주에 관한 사항을 적는다.

[차용증의 작성례]

차 용 증

1. 소비차주 : 홍 길 동

2. 대차의 목적물 : 금1억원정(₩100,000,000)

3. 변제기 : 2022년 10월 20일

4. 이자
 (1) 이율 : 대주로부터 금전을 지급받은 날부터 월2%
 (2) 이자지급시기 및 방법 : 매월 20일 대주의 은행계좌로 입금(대주의 은행계좌번호)
 (3) 연체이율 : 이자지급을 지체하거나, 변제기에 원금반환을 지체하는 경우 지체시부터 월2.5%

위와 같이 차용합니다.

2020년 10월 20일

차용인 주소 00시 00구 00동 00번지

성명 홍 길 동 (서명)

김 갑 부 귀하

---

8) 구체적으로 금전차용증, 곡물차용증 등으로 명시해도 된다.

2. 계 약 서

(1) 계약서를 쓰는 이유

계약서는 계약당사자가 체결한 계약의 내용을 담은 문서이다. 계약은 당사자의 구두(口頭)의 합의만으로도 성립하는 법률행위이다. 그리고 구두로 체결한 계약도 유효한 계약으로서 효력을 발생한다. 대부분의 사람은 정직하기 때문에 자신이 구두로 합의하고 체결한 계약의 내용을 지키게 된다. 그러나 간혹 부정직한 사람의 경우에는 구두로 체결한 계약을 증거가 없다는 이유로 그 성립이나 효력을 부인하거나, 전혀 다른 주장을 하는 경우도 있을 수 있다. 이런 경우에 계약체결 및 그 내용을 입증할 수 있는 것이 계약서이다. 대부분의 계약은 구두로 이루어지지만 고가의 거래계약, 계약의 내용이 복잡한 경우 또는 계약시와 이행기가 다른 경우 등에는 계약서를 작성하게 된다.

(2) 계약서의 내용

계약서를 작성하는 경우 아무런 제한이 없는 것이 원칙이다. 어떤 내용을 넣을 것인가에 관한 제한도 없다. 당사자가 합의한 내용은 전부 담는 것이 후일 분쟁시 명확한 입증자료로 활용할 수 있다.

① 계약서 명칭

계약서의 명칭은 일반적으로 계약의 명칭을 쓴다. 부동산매매계약서, 임대차계약서, 도급계약서, 위임계약서, 부동산교환계약서 등으로 작성하면 된다.

② 계약의 본질적 내용

매매, 교환, 증여, 고용, 임치 등 계약의 본질적 내용을 표시한다.

③ 목적의 표시

계약의 목적이 되는 내용을 정확하게 표시한다. 부동산매매계약의 경우라면 매매목적이 되는 부동산을, 계약서만 보면 누구든지 명확하게 알 수 있도록, 소재지번, 면적, 용도 등의 사항을 등기부나 대장을 참조하여 작성한다.

④ 이행기, 이행장소 및 이행방법

이행기에 대하여 정확하게 표시하여야 한다. 이행이 수차에 행하여지는 경우에는 각 이행기에 행할 채무의 크기를 표시한다. 이행장소는 어디로 할 것인지와 이행의 방법(직접 교부, 은행 온라인송금 등)을 표시한다.

⑤ 기타 특약사항

계약금에 관한 사항, 계약해제사유 및 해제방법, 위약시 위약금, 조세공과금의 부담, 목적물 하자에 대한 책임의 문제 등 당사자가 합의한 모든 내용을 작성한다.

⑥ 당사자의 표시

ⅰ) 계약당사자의 주민등록증 등을 확인하여 정확하게 기재한다. 주민등록증에 기재된 사항과 등기, 대장 등에 기재된 인적정보가 일치하는지 여부, 주민등록증의 발행년월일과 발행기관이 일치하는가를 확인하여야 한다.[9]

ⅱ) 계약당사자가 미성년자 또는 그 외의 제한능력자인 경우에는 그의 법정대리인과 계약을 체결하거나 법정대리인의 동의를 얻어야 한다.

ⅲ) 계약당사자는 계약을 체결할 수 있는 권한이나 목적물에 관한 처분권이 있는 자이어야 한다.

ⅳ) 계약서상 표시되는 당사자가 아닌 가족이나 타인이 계약하는 경우, 당사자의 대리인임을 증명할 수 있는 위임장 등을 첨부하여야 한다. 가령 남편의 부동산을 그의 아내가 매매계약을 체결하는 경우, 남편으로부터 매매계약을 체결할 수 있는 위임장 등의 입증자료가 없으면 나중에 그 남편이 계약의 효력을 부인하는 경우 곤란에 처할 수 있다. 따라서 당사자가 아닌 경우, 대리권을 가지고 있는지와 대리권을 입증할 수 있는 자료를 계약서에 첨부하여야 한다.

⑦ 계약연월일 및 서명 등

계약연월일을 기재하고, 당사자 각자의 자필로 주소, 성명, 기타 연락처 및 필요한 사항을 적고 날인 또는 서명한다.

⑧ 첨부서류 등 표시

동의서나 위임장 등이 있음을 첨부서면으로 적고 계약서에 포함시키고, 각 1부씩 나누어 보관한다.

---

9) 이를 확인하지 않은 경우에는 신분확인을 충분히 하지 않은 과실이 인정된다.

[부동산 매매계약서의 작성례 1]

건 물 매 매 계 약 서

부동산의 표시

소 재 지					
건물구조		건 평		대지면적	

계약조건

매매목적물		대 금	
계 약 금		대금지급일	

제 1 조 【인도와 등기】 ① ○○○은 ○○○에 대하여 ○○○○년 ○○월 ○○일까지 ○○○의 대금지급과 동시에 교환으로 소유권 이전등기절차를 한다. ② ○○○은 본건 건물에 대한 저당권, 질권, 임차권 등의 등기가 있을 때는 소유권 이전등기할 때까지 이를 말소해야 한다.

제 2 조 【위험부담】 ① 계약 성립 후 본건 건물을 인도할 때까지 본건 건물의 멸실 또는 그 손실은 ○○○의 부담으로 한다. ② ○○○이 전항의 경우로 이 계약을 체결한 목적을 달성할 수 없을 때는 ○○○은 무상으로 계약을 해약할 수 있으며 기타의 경우에는 멸실·훼손의 비율에 따라 대금의 감액을 청구할 수 있다.

제 3 조 【하자담보】 ① ○○○이 ○○○으로부터 본건 건물의 인도를 받은 후에 본건 건물에 하자가 있다고 해도 ○○○은 이를 이유로 해약 또는 대금 감액의 청구를 하지 않기로 한다.

제 4 조 【부담의 귀속】 본건 건물에 대한 고정자산세 기타 공과금은 본건 건물의 이전분은 ○○○이, 그 이후의 분은 ○○○이 부담한다.

제 5 조 【설비의 이전 등】 ○○○은 본건 건물에 부속된 수도·전기·가스 기타의 설비에 관한 권리를 일체에게 이전하며 또한 그 명의의 변경절차에 협력한다.

제 6 조 【계약해제】 ○○○·○○○중의 어느 일방이 이 계약의 각 조항을 일개 조라도 위반할 때는 상대방은 즉시 이 계약을 해제할 수 있다.

제 7 조 【위약금】 ○○○의 의무불이행으로 인하여 ○○○이 이 계약을 해제했을 때는 ○○○은 계약금의 반환을 청구할 수 없다. ○○○의 의무불이행으로 인하여 계약을 해제했을 때는 ○○○은 ○○○에 대하여 계약금의 배액을 지급하여야 한다.

이 계약의 성립을 증명하기 위하여 본 계약서를 2통 작성, ○○○·○○○이 각각 서명날인하고 각 1통을 보관한다.

2017년 7월 26일

주 소 :
매도인 : ㊞

주 소 :
매수인 : ㊞

주 소:
입회인: ㊞

[부동산 매매계약서의 작성례 2]

<table>
<tr><td colspan="5" align="center">부동산매매계약서</td></tr>
<tr><td colspan="5" align="center">아래 표시 토지·건물을 목적으로 매매계약을 체결한다.</td></tr>
<tr><td colspan="5">1. 목적물의 표시
서울시 ○○구 ○○동 ○○○－○○번지 토지 및 그 위의 주택
토지 : 면적 300m², 지목 대지
건물 : 철근콘크리조 및 벽돌조, 아스팔트 싱글기와, 단층 주택, 면적150m²</td></tr>
<tr><td colspan="5">2. 계약내용
(1) 총매매대금은 토지·건물 합하여 4억2000만원으로 한다.
(2) 매수인은 2020년 10월 15일 계약과 동시 금5000만원을 계약금으로 매도인에게 지급한다.
(3) 계약금 수수와 동시 매도인은 소유권이전청구권가등기 승낙서를 교부한다.
(4) 매수인은 2020년 11월 10일 중도금으로 1억5000만원을 매도인에게 지급한다.
(5) 2020년 12월 5일 잔대금 2억2000만원과 상환하여 등기서류일체를 교부하고 부동산을 명도한다.
(6) 매도인은 전기·가스·수도 등의 설비 및 부속시설 일체에 관한 명의이전에 협력하기로 한다.</td></tr>
<tr><td colspan="5">3. 기타 특약사항
(1) 각종 공과금 및 제세금은 2020년 12월 5일부터 매수인이 부담하고 그 이전의 것은 매도인이 부담한다.
(2) 등록세 등의 등기비용, 취득세는 매수인이 부담하고, 양도소득세는 매도인이 부담한다.
(3) 당사자 일방이 계약내용 및 특약사항의 하나라도 위약할 경우 즉시 계약을 해제할 수 있다.
(4) 중개수수료는 쌍방이 절반씩 부담한다.
(5) 이 계약에서 정하지 않은 내용은 민법에 의한다.</td></tr>
<tr><td colspan="5">4. 첨부서류</td></tr>
<tr><td colspan="5" align="center">2020년 10월 15일</td></tr>
<tr><td rowspan="3">매도인</td><td>주 소</td><td colspan="3">서울시 00구 00동 000번지 00아파트 000동 0000호</td></tr>
<tr><td>성 명</td><td>홍 길 동 (인)</td><td>주민등록번호</td><td>000000－0000000</td></tr>
<tr><td>전화번호</td><td>02－000－0000, 000－000－0000</td><td>이 메 일</td><td>000000@000.00,00</td></tr>
<tr><td rowspan="3">매수인</td><td>주 소</td><td colspan="3">서울시 00구 00동 000번지 00아파트 000동 0000호</td></tr>
<tr><td>성 명</td><td>임 거 정 (인)</td><td>주민등록번호</td><td>000000－0000000</td></tr>
<tr><td>전화번호</td><td>02－000－0000, 000－000－0000</td><td>이 메 일</td><td>000000@000.00,00</td></tr>
<tr><td rowspan="3">입회인</td><td>주 소</td><td colspan="3">서울시 00구 00동 000번지 00아파트 000동 0000호</td></tr>
<tr><td>성 명</td><td>거 간 군 (인)</td><td>주민등록번호</td><td>000000－0000000</td></tr>
<tr><td>전화번호</td><td>02－000－0000, 000－000－0000</td><td>이 메 일</td><td>000000@000.00,00</td></tr>
<tr><td colspan="5" align="center">이 계약서는 3부 작성하여 매도인·매수인·입회인이 각 1부씩 보관한다.</td></tr>
</table>

3. 영 수 증

영수증은 변제사실을 증명하는 문서이다. 채무자는 변제하면서 채권자에게 변제내용에 관한 영수증의 교부를 청구할 수 있고, 변제와 동시이행을 주장할 수 있다. 전부변제 외에 일부변제의 경우에도 영수증의 교부를 청구할 수 있다. 영수증의 발행비용은 채권자가 부담한다.

[영수증의 작성례]

영 수 증

임 거 정 귀하

금오백만원정(₩5,000,000)

위의 금액을 00시00구0000번지 토지 및 지상주택의 매매(2020.10.15)
계약금조로 영수하고 이에 본 영수증을 발행합니다.

2020. 10. 15.

영수인 주소 00시 00구 00동 00번지

성명 홍 길 동

4. 내용증명우편

(1) 내용증명우편제도의 의의

내용증명우편제도는 발신인이 수신인에게 보낸 문서의 내용과 그 발신을 우체국이 증명해 주는 특수우편제도의 하나이다. 가령 할부거래에 관한 법률에서 할부매수인은 계약서를 교부받거나 재화를 공급받은 날부터 7일 이내에 계약의 철회를 할 수 있는데, 이 철회의 방법은 서면으로 하여야 한다. 그런데 이 철회서면을 일반우편이나 일반문서로 하여 전달한 경우 상대방측에서 그러한 철회표시를 담은 문서를 받은 사실을 부인하는 경우, 이를 입증하기가 어렵게 된다. 이런 경우 철회의 표시를 담은 문서를 내용증명우편으로 발신한 경우에는 우체국에서 그 내용과 발신사실을 증명해 주게 된다.

(2) 내용증명으로 보내야 하는 경우

① 일상생활관계에서 법률문제의 상대방에게 자신이 행하는 의사표시나 통지의 발신을 증명할 필요가 있는 경우 내용증명을 이용한다.

② 각종 소비자보호법률에서 소비자에게 인정되는 청약철회의 표시는 대부분 문서로 할 것을 요구하는데 이에 따른 청약철회의 문서는 내용증명으로 할 필요가 있다.

(3) 내용증명 문서의 작성방법

내용증명 문서의 작성방법은 제한이 없지만 다음의 요소를 갖추어 작성하는 것이, 우체국에서의 처리 등에 적절하다.

내용증명 문서의 작성

1. 제목

내용의 제목을 쓴다. 가령, 청약철회서, 손해배상청구, 계약의 철회, 최고장 등

2. 수신인 · 발신인의 주소 · 성명

수신인과 발신인의 주소, 성명을 정확히 기재한다.
봉투의 겉면에 쓰는 수신인과 발신인의 주소, 성명과 일치하여야 한다.

3. 본문

내용을 명확하게 서술한다. 자신이 주장하는 의사표시, 사실관계, 상대방에게 요구하는 내용, 상대방의 주장을 부인하는 내용 등을 누가 보더라도 이해할 수 있도록 서술한다. 청약철회의 경우에는 계약의 명칭, 계약일자, 상품명, 계약서나 재화를 공급받은 날, 판매자의 표시 등을 서술한다.

4. 발신일자를 표시한다.

5. 발신인을 쓰고 서명 또는 날인한다.

(4) 내용증명 문서의 발송

① 원본을 작성한 후 2부를 복사하여 총 3부를 만든다. 문서내용이 2매 이상인 경우에는 각 매수마다 간인을 하여야 한다.

② 봉투는 1부를 준비하여 문서상의 발신인과 수인인의 주소성명과 일치되게 기재한다(이때 봉투는 봉하지 않고 지참한다).

③ 봉투와 문서를 우체국에 접수하고 내용증명신청을 한다. 일정액의 우편요금, 등기수수료, 내용증명 수수료를 납부한다(기본 1매 이외 추가 매수당 수수료가 가산된다).

④ 우체국에서 접수하여 통신일부인을 계인하여 1부를 발신인에게 교부하고 1부는 상대방에게 배달하고, 1부는 우체국에서 보존한다.

⑤ 교부된 1부를 잘 보관한다.

5. 청약철회서

[청약철회서 작성례]

할부거래 청약철회서

수신인 (우)000-000 서울특별시 서초구 00동 000-00번지 (주)할판사
대표 홍길동(전화 02-000-0000)

발신인 (우)000-000 서울특별시 동작구 상도5동 1-1번지
이도령(전화 02-000-0000)

내 용

1. 계약의 내용 : 할부매매계약
2. 계약일자 : 2020. 10. 15.
3. 상품명 및 대금 : 옥돌 침대(총 가액 2,500,000원)
4. 매도인의 계약대리인 : 할부매도팀장 김돌사
5. 결제조건 : 월250,000원씩 10회 분할
6. 결제방법 : BC카드로 할부결제
승인번호 0000000,
가맹점 명 및 가맹점 코드 (주)할판사 0000000
7. 계약서 교부일 또는 재화인도일 :
계약서는 교부되지 않았고 상품은 2020. 10. 16. 인도되었음

위의 내용으로 체결된 할부매매계약에 대하여 그 청약을 철회합니다.

2020. 10. 20.

위 철회인 이 도 령 (인)

신용카드나 금융지원을 받아 할부결제를 한 경우에는 청약철회의 표시를 매도인과 신용제공자(카드사, 펙토링제공 은행 등) 모두에게 하여야 한다.

상대방과의 계약관계에서 청약의 철회가 인정되는 경우가 있다. 가령 할부거래, 방문판매, 인터넷쇼핑몰에서의 거래, 홈쇼핑에서의 거래 등에서 소비자에게 일정 기간 내 청약철회권을 인정한다.[10] 이 경우 청약철회의 표시는 대부분 서면으로 하도록 되어 있다. 청약철회서를 작성하여 앞의 내용증명우편으로 보내면 된다.

[이른바 길거리 화장품 매매계약의 청약철회서]

매매계약 청약철회서

수신인 (우)000-000 서울특별시 강남구 00동 000-00번지 길거리화장품판매사
대표 홍길동(전화 02-000-0000)

발신인 (우)000-000 서울특별시 관악구 00동 00-0번지
이도령(전화 02-000-0000)

내 용

1. 계약의 내용 : 화장품 매매계약
2. 계약일자 : 2020. 9. 15.
3. 상품명 및 대금 : 피뜨니아 화장품(총 가액 1,500,000원)
4. 매도인의 계약대리인 : 판매과장 김돌사
5. 결제조건 : 계약금조로 10만원 수수, 월140,000원씩 10회 분할
6. 결제방법 : BC카드로 할부결제
승인번호 0000000,
가맹점 명 및 가맹점 코드 길거리화장품판매사
7. 계약서 교부일 또는 재화인도일 : 2020. 9. 15.

위의 내용으로 체결된 화장품매매계약은 길거리에서 무료마사지를 해 준다는 이야기에 의하여 깊이 고려하지 않고 계약한 것으로 방문판매등에관한법률에 의한 청약철회를 합니다. 물건은 반납하고자 하고 계약금조로 지급한 10만원을 반환하여 주시기 바랍니다.

2020. 9. 20.

위 철회인 이 아 씨 (인)

신용카드나 금융지원을 받아 할부결제를 한 경우에는 청약철회의 표시를 매도인과 신용제공자(카드사, 펙토링제공 은행 등) 모두에게 하여야 한다.

10) 이에 관해서는 제2편 제6장 소비자법개론을 참조하라.

6. 계약의 취소

당사자가 계약한 경우 그 계약의 구속력에 의하여 일방적으로 그 계약을 소멸시키지 못하고 채무내용을 이행하고 채권의 내용을 실현할 수 있다. 그러나 미성년자가 한 법률행위, 사기·강박·착오에 의한 법률행위는 표의자가 취소할 수 있다. 미성년자가 부모의 동의 없이 단독으로 계약을 한 경우에는 만 19세가 된 후 3년이 경과하지 않았거나, 만 19세가 넘은 이후 대금결제를 하지 않은 경우에는, 그 계약을 취소할 수 있다. 취소는 문서로 작성하여 상대방에게 내용증명우편으로 보내는 것이 확실하고, 취소한 후 물건은 사용하였든, 포장을 뜯었든 여부에 관계없이 이미 지불한 대금과 상환하여 반환하면 된다.

7. 최 고 장

[상대방에 대한 이행최고의 의사표시를 담은 문서의 작성]

최 고 장

수신인 (우)151-742 서울특별시 관악구 신림9동 산 56-1번지
홍길동(전화 02-000-0000)

발신인 (우)156-743 서울특별시 동작구 상도5동 1-1번지
이도령(전화 02-000-0000)

내 용

1. 귀하의 행운을 빕니다.
2. 귀하는 본인으로부터 2020. 5. 10. 3년 기한으로 금3000만원을 차용하였습니다. 그런데 2023. 5. 10. 변제기가 도래한 이후 현재까지 차일피일 미루며 변제를 하지 않고 있어 본인의 경제계획에 막대한 손해를 끼치고 있습니다.
3. 따라서 오는 2020. 6. 20까지 원본 금3000만원 및 변제기 이후 완제일까지 약정에 의한 월2푼의 지연이자를 변제해 주실 것을 최고합니다.
4. 위 기간에 변제가 없으면 부득이 법적절차를 밟을 수밖에 없습니다. 법적 절차에 들어가면 그 절차에 따르는 비용 등이 추가되어 불이익을 받을 수 있으므로 최고 기간 내 임의의 변제를 해 주시어 원만히 해결되기를 바라는 바입니다.
5. 쌀쌀해 지는 날씨 건강 유의 하십시오.

2020. 6. 10.

위 최고인 이 도 령 (인)

상대방에 대하여 일정한 행위를 해 달라거나, 중지해 달라거나 요구할 때, 상당한 기간을 주고 상대방이 스스로 그 행위를 해 줄 것을 요구할 경우 최고서를 작성하여 상대방에게 보낼 수 있다.

Ⅵ. 채무불이행에 대한 구제

1. 사권침해에 대한 구제

(1) 국가구제의 원칙

사권침해에 대해서는 국가구제가 원칙이고 예외적으로 부득이한 경우에 한하여 사력구제가 인정된다. 국가구제의 방법으로는 재판과 조정제도가 있다. 국가구제를 받기 위해서는 국가의 공권력을 발동시킬 수 있는 "집행권원"을 가져야 한다. 집행권원에 의하여 국가의 공권력에 의하여 채무자의 재산권에 대하여 강제적 실현을 할 수 있다. 집행권원에는 확정판결, 확정판결과 동일시되는 화해조서, 조정조서, 인락조서 등이 있고, 강제집행할 수 있다는 내용이 있는 공정증서도 집행권원이 된다.

(2) 사력(私力)구제

① 정당방위

정당방위란 타인의 불법행위에 대하여 자기 또는 제3자의 이익을 위해 부득이 가해행위를 하는 것이다. 민법 제761조 제1항은 이러한 정당방위에 의한 가해행위는 그 위법성이 조각되어 불법행위가 되지 않고, 따라서 가해자는 손해배상책임을 지지 않는다고 규정하고 있다.

② 긴급피난

급박한 위난을 피하기 위하여 부득이 타인에게 가해행위를 하는 것이다. 민법 제761조 제2항은 이 경우에도 위법성이 조각되어 불법행위가 성립되지 않는다고 규정하고 있다.

③ 자력구제(自力救濟)

i) 의 의

사권을 실현시키기 위하여 국가기관의 협력을 기다릴 여유가 없는 경우에 권리자가 자력으로 실현하는 행위이다. 정당방위나 긴급피난은 현재의 침해에 대한 방위수단인 데 반하여, 자력구제는 주로 과거의 침해에 대한 회복이라는 데에 차이가 있다. 자력구제는 이를 인정하지 않으면 후일 국가의 보호가 불가능 또는 현저히 곤란하게 되는 경우가 아니면 허용되지 않는다. 그 필요가 없는데 한 자력구제는 불법행위가 된다. 민법은 점유침탈에 관하여서만 이를 인정하는 규정을 두고 있다(민법 제209조 참조).

ii) 자력방위권

점유자는 그 점유를 부정히 침탈 또는 방해하는 행위에 대하여 자력으로써 이를 방위할 수 있다(민법 제209조 제1항).

iii) 자력탈환권

점유물이 침탈당한 때에는 부동산인 경우에는 침탈 후 즉시 가해자를 배제하여 탈환할 수 있고, 동산인 경우에는 현장에서 또는 추적하여 탈환할 수 있다(민법 제209조 제2항).

④ 중 재

중재는 당사자 사이에서 사법상의 법률관계에 관한 분쟁의 일부 또는 전부를 중재인의 제안에 의하여 해결하는 방법을 말한다. 이는 당사자가 중재에 따를 것에 합의하는 것을 전제로 하는 행하는 것으로 사적 구제방법에 해당한다.

2. 재판절차

사권(私權)침해에 대한 구제를 받기 위하여 재판절차에 의하는 경우에는 민사소송절차에 의한다. 소송절차를 통하여 집행권원을 얻기 위한 것이다.

(1) 소송 전 준비단계

소송을 하기로 결정한 경우, 소송을 위하여 사전에 준비를 하는 것이 원활하고 유리한 소송진행에 필요하다. 상대방에 대한 이행의 최고를 하여 심리적 압박을 가한다. 일반적으로 최고장을 작성하여 발송하는데, 내용증명우편의 방식을 이용한다. 소송상 주장에 필요한 입증자료를 수집·정리한다. 상대방이 부인하거나 다른 주장을 하는 경우, 방어하고·공격할 수 있는 모든 자료를 수집한다. 증인도 확보하여 미리 증언을 녹음해 두는 것도 필요하다. 또한 채무자의 재산권을 파악하여 보전조치를 하여야 한다.

(2) 소송의 개시

민사소송은 소장을 작성하여 관할법원에 소장을 제출하고 접수됨으로써 시작된다.

(3) 판결의 확정

법원이 판결을 선고하고 그 판결문이 송달된 날로부터 2주일 이내 항소, 상고가 없으면 판결이 확정된다.

(4) 집행문의 부여

판결이 확정되면 판결문 정본을 가지고 집행문을 부여받을 수 있다.

(5) 강제집행

집행문을 가지고 집행관에게 위임하여 채무자에 재산권에 강제집행을 하여, 그 재산의 가액으로부터 채권을 실현할 수 있다. 그러나 채무자에게 아무런 재산도 없고, 채무자가 재산취득활동을 하지 않는 경우에는 사실상 강제집행을 할 수 없으므로 채권은 실현불능상태에 빠지게 된다.

3. 채권실현의 내용

(1) 채무자가 차일피일 미루며 변제하지 않는 경우

채무자 자력 → 이행의 최고 → 재산권 파악 → 가압류 → 민사소송 → 강제집행 → 채권실현

(2) 채무자에게 재산권은 없지만 직장에 근무하는 경우

채무자가 받을 임금 등의 보수 채권 가압류→ 민사소송→ 추심명령, 전부명령→ 채권실현

(3) 채무자가 도주하여 행방불명인 경우

재산권 남긴 경우	→ 가압류 → 민사소송 → 강제집행 → 채권실현
재산권 없는 경우	채권실현 불능상태

(4) 채무자가 무자력이면서 제3자에 대한 재산권을 행사하지 않는 경우

채권자대위권행사 → 가압류 → 민사소송 → 강제집행 → 채권실현

① 채권자대위권의 의의 및 성질

채무자가 그 재산권을 행사하지 않는 경우에 채권자가 그의 채권을 보전하기 위하여 채무자에 갈음하여 그 권리를 행사함으로써 채무자의 책임재산의 유지, 충실을 꾀하는 제도이다.

② 채권자대위권의 요건

i) 채권자가 자기의 채권을 보전하기 위하여 필요할 것

채권자대위권은 채권보전을 위하여 행사되는 것이기 때문에 채권자의 유효한 채권이 전제되어야 한다. 채권의 종류 또는 발생원인은 불문하고 청구권을 포함하고 채권이 제3채무자에게 대항할 수 있을 것을 요하지 않는다.[11] 즉 채권을 전제로 채권자가 채무자의 권리를 행사하지 않으면 자기의 채권에 관하여 완전한 만족을 얻을 수 없게 될 염려가 있을 것을 요건으로 한다. 채권보전의 필요라는 것은 채무자의 총재산이 총채권자의 채권을 만족시키는 데에 부족한 상태, 즉 무자력상태를 의미한다. 다만, 채무자에게 자력이 있는 경우에도 특정물에 관한 채권을 보전하기 위해서는 채권자대위권을 행사할 수 있고,[12] 특정채권의 경우에도 채무자의 무자력을 요하지 않는다.[13] 채권자대위권행사에 있어서 채권의 보전필요 여부는 변론종결 당시를 표준으로 하여 판단하여야 한다.[14]

---

11) 대법원 2000. 6. 9, 98다18155.
12) 대법원 1993. 4. 23, 93다289.
13) 대법원 1992. 10. 27, 91다483.

ii) 채무자가 스스로 그 권리를 행사하지 않을 것

채무자가 스스로 권리를 행사하지 않는 경우에만 채권자대위권을 행사할 수 있다. 채무자가 불리한 권리행사를 하는 경우라도 본 요건을 배제시키는 것으로 대위권은 행사하지 못한다. 즉, 채무자가 불리한 대물변제를 받거나 소송상 잘못으로 패소하는 경우에도 스스로 권리를 행사한 이상은 채권자대위권은 배제된다.[15]

iii) 채권이 변제기에 있을 것

채권은 원칙적으로 변제기에 있어야 한다. 다만 두 가지의 경우에는 변제기 전이라도 대위권을 행사할 수 있는 예외가 인정된다. 하나는 재판상 대위인 경우이다. 즉 채권자대위권을 행사하기 위하여 법원의 허가를 얻은 경우이다. 또 한 가지는 보존행위의 대위인 경우이다.

③ 채권자대위권의 행사

i) 행사방법

채권자대위권의 행사요건이 갖추어지면 채권자는 자기의 이름으로 행사한다. 채무자의 대리인으로 행하는 것이 아니기 때문에 채무자의 이름으로 행사할 것을 요하지 않고 대위채권자 자신의 이름으로 행사한다. 채권자대위권은 재판상 또는 재판외로도 행사할 수 있다. 채권자대위권을 재판상 행사하는 경우에 채권자인 원고는 그 채권의 존재사실 및 보전의 필요성, 기한의 도래 등을 입증하면 족하고, 채권의 발생원인 또는 그 채권이 제3채무자인 피고에게 대항할 수 있는 채권이라는 사실까지 입증할 필요는 없다.[16] 대위행사의 상대방은 자신이 채무자에게 대항할 수 있었던 모든 항변권을 대위채권자에 대하여 주장할 수 있다.

ii) 행사의 범위

대위채권자는 총채권자의 공동담보보전을 위해서는 대위채권자의 채권액을 넘는 채무자의 권리를 행사하여도 무방하다. 그리고 한 개의 권리를 대위행사하여 그 목적을 달성할 수 있는 경우에는 그 이상의 다른 권리에 대해서는 대위행사할 수 없다. 다만 금전채권을 대위하는 경우에는 그 액이 피보전채권보다 큰 경우라도 전액에 대하여 대위할 수 있다는 것이 통설이다. 특정채권을 보전하기 위한 경우에는 당해 채권의 보전에 필요한 권리에 대해서만 대위행사를 할 수 있다.

---

14) 대법원 1972. 11. 28, 72다1466.
15) 대법원 1993. 3. 26, 92다32876.
16) 대법원 2003. 4. 11, 2003다1250.

④ **채권자대위권행사의 효과**

i) 채무자의 처분권제한

채권자대위권의 행사에 있어서 채무자가 채권자대위권을 행사한 사실을 알 게 된 이후에는 채무자가 그 권리를 처분하여도 이로써 채권자에게 대항할 수 없다(민법 제405조 제1항).

ii) 효과의 귀속

행사의 효과는 모두 채무자에게 귀속하며 총채권자의 공동담보로 된다. 즉 대위행사하여 취득되는 권리로부터 대위채권자에게 우선권이 주어지거나 또는 변제에 곧바로 충당할 수 없다. 이를 허용하면 채권자평등의 원칙에 반하기 때문이다.

iii) 대위채권자의 비용상환청구권 및 유치권행사

채권자대위권을 행사하는 경우 채권자와 채무자는 일종의 법정위임의 관계에 있으므로 채권자는 민법 제688조를 준용하여 채무자에게 그 비용의 상환을 청구할 수 있고, 그 비용상환청구권은 강제집행을 직접 목적으로 하여 지출된 집행비용이라고는 볼 수 없기 때문에 지급명령신청에 의하여 지급을 구할 수 있다.17)

(5) 채무자가 자신의 재산권을 가족(친지, 아내, 남편, 이혼한 후 배우자) 명의로 바꾼 경우

채권자취소권행사 → 가압류 → 민사소송 → 강제집행 → 채권실현

① **채권자취소권의 의의**

채권자는 채무자가 채권자를 해함을 알면서 한 법률행위의 취소와 원상회복을 법원에 청구할 수 있는데 이것을 채권자취소권이라 한다. 채권자취소권은 실체법상의 권리이며, 채권에 종된 권리이다. 채권자취소권은 반드시 재판상 행사하여야 한다는 점에서 채권자대위권과 행사방법을 달리한다.

② **채권자취소권의 요건**

i) 피보전채권

채권자취소권을 행사하기 위해서는 보전하기 위한 채권이 존재하여야 하고, 이때 취소채권자가 가지는 채권은 금전채권이어야 한다. 금전채권이면 조건부채권이

---

17) 대법원 1996. 8. 21, 96그8.

나 기한부채권도 포함된다는 것이 통설이다. 그리고 물적 담보로 보전된 채권의 경우에는 그 담보물의 가액이 부족한 한도에서 채권자취소권의 행사가 인정되고, 인적 담보로 보전된 채권의 경우에는 그 인적 담보와 관계없이 피보전채권액 전액에 대하여 채권자취소권을 행사할 수 있다. 그러나 특정채권의 보전을 위하여 채권자취소권을 행사하는 것은 허용되지 않는다.[18)]

ii) 사해행위(詐害行爲)가 존재할 것

채무자의 처분행위가 채권자를 사해(詐害)하는 것일 것. 즉 채무자의 재산권처분행위가 채권자를 사해하는 것이어야 한다. 여기에서 사해행위라 함은 처분행위를 함으로써 무자력을 야기시키는 행위를 말한다. 채무자 또는 그 대리인이 한 법률행위이다.

iii) 사해(詐害)의 의사

사해의사(詐害意思)란 그 행위가 채권자를 해함을 알고 있었다는 것을 의미한다. 즉 채무자의 처분행위로 인하여 무자력이 된다는 사실에 대한 인식으로서 악의를 말한다. 이러한 인식은 일반채권자에 대한 관계에서 있으면 충분하고 특정의 채권자를 해한다는 인식이 있어야 하는 것은 아니다.[19)] 사해의 의사는 채무자와 그 상대방인 수익자 또는 전득자도 가지고 있어야 한다. 수익자 및 전득자의 사해의사를 동시에 요구하는 것이 아니고, 수익자나 전득자 가운데 어느 1인 이상에게 사해의사가 있으면 족하다. 채무자의 사해의사의 존재는 채권자가 입증하여야 한다. 그러나 수익자 또는 전득자의 악의는 추정되는 것으로 수익자 또는 전득자는 자신에게 사해의사가 없었음을 입증하여야 하고,[20)] 선의임을 입증하지 못하면 사해의 의사로 추정된다.[21)]

③ 채권자취소권의 행사

채권자취소권은 반드시 재판상 행사할 것을 요한다(제406조). 취소채권자는 자신의 이름으로 행사한다. 채권자취소권의 요건을 갖춘 각 채권자는 동시 또는 이시에 채권자취소 및 원상회복소송을 제기할 수 있고 이는 중복제소에 해당하지 않는다.[22)] 취소소송의 피고는 언제나 이득반환청구의 상대방이다. 즉 수익자 또는 전

18) 대법원 1999. 4. 27, 98다56690.
19) 대법원 1999. 11. 12, 99다29916.
20) 대법원 2001. 4. 24, 2000다41875.
21) 대법원 1988. 4. 25, 87다카1380.
22) 대법원 2005. 5. 27, 2004다67806.

득자만이며 채무자는 피고에 포함되지 않는다.[23)]

④ **취소권행사의 효과**

i) 채무자의 일반재산으로의 귀속

취소권행사의 효과는 총채권자의 이익을 위하여 생긴다. 따라서 반환된 재산이나 손해배상금은 채무자의 일반재산으로 되어 총채권자의 공동담보로 되고 취소채권자는 자기에게 인도된 재산에 대해서도 우선권을 갖지 못한다. 부동산소유권등기를 회복하는 경우에는 수익자 또는 전득자 명의로의 이전등기의 말소를 구하는 방법으로 하는 것이 일반적이지만 직접 채무자명의로의 이전등기를 구하여 회복하는 것도 인정된다. 이때의 등기원인은 진정한 등기명의의 회복으로 한다.[24)]

ii) 상대적 효과

소송당사자인 채권자와 수익자 또는 전득자 사이에서만 법률행위의 효력을 무효로 하고 그들과 채무자 사이의 법률관계는 유효하게 존속한다. 따라서 사해행위 취소판결의 기판력은 그 취소권을 행사한 채권자와 그 상대방인 수익자 또는 전득자와의 상대적인 관계에서만 미치고, 그 소송에 참가하지 아니한 채무자 또는 채무자와 수익자 사이의 법률관계에는 미치지 아니한다.[25)]

⑤ **채권자취소권의 소멸**

채권자취소권의 행사기간은 법정되어 있다. 사해행위의 취소 및 원상회복의 소는 채권자가 취소원인을 안 날로부터 1년, 법률행위 있은 날로부터 5년 내에 제기하여야 한다. 이 기간은 제척기간이라는 것이 통설과 판례[26)]이다.

---

23) 대법원 1988. 2. 23, 87다카1586.
24) 대법원 2000. 2. 25, 99다53704.
25) 대법원 1988. 2. 23, 87다카1989.
26) 대법원 1975. 4. 8, 74다1700.

Chapter

02 가족관계의 법

Ⅰ. 혼　인

1. 혼인의 정의

혼인은 남녀가 성적으로 결합하여 가정공동체를 이루어 공동생활을 하기 위한 신분행위로서, 가족법상의 계약이다. 우리나라 현행법상 남녀 간의 성적 결합에 의한 혼인만을 인정하고 성별이 같은 동성 간의 혼인은 인정되지 않는다. 혼인의 법률효과를 주는 방식은 각 나라에 따라 다르다. 우리나라의 경우 혼인신고를 하고 그 신고가 접수되었을 때 비로소 혼인의 법률효과가 발생한다. 이를 법률혼이라고 한다. 주관적으로 혼인의 의사가 있고, 또 객관적으로는 사회통념상 부부공동생활을 인정할 만한 실체를 가지고 있지만 혼인신고를 하지 않아 혼인의 법률효과가 주어지지 않고 있는 상태를 사실혼[1]이라고 한다. 사실혼이든 법률혼이든 혼인의 의사와 부부공동체로서의 공동생활을 전제로 한다는 점에서 당사자가 장래 혼인하기로 하는 합의만으로 성립하는 약혼과는 구별된다.

2. 약　혼

(1) 약혼의 성립

① 약혼의 실질적 요건

약혼은 장래 혼인할 것을 약정하는 것이다. 약혼은 혼인하려는 양당사자의 합

1) 대법원 1998. 12. 8, 98므961.

의로 성립한다. 종래의 정혼의 효력은 무효라는 것이 통설이다. 약혼을 하기 위해서는 약혼연령에 달하여야 한다. 약혼연령은 만 18세이다(민법 제801조). 미성년자는 부모의 동의를 얻어야 한다. 부모 중 일방이 동의권을 행사할 수 없는 때에는 다른 일방의 동의를 얻어야 하고, 부모가 모두 동의권을 행사할 수 없는 때에는 후견인의 동의를 얻어야 한다. 성년에 달한 자는 자유로이 약혼할 수 있다.

② 약혼의 형식적 요건

약혼을 함에는 아무런 형식을 요하지 않는다.

(2) 약혼의 효과

약혼을 한 지위는 하나의 권리로서 보호된다. 약혼당사자는 가까운 시일에 부부공동체를 성립시킬 의무를 부담하고 이 의무를 위반한 경우에는 손해배상을 청구할 수 있다. 그러나 성질상 강제이행은 하지 못한다(민법 제803조). 약혼 중의 자(子)는 혼인외의 자(子)이지만, 혼인의 성립으로 준정(準正)이 되어 혼인 중의 자로 된다.

(3) 약혼의 해제

① 약혼해제의 정당사유

민법 제804조는 약혼해제권의 발생사유 8가지를 규정하고 있다.

i) 약혼 후 자격정지 이상의 형의 선고를 받은 때
ii) 약혼 후 금치산 또는 한정치산의 선고를 받은 때
iii) 성병, 불치의 정신병 기타 불치의 악질이 있는 때
iv) 약혼 후 타인과 약혼 또는 혼인을 한 때
v) 약혼 후 타인과 간음한 때
vi) 약혼 후 1년 이상 그 생사가 불명한 때
vii) 정당한 이유 없이 혼인을 거절하거나 그 시기를 지연하는 때
viii) 기타 중대한 사유가 있는 때

② 약혼해제의 방법

약혼의 해제는 약혼해제에 대한 정당사유가 있는 때에는 상대방에 대한 약혼해제의 의사표시로 한다. 그러나 약혼해제의 의사표시를 할 수 없는 때에는 그 해제

의 원인이 있음을 안 때에 해제된 것으로 본다. 예컨대 민법 제804조 제6호 "약혼 후 1년 이상 그 생사가 불명한 때"와 같은 경우이다.

③ 약혼해제의 효과

ⅰ) 손해배상청구권

당사자 일방은 과실 있는 상대방에 대하여 손해배상청구권을 행사할 수 있다. 이 손해에는 정신상 고통에 대한 손해도 포함한다. 단 가정법원에 우선 조정을 신청하여야 한다.

ⅱ) 약혼예물의 반환청구권

a. 성 질

약혼예물의 성질은 혼인의 불성립을 해제조건으로 하는 증여와 유사한 성질을 갖는다. 따라서 예물의 수령자측이 혼인 당초부터 성실히 혼인을 계속할 의사가 없고 그로 인하여 혼인의 파국을 초래하였다고 인정되는 경우에는 신의칙 내지 형평의 원칙에 비추어 혼인 불성립의 경우에 준하여 예물반환의무가 인정된다.[2] 약혼해제시 약혼으로 이행하였던 약혼예물은 부당이득이 된다. 따라서 약혼이 해제되면 약혼예물반환청구권이 발생한다.

b. 반환청구권자

약혼예물의 반환청구권은 약혼의 해제에 과실 없는 자만이 가지며, 동시에 반환의무를 지지 않는다.

Ⅱ. 혼인의 성립과 무효·취소

1. 혼인의 성립

(1) 혼인의 실질적 요건

① 혼인의사의 합치

ⅰ) 성 질

혼인당사자의 혼인의 의사의 합치가 있어야 한다. 혼인의사의 성질에 대하여는 실질적 의사설과 형식적 의사설이 대립한다. 실질적 의사설은 혼인의 의사를 사회통념상 인정되는 부부관계를 설정하겠다는 효과의사와 혼인신고의 의사를 모두 포

2) 대법원 1996. 5. 14, 96다5506.

함하는 것이라고 한다.[3] 반면 형식적 의사설은 혼인신고를 통한 법률상의 혼인관계를 형성하려는 의사라고 한다. 형식적 의사설에 의하면 실제로는 사회통념상 인정되는 부부관계의 설정의사가 없더라도 혼인신고의 의사만으로 혼인이 성립하게 된다.

ii) 가장혼인

당사자 간의 정신적·육체적 결합 없이 특정한 목적을 위하여 혼인신고를 하는 가장혼인이 있다. 가장혼인의 효력에 대하여 무효설과 유효설이 대립한다. 판례는 무효설을 취한다.[4]

iii) 혼인의사의 철회

혼인의 합의 후에 혼인의사의 철회가 있으면 혼인은 성립하지 않는다. 혼인합의의 철회는 상대방에게 하면 된다. 그런데 혼인합의 후 그 철회 전에 혼인신고서가 작성된 경우에는 가족관계등록 공무원에게 신고의사의 철회를 하여야 한다.[5]

② 당사자가 혼인적령에 달하였을 것

만 18세에 달한 때에 혼인할 수 있다. 혼인적령에 달하지 못한 자들이 혼인한 때에는 취소혼이 된다.

③ 부모 등의 동의를 얻을 것

동의를 요하는 혼인은 미성년자, 금치산자의 혼인의 경우이다.[6] 한정치산자는 의사능력만 있으면 동의 없이 자유로이 혼인할 수 있다. 미성년자인 경우에는 부모의 동의를 얻어야 하고, 부모 중 일방이 동의권을 행사할 수 없는 때에는 다른 일방의 동의를 얻어야 한다. 부모가 모두 동의권을 행사할 수 없는 때에는 후견인의 동의를 얻어야 한다. 금치산자는 부모 또는 후견인의 동의를 얻어야 한다. 미성년자 또는 금치산자가 부모 또는 후견인이 없거나 또는 동의할 수 없는 때에는 친족회의 동의를 얻어야 한다. 미성년자 또는 금치산자가 동의 없이 혼인을 하더라도 혼인신고는 가족관계등록 공무원에 의하여 수리가 거부된다. 그러나 가족관계등록 공무원이 이를 수리한 이상은 혼인은 성립하지만 취소혼이 된다.

---

3) 김주수, 111; 박병호, 67.

4) 대법원 1980. 1. 29, 79므62, 63.

5) 이경희, 45.

6) 현행 민법(2013. 7. 1. 시행)은 한정치산자제도와 금치산자제도를 폐지하였지만, 현행 민법 시행 당시 이미 한정치산 또는 금치산의 선고를 받은 사람에 대하여는 종전의 규정을 적용한다(2011. 3. 7. 개정, 법률 제10429호 부칙 제2조 제1항).

④ 근친혼이 아닐 것

i) 8촌 이내의 혈족이 아닐 것

혼인 당사자간 8촌 이내의 부계혈족 또는 모계혈족(친양자의 종전의 혈족을 포함한다) 사이가 아니어야 한다(제809조 제1항). 이에 위반한 혼인은 무효가 된다(제815조 제2호).

ii) 일정범위 내의 인척관계가 아닐 것

혼인당사자 간 6촌 이내의 혈족의 배우자, 배우자의 6촌 이내의 혈족, 배우자의 4촌 이내의 혈족의 배우자인 인척이거나 이러한 인척이었던 자 사이가 아니어야 한다(제815조 제2항). 이에 위반하여 이러한 자들 간의 혼인이 있으면 혼인의 취소사유가 되어 법원에 그 취소를 청구할 수 있다(제816조 제1호).

iii) 일정범위의 양부모계의 친족관계가 없을 것

혼인당사자 간 6촌 이내의 양부모계의 혈족이었던 자와 4촌 이내의 양부모계의 인척이었던 자 사이가 아니어야 한다. 이에 위반하여 이러한 자들 간의 혼인이 있으면 혼인의 취소사유가 되어 법원에 그 취소를 청구할 수 있다(제816조 제1호).

⑤ 중혼이 아닐 것

배우자 있는 자가 아니어야 한다. 우리 민법이 일부일처제를 취하고 있기 때문이다. 여기서의 중혼은 법률혼에 한하므로 법률혼관계에 있는 자가 사실혼관계를 갖는 경우 제810조의 중혼금지규정은 적용되지 않는다. 즉 제810조는 법률상의 혼인이 중복되는 경우에만 적용된다. 중혼은 혼인의 취소사유가 되어 법원에 그 취소를 청구할 수 있다(민법 제816조 제1호).

(2) 혼인의 형식적 요건

① 혼인신고

우리는 법률혼주의를 취하고 있으므로 혼인이 성립하기 위해서는 혼인신고가 있어야 한다. 혼인신고는 혼인당사자와 성년자인 증인 2인이 연서한 서면으로 하여야 한다. 혼인신고는 혼인의 합의에 기한 신고이어야 하며, 혼인의 합의는 혼인신고시에도 존재하여야 한다. 대리인에 의한 혼인신고는 허용되지 않지만, 타인으로 하여금 혼인신고서를 제출케 하여 한 혼인신고의 경우에도 혼인의 합의가 있으면 유효하고,[7] 가족관계의 등록 등에 관한 법률상의 절차에 위배하여 구술신고로

7) 대법원 1963. 11. 7, 63다647.

등재된 경우라 할지라도 혼인당사자 사이에 혼인의 합의가 있으면 혼인은 유효하게 성립한다.[8] 사실혼관계에 있는 당사자 1인이 임의로 한 혼인신고는 효력이 생기지 않는다. 다만 당사자 일방의 서명·날인이 결여된 신고가 수리된 때에는 혼인이 유효하게 성립한다. 혼인신고에는 조건을 붙이지 못한다. 혼인신고의 효력은 가족관계등록부에 등재되어야 효력이 생기는 것이 아니고 혼인신고가 가족관계등록 공무원에게 수리됨으로써 효력이 생긴다는 것이 통설과 판례이다.[9]

② 결혼식은 요건이 아니다

결혼식(또는 혼례식)은 혼인할 것을 전제로 한 남녀의 결합이 사회적으로 공인되기 위하여 거치는 관습적인 의식으로서 혼인의 성립과는 관계가 없다. 결혼식을 하여야 혼인관계가 성립하고 결혼식을 하지 않으면 혼인관계 없이 동거한다는 인식을 갖는 것은, 우리 민법상 혼인법을 모르는 무지의 소치에 의한 인식이다. 인간관계로서 주변의 친지나 동료 등에게 혼인을 한다는 사실을 알리고 축하를 받는 의식에 불과한 것이지, 혼인의 법률효과와는 관계가 없는 것이다. 그럼에도 사회지도층을 중심으로 많은 비용을 들여 과시하는 듯이 거창한 결혼식을 치루는 사회적 분위기가 만연되어 있고, 이러한 결혼식을 할 수 없는 계층의 사람들은 결혼식 없이 동거한다는 인식 하에 스스로 부끄러움과 아쉬움을 가지고 혼인생활을 하는 경우도 있다. 이들은 뒤늦게 결혼식을 하기도 한다. 혼인공동체를 이루어 혼인생활을 하는 데 필요한 일상의 도구를 준비하는 범위를 넘은 "혼수"가 "가(家)의 체면"이라는 명목 하에 행해진다. 혼수문제와 관련하여 혼인당사자의 의사를 억압하거나 혼인 자체를 반대하여 혼인이 깨어지는 경우도 있다. 필자는 비합리적 문화라고 생각한다. 또한 결혼식에 초대받은 사람들은 즐겁게 축하하는 마음보다는 얼마의 부조금을 납부할 것인가 하는 문제로 고민하기도 한다. 필자는 이 책을 읽는 젊은 독자들에게 권한다. 가까운 친지들과 교회로 가라. 당사자의 혼인의 의사를 확인하는 의식을 거행하고 기념사진을 찍고 통상의 외식에 속하는 식사를 하라. 그리고 알릴만한 사람들에게 누구누구가 모년모월모시 사랑의 마음으로 혼인식을 거행하고 혼인하였으므로 앞으로 관심을 가지고 지켜봐 주시기를 바란다는 카드를 보내라. 이런 문화가 정착될 수 있다면 보다 합리적인 결혼식문화가 생성될 수도 있을 것이다.

---

8) 대법원 1978. 2. 28, 78므1.
9) 대법원 1991. 12. 10, 91므344.

2. 혼인의 무효

(1) 무효원인

① 혼인의 합의 없는 혼인

혼인당사자의 혼인의 합의가 없는 혼인은 무효이다(제815조 제1호).

i) 혼인의사 및 혼인신고의사도 없는 경우

이 경우에는 혼인의 불성립이 된다.

ii) 혼인의사는 없고 신고의사는 있는 경우

이 경우에는 가장혼인이 되어 무효가 된다.

iii) 신고의사 없이 동거하는 경우

혼인신고의 의사 없이 동거하던 중 일방이 혼인신고를 한 경우는 어떠한가? 판례는 혼인신고한 사실을 알면서도 동거를 계속한 경우에는 혼인을 추인한 것이라고 하여 유효성을 인정하고, 사실혼관계에 있는 당사자 간에서는 혼인의 의사가 존재하는 것으로 추정된다고 하여 그에 기한 신고가 있는 경우 명시적인 반대의 사정이 없는 한 유효라고 한다.[10)]

② 근친혼

민법 제809조의 근친혼의 금지규정에 위반하여 이루어진 혼인은 무효이다. 무효가 되는 근친의 범위는 혈족 간 혼인, 즉 당사자가 8촌 이내의 부계혈족이거나 8촌 이내의 모계혈족(친양자의 종전의 혈족을 포함한다)인 때(민법 제815조 제2호), 인척 중에서는 직계인척관계가 있거나 있었던 때(민법 제815조 제3호), 양자의 경우는 양부, 양모와 직계혈족관계가 있었던 때(민법 제815조 제4호)이다.

(2) 혼인무효의 성질

혼인의 무효는 당연무효라는 견해와 재판에 의한 무효선언으로 소급하여 무효가 된다는 견해가 대립한다. 전자에 의하면 무효사유가 있는 혼인은 당연무효이고 다만 이해관계인들은 상속에 관한 소송에서 그 전제로 혼인의 무효를 주장할 수 있다고 한다. 다수설이다. 후자는 소송을 통한 판결이 있어야 비로소 무효로 확정

10) 대법원 2000. 4. 11, 99므1329.

된다고 한다. 그러나 혼인의 불성립의 경우에는 이러한 형성판결은 필요하지 않고 부부관계부존재확인의 소를 제기하여 그 승소판결에 의하여 가족관계등록부를 정정할 수 있다고 한다.

(3) 혼인무효의 효과

① 혼인관계는 소급하여 소멸

혼인이 무효인 때에는 소급적으로 부부관계는 없었던 것으로 된다. 따라서 그 무효혼관계에서 출생한 자(子)는 혼인외의 자(子)가 된다. 제3자에 대한 관계에서도 일상가사대리의 효과가 생기지 않고 당사자 간에서도 재산분할청구의 문제는 생기지 않는다.

② 손해배상청구권

혼인의 무효에 대하여 책임 있는 당사자는 상대방에게 손해배상책임을 부담한다(제825조). 재산적 손해 외에 정신적 손해를 포함한다. 정신적 고통에 대한 손해배상청구권은 당사자 간에 배상에 관한 계약이 성립하였거나 배상의 소를 제기한 후가 아니면 상속성이 없고 양도하지 못한다. 손해배상의 청구 전에 가정법원에 먼저 조정을 신청하여야 한다.

3. 혼인의 취소

(1) 혼인취소원인과 취소청구권자, 취소권의 소멸

혼인취소원인	취소청구권자	취소권의 소멸
혼인적령에 달하지 않은 혼인(제807조)	당사자 · 법정대리인(제817조)	혼인적령 도달 또는 혼인 중 포태
동의 없는 혼인(제808조)	당사자 · 법정대리인(제817조)	19세에 도달 또는 성년후견개시선고취소 후 3월 경과 또는 혼인 중 포태
근친혼－6촌 이내의 혈족의 배우자, 배우자의 6촌 이내의 혈족, 배우자의 4촌 이내의 혈족의 배우자인 인척이거나 이러한 인척이었던 자 사이의 혼인(제809조 제2항, 3항).	당사자 · 직계존속 · 4촌 이내의 방계혈족(제817조)	혼인 중 자(子)의 포태

중혼(제810조)	당사자·배우자·직계존속·4촌 이내의 방계혈족·검사(제818조)	
혼인 당시 당사자 일방에 부부생활을 계속할 수 없는 악질 기타 중대한 사유가 있음을 알지 못하고 혼인한 때(제816조 제2호)	당사자	사유 있음을 안 날로부터 6월 경과
사기 또는 강박으로 혼인의 의사표시를 한 때(제816조 제3호)	당사자	사기를 안 날 또는 강박을 면한 날로부터 3월 경과

① 혼인적령에 달하지 않은 혼인

혼인적령은 18세이다. 혼인적령미달자의 혼인은 취소할 수 있다. 취소권자는 당사자 또는 그 법정대리인이다. 혼인 중에 포태한 경우에는 제819조, 제820조를 유추하여 취소를 청구하지 못한다고 해석된다. 또한 혼인적령에 도달한 때에도 취소를 청구하지 못한다. 취소청구의 소는 부부의 일방이 제기하는 경우에는 다른 일방을 피고로 하고, 제3자가 제기하는 때에는 부부를 상대방으로 하고, 부부 중 일방이 사망한 때에는 생존자를 상대로, 상대방이 될 자가 모두 사망한 때에는 검사를 상대방으로 한다.

② 동의 없는 혼인

미성년자 또는 피성년후견인은 부모, 후견인 등의 동의를 얻어 혼인하여야 하는데, 동의 없이 혼인한 때에는 당사자 또는 그 법정대리인은 취소를 청구할 수 있다. 미성년자의 경우에는 19세에 달한 후, 피성년후견자의 경우는 성년후견개시선고가 취소된 후 3월이 경과하거나, 이들이 혼인 중에 포태한 때에는 취소를 청구하지 못한다.

③ 일정한 근친혼인 경우

6촌 이내의 혈족의 배우자, 배우자의 6촌 이내의 혈족, 배우자의 4촌 이내의 혈족의 배우자인 인척이거나 이러한 인척이었던 자 사이에서의 혼인, 6촌 이내의 양부모계의 혈족이었던 자와 4촌 이내의 양부모계의 인척이었던 자 사이에서의 혼인은 취소원인이 된다. 취소청구권자는 당사자, 그 직계존속 또는 4촌 이내의 방계혈족이다. 혼인당사자가 혼인 중 포태하면 취소권은 소멸한다.

④ 중 혼

중혼의 경우에는 당사자, 배우자, 직계혈족, 4촌 이내의 방계혈족, 검사가 그 취소를 청구할 수 있다. 이 취소청구권은 중혼이 계속되는 한 소멸하지 않는다.

⑤ 악질(惡疾) 기타 중대한 사유 있는 혼인

혼인 당시 당사자 일방에 부부생활을 계속할 수 없는 악질 기타 중대한 사유가 있음을 알지 못하고 혼인한 때에는 당사자는 취소를 청구할 수 있다. 취소청구는 상대방이 그 사유를 안날로부터 6월을 경과하기 전에 하여야 한다. 소(訴)의 상대방은 다른 일방 배우자이고 그가 사망한 때에는 검사이다.

⑥ 사기 또는 강박에 의한 혼인

사기 또는 강박에 의하여 혼인의 의사표시를 한 때에는 혼인의 취소를 청구할 수 있다. 그러나 사기를 안 날 또는 강박을 면한 날부터 3월이 경과하면 취소를 청구하지 못한다(제823조). 여기서의 사기・강박에 관한 요건은 총칙규정 제110조에서의 사기・강박과는 차이가 있다. 사기행위를 한 자는 혼인의 당사자이건, 제3자이건 불문한다. 또한 제3자에 의한 경우 사기・강박을 당한 상대방이 그 사실을 알았느냐 몰랐느냐를 묻지 않는다.

(2) 혼인취소의 절차

혼인의 취소는 조정을 선행으로 하여 가정법원에 소송상으로 주장할 수 있다. 재판이 확정되면 소를 제기한 자가 재판확정일로부터 1월 이내에 재판의 등본 및 확정증명서를 첨부하여 그 취지를 신고하여야 한다. 신고가 없는 때에는 가족관계등록사무 관장공무원이 신고할 것을 최고하고, 최고기간 내에 신고가 없는 때에는 감독법원의 허가를 얻어 직권으로 가족관계등록부의 기재를 하게 된다. 혼인취소의 소 이외의 다른 소에서 소(訴)의 전제로서 혼인의 취소를 주장하지는 못한다.

(3) 혼인취소의 효과

① 비소급효

혼인이 취소되면 혼인관계는 장래에 향하여 소멸한다. 따라서 혼인취소 전까지 발생한 관계에는 영향을 미치지 않는다. 취소혼 사이에서 출생한 자(子)는 혼인 중의 출생자의 지위를 잃지 않는다.

② 인척관계의 소멸

혼인이 취소되면 혼인으로 성립한 인척관계는 소멸하고 신가족관계등록부를 편제하여야 한다.

③ 손해배상청구권

혼인의 취소원인에 책임이 있는 자는 손해배상을 하여야 한다. 재산적 손해 외에 정신적 손해를 포함한다. 정신적 고통에 대한 손해배상청구권은 당사자 간에 배상에 관한 계약이 성립하였거나 배상의 소를 제기한 후가 아니면 상속성이 없고 양도하지 못한다. 손해배상의 청구 전에 가정법원에 먼저 조정을 신청하여야 한다.

④ 재산분할청구권

혼인취소의 경우 재산분할에 대해서는 명문의 규정이 없지만, 이혼시의 재산분할청구권을 유추하여 이를 인정하여야 할 것이다.[11] 재산분할청구를 하기 위해서는 먼저 조정을 신청하여야 한다.

4. 혼인의 효과

(1) 혼인의 일반적 효과

① 친족관계의 발생

부부는 배우자인 친족이 된다. 그리고 상대방 배우자의 4촌 이내의 혈족 및 그 배우자 사이에 서로 인척관계가 발생한다.

② 배우자 신분의 취득

부부는 배우자의 신분을 취득하고 그에 따른 권리·의무를 취득한다. 주요한 것으로는 호적의 변동과 동거의무, 협조의무, 부양의무, 정조의무를 들 수 있다.

i) 가족관계등록부의 변동

혼인한 당사자의 혼인신고가 있으면 가족관계등록부에 혼인의 기재를 하고 각각 배우자에 관한 사항이 기재된다. 기재사항으로는 당사자의 성명·본·출생연월

11) 김주수, 135.

일 · 주민등록번호 및 등록기준지(당사자가 외국인인 때에는 그 성명 · 출생연월일 및 국적), 당사자의 부모와 양부모의 성명 · 등록기준지 및 주민등록번호, 민법 제781조 제1항 단서(자에 대한 모의 성본을 따르기로 하는 협의)에 따른 협의가 있는 경우 그 사실, 민법 제809조 제1항에 따른 근친혼에 해당되지 아니한다는 사실 등이다.

ii) **동거 · 협조 · 부양 · 정조의무**

a. 동거의무

부부는 거소를 같이하여야 한다. 그러나 정당한 이유로 일시적으로 동거하지 않는 때에는 서로 인용하여야 한다. 정당한 이유 없이 동거를 거절하면 악의의 유기로 이혼사유가 된다.

b. 협조 · 부양의무

부양이란 미성숙의 자녀를 포함하는 부부일체로서의 공동생활에 필요한 것을 서로 공여하는 것으로 상대방의 생활을 자기의 생활로서 보장하는 것이다.

c. 정조의무

부부는 상대방에 대하여 정조의무를 부담한다.

③ 성년의제

민법은 만 18세를 혼인적령으로 규정하여 해당 연령에 이르면 친권자의 동의를 얻어 혼인할 수 있고 만 19세에 이르면 자유로이 혼인할 수 있다. 미성년의 남녀가 혼인을 한 경우 계속하여 친권에 복종하여야 하고, 법정대리인의 동의를 얻어서 법률행위를 할 수 있도록 하는 경우 혼인생활의 독립성을 유지할 수 없다. 민법은 혼인한 미성년자에 대하여 그 혼인생활의 독립성을 보장한다는 취지에서 행위능력을 부여한다(제826조의2). 이를 성년의제라고 하며 혼인성년제라고도 한다.

④ 일상가사에 관한 법률행위와 채무의 연대책임

부부는 일상가사행위에 관하여 제3자와 법률행위를 한 때에는 다른 일방은 이로 인한 채무에 대하여 연대책임을 부담한다. 일상가사의 범위에 속하는 행위는, 부부공동생활에 통상 필요로 하는 의식주에 관한 사무나, 가족의 보호 · 오락 · 교제 · 자녀의 양육 · 교육 등에 관한 사무이다.

부부 일방의 일상가사행위에 의하여 발생한 채무에 대하여 부부는 연대하여 채무변제의 책임을 부담한다. 그러나 제3자에 대하여 다른 일방의 책임이 없음을 명시한 때에는 단독으로 채무를 부담한다. 일상가사행위에 대하여 제한을 가한 경우에도 선의의 제3자에게는 대항하지 못한다. 일상가사대리에 관한 규정은 법률혼의

부부뿐만 아니라 사실혼 부부관계에 대해서도 인정된다.[12)]

⑤ 부부 간의 계약취소권

부부 간의 계약이란 혼인성립 후 그 해소 전에 부부 간에 체결된 계약을 말한다. 혼인성립 전에 체결하는 부부재산계약이나 혼인의 파탄으로 생기는 재산분할계약 등은 부부계약취소의 대상이 되지 않는다. 여기서의 부부는 법률혼관계에 있는 부부만을 의미하고 약혼당사자나 사실혼부부에 대해서는 부부계약취소가 적용되지 않는다. 부부 간의 계약은 혼인 중 언제든지 부부의 일방이 이를 취소할 수 있고 이를 부부계약취소권이라고 한다.

(2) 부부의 재산관계

① 서 설

민법은 부부재산제로 약정재산제와 법정재산제의 2원적인 규정을 두고 있다. 약정재산제로는 부부재산계약을, 법정재산제로는 부부별산제를 두고 있다. 부부재산계약이 있으면 이에 의하고, 부부재산계약이 없으면 법정재산제에 의하게 된다.

② 부부재산계약

i) 의 의

부부재산계약은 혼인성립 전에 체결할 수 있다. 그리고 혼인성립시까지 등기하면 제3자에게 대항할 수 있다. 부부재산계약의 당사자는 장래 혼인을 하려는 자이다. 부부재산계약을 체결할 수 있는 능력은 혼인을 할 수 있는 능력, 즉 의사능력이다.

ii) 내 용

부부재산계약의 내용은 부부의 재산관계에 관한 것으로 당사자가 자유로이 정할 수 있다. 다만 가족법의 기본질서에 반해서는 허용되지 않는다. 약정에 의하여 부부의 일방이 다른 일방의 재산을 관리하는 경우에 부적당한 관리로 인하여 그 재산을 위태하게 한 때에는 다른 일방은 자기가 관리할 것을 법원에 청구할 수 있고 그 재산이 부부의 공유인 때에는 그 분할을 청구할 수 있다.

iii) 변경금지

혼인성립 전에 체결된 부부재산계약은 혼인 중에는 이를 변경하지 못한다. 다

---

12) 대법원 1980. 12. 23, 80다2077.

만 정당한 사유가 있는 때에는 법원의 허가를 얻어 변경할 수 있다.

③ 부부별산제(법정재산제)

부부의 일방이 혼인 전부터 가진 고유재산은 혼인성립 후에도 각자의 특유재산으로 한다. 그리고 혼인 중에 자기의 명의로 취득한 재산은 그 특유재산으로 한다. 따라서 부부는 각자의 특유재산을 각자가 관리하고, 사용, 수익, 처분할 수 있다. 부부의 누구에게 속한 것인지 분명하지 않은 재산은 부부의 공유로 추정한다. 이 경우 공유지분은 균등한 것으로 추정한다.

④ 혼인생활비용의 부담

공동생활에 당사자 사이에 특약이 없으면 혼인공동생활에 필요한 비용은 부부가 공동으로 부담한다. 혼인생활에 필요한 비용이란 의식주의 비용 · 출산비 · 의료비 · 장례비 · 교제비 · 미성숙자녀의 양육비 · 교육비 등 일상가사의 범위에 속하는 비용을 말한다.

5. 혼인의 해소

혼인의 해소란 유효하게 성립하였던 혼인이 일정한 사유에 의하여 혼인이 종료하는 것을 말한다. 혼인의 해소사유로는 배우자의 사망과 이혼의 두 가지가 있다. 사망에 의한 혼인의 해소는 사망에 한하지 않고, 사망의제의 효과가 신분관계에도 미치는 실종선고나 부재선고 등에 의해서도 혼인관계가 해소된다. 혼인이 해소되더라도 혼인에 의해 발생하였던 인척관계는 당연히 소멸하는 것이 아니라 생존배우자가 재혼할 때에 한하여 소멸된다.

Ⅱ. 이 혼

1. 협의상 이혼

(1) 실질적 요건

① 당사자 사이에 이혼의사의 합치가 있을 것

이혼의사란 혼인의 실체를 해소하려는 효과의사를 말한다. 성질상 이혼의 의사에는 조건이나 기한을 붙이지 못한다. 이혼의 의사를 표시하기 위해서는 의사능력을 요한다. 이혼의 의사는 이혼신고서의 작성시뿐만 아니라 그 신고서가 수리되는 때에도 존재하여야 한다. 따라서 이혼의 협의로 이혼신고서를 작성하여 법원의 확인을 받은 경우에도 가족관계등록신고의 수리 전에는 철회할 수 있다.

② 금치산자는 후견인의 동의를 얻을 것

혼인한 금치산자도 의사능력이 있으면 이혼의 합의를 할 수 있지만 후견인의 동의를 요한다. 한정치산자나 혼인한 미성년자는 제한 없이 자유로이 이혼의 합의를 할 수 있다.

③ 기타의 이혼요건

협의이혼인 경우 혼인에서 출생한 미성년인 자(子)가 있는 경우에는 부모의 협의로 친권자를 정하여 신고서에 기재하여야 한다.

(2) 형식적 요건

① 법원의 확인

협의이혼은 가정법원의 확인을 받아야 한다. 협의이혼을 하고자 하는 자는 등록기준지 또는 주소지를 관할하는 가정법원의 확인을 받아야 한다. 협의이혼의사의 확인신청은 서면 또는 구두로 할 수 있고, 이 신청이 있으면 가정법원은 당사자 쌍방을 출석시켜 그 진술을 듣고 이혼의사의 존부를 확인하여야 한다. 당사자 쌍방의 이혼의사가 확인되면 가정법원은 확인서를 작성하여야 한다. 이 확인을 하는 경우 당사자 사이에 미성년자인 자(子)가 있는지 여부와 그 자(子)에 대한 친권행사자의 지정 여부를 확인하여야 한다. 협의이혼의사가 확인이 되면 법원은 다른 사정을 이유로 확인을 거부하지 못한다. 법원의 협의이혼의사의 확인절차는 확인 당시에 당사자들이 이혼을 할 의사를 가지고 있는가를 밝히는 데 그치는 것이고 그들이 의사결정의 정확한 능력을 가졌는지 또는 어떠한 과정을 거쳐 협의이혼의사를 결정하였는지 하는 점에 관하여서는 심리하지 않는다.

당사자 쌍방이 재외국민인 때에는 그 거주지를 관할하는 재외공관의 장에게 협의이혼의사의 확인을 신청할 수 있다. 그러나 그 지역을 관할하는 재외공관이 없는 때에는 인접하는 지역을 관할하는 재외공관의 장에게 이를 할 수 있다. 신청을 받은 재외공관의 장은 당사자 쌍방에게 이혼의사의 존부 및 미성년자인 자(子)가 있는 경우에 그 자에 대한 친권행사자의 지정 여부를 확인하고 그 요지를 기재한 서면을 작성하여 기명날인한 후 이를 신청서에 첨부하여 지체없이 서울가정법원에 송부하여야 한다. 서류를 송부받은 가정법원은 그 서류만에 의하여 이혼의사의 존부를 확인할 수 있다. 이혼의사가 확인된 때에는 가정법원은 확인서의 등본을 재외공관의 장에게 송부하여야 하고, 확인서등본을 송부받은 재외공관의 장은 이를 당사자 쌍방에게 교부 또는 송달하여야 한다.

② 신 고

가정법원으로부터 이혼의사확인서의 등본을 교부 또는 송달받은 날로부터 3월 내에, 그 등본을 첨부하여 신고인의 등록기준지 또는 주소지나 현재지에 신고함으로써 이혼의 효력이 생긴다. 3월 내에 이러한 신고가 없으면 가정법원의 확인은 효력을 상실한다. 가정법원의 확인서가 첨부된 협의이혼신고서는 당사자의 일방이 제출할 수 있다. 이혼의사의 확인을 받은 당사자가 이혼의사를 철회하고자 하는 경우에는 이혼신고가 접수되기 전에 등록기준지의 시 · 읍 · 면의 장에게 이혼의사철회서에 이혼의사 확인서등본을 첨부하여 제출하여야 한다. 그러나 이혼신고가 먼저 접수된 경우에는 이혼신고를 수리한다.

2. 사실상의 이혼

이혼의 합의를 하고 별거하여 양자 사이에 부부공동생활의 실체가 존재하지 않으나 이혼신고를 하지 않고 있는 상태를 사실상의 이혼이라고 한다. 사실상의 이혼상태에 있는 부부 간에는 동거 · 부양 · 정조의무가 소멸하고, 부부계약취소권도 소멸한다. 그리고 일상가사대리권 및 연대책임도 소멸한다. 사실상의 이혼상태에서 포태가 있는 경우 친생자추정도 인정되지 않는다.[13] 그러나 가족관계등록부상 친족관계, 친권, 상속권 등은 그대로 존속한다.

3. 재판상 이혼

(1) 서 설

배우자 일방에게 법정된 유책사유가 있는 때에는 상대배우자는 법원에 이혼허

13) 대법원 2000. 8. 22, 2000므292.

가를 해 줄 것을 청구할 수 있다. 법원의 심리를 통하여 이혼하는 절차이다.

(2) 재판상 이혼사유

① 절대적(구체적) 이혼원인

i) 배우자의 부정한 행위

"부정행위"는 배우자로서의 정조의무에 충실치 못한 일체의 행위를 뜻하며 간통보다 넓은 개념이다.[14] 고령이고 중풍으로 정교능력이 없어 실제로 정교를 갖지는 못하였다 하더라도 배우자 아닌 자와 동거한 행위는 배우자로서의 정조의무에 충실치 못한 것으로서 부정한 행위에 해당한다.[15] 배우자의 부정한 행위를 이유로 하는 재판상 이혼청구권은 다른 일방이 사전동의나 사후용서를 한 때 또는 이를 안 날로부터 6월, 그 사유 있은 날로부터 2년을 경과하면 소멸한다.

ii) 배우자의 악의의 유기

배우자가 정당한 이유 없이 서로 동거, 부양, 협조하여야 할 부부로서의 의무를 포기하고 다른 일방을 버린 경우에는 재판상 이혼사유인 악의의 유기에 해당한다.[16]

iii) 배우자 또는 그 직계존속에 의한 심히 부당한 대우

"배우자로부터 심히 부당한 대우를 받았을 때"라고 함은 혼인당사자의 일방이 배우자로부터 혼인관계의 지속을 강요하는 것이 가혹하다고 여겨질 정도의 폭행이나 학대 또는 중대한 모욕을 받았을 경우를 말하는 것이다.[17]

iv) 자기의 직계존속에 대한 배우자의 심히 부당한 대우

상대방 배우자로부터 자기의 직계존속이 배우자로부터 혼인관계의 지속을 강요하는 것이 가혹하다고 여겨질 정도의 폭행이나 학대 또는 중대한 모욕을 받았을 경우를 말한다.

v) 배우자의 3년 이상의 생사불명

배우자가 소식이 불명한 상태로 3년 이상 생사가 불분명한 경우이다. 생사불명의 원인이나 생사불명자의 과실의 유무는 불문한다. 3년의 기산점은 생존을 추정할 수 있었던 최후의 시점에서부터 기산한다.

---

14) 대법원 1963. 3. 14, 63다54.
15) 대법원 1992. 11. 10, 92므68.
16) 대법원 1999. 2. 12, 97므612.
17) 대법원 1999. 11. 26, 99므180.

② **상대적(추상적) 이혼원인**

i) 내 용

개별적 이혼사유 외에 포괄적으로 “기타 혼인을 계속하기 어려운 중대한 사유”를 규정한다. 여기서 “혼인을 계속하기 어려운 중대한 사유가 있을 때”라 함은 부부 간의 애정과 신뢰가 바탕이 되어야 할 혼인의 본질에 상응하는 부부공동생활관계가 회복할 수 없을 정도로 파탄되고 그 혼인생활의 계속을 강제하는 것이 일방 배우자에게 참을 수 없는 고통이 되는 경우를 말한다.[18] 혼인을 계속하기 어려운 중대한 사유에 해당하는가의 여부는 법원의 판단사항이 된다. 판례이론이 이에 해당하는 사례라고 하는 경우로는 처의 상습적인 도박, 계를 하여 가정경제를 파탄시킨 경우, 광신앙, 불치의 정신병, 장기간의 조울증에 의한 정신질환 등의 경우이다. 이에 해당하지 않는다는 사례로는 단순한 감정대립 및 갈등, 처의 임신불능이나 부(夫)의 무정자증, 한 때 이혼의 합의를 하고 위자료를 지급한 사실 등의 경우이다.

ii) 본호에 의한 재판상 이혼청구권의 소멸

기타 혼인을 계속하기 어려운 중대한 사유에 의한 재판상 이혼청구권은 다른 일방이 이를 안 날로부터 6월, 그 사유 있은 날로부터 2년의 제척기간의 경과로 소멸한다.

(3) 재판상 이혼청구권자

재판상 이혼을 청구할 수 있는 자는 혼인의 파탄에 대하여 책임 없는 배우자만이 행사할 수 있는 것이 원칙이고, 혼인의 파탄에 대하여 주된 책임이 있는 배우자는 그 파탄사유를 이유로 이혼을 청구하지 못한다.

4. 이혼의 효과

(1) 일반적 효과

이혼으로 부부관계는 소멸하고 남남이 된다. 또한 혼인으로 발생한 배우자의 혈족 사이에 생긴 인척관계가 소멸한다. 이혼당사자는 재혼이 가능하게 된다.

---

18) 대법원 2000. 9. 5, 99므1886.

(2) 자(子)에 대한 효과

① 자(子)의 친권자

부부가 이혼하는 경우에는 자(子)에 대하여 친권을 행사할 자를 협의로 정한다. 협의할 수 없거나 협의가 성립하지 않는 경우에는 당사자의 청구 또는 직권으로 가정법원이 친권자를 정한다. 이 경우 자(子)의 복리를 최우선적으로 고려하여야 하고, 자(子)가 15세 이상인 때에는 심판에 앞서 자(子)의 의견을 들어야 한다.

② 자(子)의 양육

이혼하는 부부는 자(子)의 양육에 대하여 협의로 정한다. 협의할 수 없거나 협의가 성립하지 않는 경우에는 당사자의 청구 또는 직권으로 가정법원이 양육에 관한 사항을 결정한다. 가정법원은 자(子)의 연령, 부모의 재산상황 기타 사정을 참작하여 양육에 필요한 사항을 정하며 언제든지 그 사항을 변경 또는 다른 적당한 처분을 할 수 있다.

③ 면접교섭권

친권자나 양육자가 아니어서 현실적으로 자를 보호·양육하고 있지 않은 어버이가 그 자와 직접 면접·서신교환 또는 접촉하는 권리를 말하며 방문권이라고도 한다. 재판상 이혼이나 사실혼해소의 경우에도 준용한다.

④ 자(子)의 신분관계

부모의 이혼으로 인하여 자의 신분관계에는 아무런 영향이 없다. 즉 자(子)는 혼인 중의 자(子)의 신분을 잃지 않고, 부계 및 모계혈족과의 친족관계도 그대로 유지된다. 부모가 이혼한 후에 출생한 경우에도 혼인 중의 포태인 경우에는 혼인 중의 자(子)가 되고, 모가 이혼 후 300일 이내에 출생한 때에는 혼인 중에 포태한 것으로 추정된다.

(3) 재산분할청구권

① 의의 및 성질

부부로서 사회적·경제적 공동생활을 영위하다가 혼인이 해소되는 것은 양당사자 모두에게 커다란 충격이며 또한 그로 인한 여러 가지 문제가 발생하게 된다. 법률상으로는 이혼에 의하여 혼인이 해소되는 경우 그로 인한 신분적·재산적 효과가 발생한다. 이혼의 재산적 효과로서 우리 민법은 재산분할청구권(제839조의2), 손해배상청구권을 인정한다.

② **재산분할의 대상재산**

i) 부부의 공동재산

재산분할의 대상이 되는 재산은 부부 쌍방의 협력에 의하여 취득한 재산이다. 즉 부부가 혼인 중에 공동으로 형성한 실질적인 공유재산이 분할청구권이 대상이 된다.

ii) 부부 일방의 특유재산

부부별산제를 취하고 있는 우리의 부부재산제도의 기본이념상 부부 각자가 혼인 전부터 보유하고 있었거나 상속을 통하여 취득한 것과 같은 특유재산은 그 청산적 분할의 대상에서 제외되는 것이 원칙이다. 그러나 이러한 특유재산이라고 하여도 그 특유재산에 관한 소유권을 갖지 아니한 배우자 일방의 적극적 협력에 의하여 그 재산이 유지·보존되고 그 가치의 감소가 방지되어 왔음이 특히 인정될 수 있는 경우라면 그 협력, 기여 정도에 상응한 청산적 재산분할의 청구도 예외적으로 인정된다.

iii) 무형적 재산 — 잠재적 재산

현실적인 재산이면 유형적 재산이건 무형적 재산이건 모두 재산분할대상재산이 된다고 할 수 있다. 그러나 장래 취득할 재산의 경우는 구체적 사정에 따라 대상재산 여부를 결정한다.

iv) 채 무

재판상 이혼을 청구하는 부부의 일방이 다른 일방에 대하여 당사자 쌍방의 협력으로 이룩한 재산의 분할을 청구하는 경우, 부부 일방이 혼인 중 제3자에게 부담한 채무는 일상가사에 관한 것 이외에는 원칙적으로 그 개인의 채무로서 청산의 대상이 되지 아니하지만, 그것이 공동재산의 형성에 수반하여 부담한 채무인 경우에는 청산의 대상이 된다(대법원 1996. 12. 23, 95므1192·1208; 대법원 1994. 11. 11, 94므963). 즉 일정한 채무도 청산대상이 된다.

③ **재산분할의 방법**

재산분할은 먼저 당사자가 협의에 의하여 분할하되, 협의가 되지 아니하거나 협의할 수 없는 때에는 가정법원은 당사자의 청구에 의하여 당사자 쌍방의 협력으로 이룩한 재산의 액수 기타 사정을 참작하여 분할의 액수와 방법을 정한다. 이 경우 법원은 가액분할을 하기도 하고, 현물분할을 하기도 한다.

④ 재산분할청구권의 소멸

재산분할청구권은 이혼한 날로부터 2년이 경과한 때에는 소멸한다. 여기서의 2년은 제척기간이다.

(4) 손해배상청구권

재판상 이혼의 경우 당사자 일방은 과실 있는 상대방에게 손해배상을 청구할 수 있다. 손해에는 재산적 손해와 정신적 고통에 따른 위자료를 포함한다. 정신적 고통에 따른 위자료청구권은 원칙적으로 양도하지 못한다. 그러나 당사자 사이에 배상에 관한 합의가 성립하였거나 소를 제기한 경우에는 양도할 수 있다(민법 제843조 · 제806조 제3항).

(5) 제3자의 불법행위책임

부부의 이혼을 야기시킨 책임 있는 제3자가 있는 경우에는 불법행위책임을 물을 수 있다. 가령 배우자의 부정한 행위를 원인으로 재판상 이혼을 하는 경우 부정행위의 상대방에게 혼인의 순결을 침해한 책임을 물어 손해배상을 청구할 수 있고, 이혼까지 하지 않더라도 혼인의 순결침해에 대한 책임을 물을 수 있다. 이 책임은 이혼에 따른 손해에 대한 책임을 묻는 것이 아니라 이혼을 하게 한 위법한 침해에 대한 책임을 묻는 것이다.

Ⅲ. 입양 및 파양

1. 입 양

(1) 입양의 성립요건

① 실질적 요건

ⅰ) 입양의사의 합치

a. 당사자 사이에 입양의 합의가 있을 것

양부모가 될 자와 양자가 될 자 사이에 양친자관계를 성립시킬 것을 목적으로 하는 합의가 있어야 한다. 따라서 입양은 신분계약이다. 이 입양의 의사표시에는 조건이나 기한을 붙이지 못한다.

b. 입양의사의 보충

(ㄱ) 대락입양 : 양자될 자가 15세 미만인 경우에는 법정대리인이 그에 갈음하여 입양의 승낙을 할 것. 그러나 후견인이 입양을 승낙하는 경우에는 가정법원의 허가를 받아야 한다.

(ㄴ) 양자가 될 자는 부모의 동의를 얻을 것 : 양자가 될 자는 성년, 미성년을 불문하고 부모의 동의를 얻어야 한다. 부모 일방의 동의만으로는 안 되고 부모의 공동동의를 얻어야 한다. 부모가 사망 기타 사유로 인하여 동의를 할 수 없는 경우에는 다른 직계존속이 있으면 그 동의를 얻어야 한다. 이 경우에 직계존속이 수인인 때에는 최근존속을 선순위로 하고, 동순위자가 수인인 때에는 연장자를 선순위로 한다.

(ㄷ) 후견인의 동의 : 양자가 될 자가 성년에 달하지 못한 경우에는 부모 또는 다른 직계존속이 없으면 후견인의 동의를 얻어야 한다(민법 제871조).

(ㄹ) 가정법원의 허가 : 양자가 될 자가 성년에 달하지 못한 경우에 부모 또는 다른 직계존속이 없으면 후견인의 동의를 얻어야 한다. 여기서의 양자는 15세 이상인 미성년자의 후견인이 입양동의를 하는 경우이다. 후견인이 동의를 함에 있어서는 가정법원의 허가를 얻어야 하고, 가정법원은 자(子)의 복리를 배려하여 허가 여부를 결정하여야 할 것이다. 또한 후견인이 피후견인을 양자로 하는 경우에는 가정법원의 허가를 얻어야 한다(민법 제872조).

ii) 부부가 공동으로 입양할 것

배우자 있는 자는 공동으로 양자를 하여야 하며, 배우자 있는 자가 양자가 될 때에는 다른 배우자의 동의를 얻어야 한다(민법 제874조).

iii) 양친은 성년자이고 양자는 존속 또는 연장자가 아닐 것

양친이 될 수 있는 자는 성년에 한한다(민법 제866조). 미성년자는 양친이 될 수 없다. 즉 미성년자는 양자를 두지 못한다. 성년의제에 의하여 미성년자가 행위능력을 갖는 경우 양친이 될 수 있는가? 부정하는 것이 다수설이다. 양자가 될 자는 양친보다 연장자이거나 존속이 아니어야 한다(민법 제877조 제1항). 존속의 범위는 민법 제777조의 친족범위 내에 있는 직계존속과 방계존속을 의미한다고 해석된다.[19]

---

19) 이경희, 가족법, 법원사, 1999, 184.

② 형식적 요건

i) 신 고

당사자 쌍방과 연장자인 증인 2인이 연서한 서면으로 신고함으로써 효력이 생긴다. 양자가 5세 미만인 경우에는 입양을 대락한 법정대리인이 신고하여야 한다. 입양신고가 있으면 그 입양이 실질적 요건을 갖춘 때에는 이를 수리하여야 한다.

ii) 허위의 출생신고의 효력

양자로 하려는 자를 친생자로 출생신고한 경우 친생자관계는 발생하지 않지만 양친자관계가 성립하느냐에 대하여 판례는 이를 긍정한다.[20] 즉 무효행위의 전환에 의한 효력을 인정한다.

(2) 입양의 효과

① 법정혈족관계의 성립

양자와 양부모 및 그 혈족·인척 사이의 친계와 촌수는 입양한 때로부터 혼인 중의 출생자와 동일한 것으로 본다(민법 제772조 제1항). 양자와 양부모 및 그 혈족 사이에 서로 부양관계·상속관계가 생긴다.

② 가족관계의 변동

양자는 양가의 가족이 된다. 그러나 양자에게 배우자나 직계비속이 있는 경우에는 신가족관계등록부를 창설한다.

③ 친권관계·종래의 친족관계

양자가 미성년인 경우에는 친생부모의 친권을 벗어나고 양부모의 친권에 복종하게 된다(제909조 제5항). 그 외는 입양으로 양자의 친생부모와의 친자관계 등 종래의 친족관계에는 영향을 미치지 않는다. 다만 친양자의 경우에는 종래의 친족관계는 소멸한다.

④ 양자의 성(姓)과 본(本)

양자의 성과 본이 양친의 성·본과 다를 경우, 양친의 성·본에 따라 바꿀 수 있는가? 긍정설[21]과 부정설[22]이 대립한다. 그런데 입양촉진 및 절차에 관한 특례

20) 대법원 1977. 7. 27, 77다492.
21) 김용한, 242.
22) 김주수, 302; 정광현, 237; 이경희, 188.

법에서는 동법에 의한 입양에서 양친이 원하는 때에는 양자는 양친의 성과 본을 따를 수 있도록 규정하고 있다(동법 제8조), 동법에 의한 양자의 경우와 민법에 의한 양자의 경우를 구별할 실익이 없다. 따라서 해석론의 문제가 아닌 입법적으로 해결된 문제로서 양자는 양친의 성과 본을 취하면서 본래의 성과 본을 변경할 수 있다고 해석된다.

2. 친양자(親養子)

(1) 친양자제도의 의의

기존의 양자제도는 입양 이후에도 양자와 친생부모 간의 친족관계가 존속하며 양자는 원칙적으로 친생부모의 성·본만 따를 수 있었다. 그러나 신설된 친양자제도는 양자와 친생부모 간의 친족관계를 소멸시키고 양자는 양친과의 관계에서만 친족관계를 갖도록 하고 또 양친의 성과 본을 따르도록 하는 양자제도이다. 이는 양친과 친양자를 친생자처럼 더욱 긴밀히 밀착시켜 친양자의 복리를 도모하도록 하는 데 제도의 취지가 있다. 기존의 양자제도는 그대로 존속한다.

(2) 친양자관계의 성립

① 실질적 요건

친양자관계가 성립하기 위해서는 ① 양친은 성년자일 것, ② 양친은 3년 이상 혼인을 계속한 부부이며 공동입양하거나, ③ 1년 이상 혼인 중인 부부의 일방이 그 배우자의 친생자를 친양자로 할 것, ④ 친양자될 자가 15세 미만일 것, ⑤ 친양자가 될 자의 친생부모의 동의를 얻을 것(제908조의2·3), ⑥ 친양자의 법정대리인이 그에 갈음하여 입양의 승낙을 할 것(대락입양(제869조 본문)). 그러나 후견인이 입양을 승낙할 경우에는 가정법원의 허가를 받아야 한다(제869조 단서). 일반양자의 경우에는 양자될 자와 양친될 자 간 입양의 합의가 있어야 하지만, 친양자의 경우에는 이 합의를 요하지 않는다.

② 형식적 요건

가정법원에 양친자입양의 청구가 있어야 한다. 가정법원은 친양자로 되는 자의 복리를 위하여 그 양육상황, 친양자입양의 동기, 양친의 양육능력 기타 사정을 참작하여 친양자입양을 인용하거나 기각할 수 있다.

(3) 친양자입양의 효과

① 친생자관계의 성립

친양자와 양친 간에는 친생자와 동일한 법률관계가 발생하여 양친이 친권을 갖고 친양자는 양친의 성과 본을 따르게 된다. 이 효과는 친양자가 출생한 때로 소급한다(민법 제908조의3 제1항).

② 종전의 친족관계소멸

친양자와 친생부모 간의 친족관계는 소멸한다. 소멸의 시기는 친양자입양이 확정된 때이다(제908조의3 제2항 본문). 그러나 부부의 일방이 그 배우자의 친생자를 단독으로 입양한 경우에 있어서의 배우자 및 그 친족과 친생자간의 친족관계는 소멸하지 않는다(제908조의3 제2항 단서).

3. 파 양

(1) 협의상 파양

① 실질적 요건

i) 파양의사의 합치

당사자 사이에 파양의사의 합치가 있어야 한다. 파양의사는 무조건・무기한이어야 한다.

ii) 파양당사자

파양의 당사자는 입양당사자이었던 양친자이다. 파양 당시 양자가 15세 미만인 경우에는 입양을 대락한 자가 파양의 협의를 하여야 한다. 이 경우 입양을 승낙한 자가 사망 기타 사유로 협의를 할 수 없는 때에는 생가의 다른 직계존속이 이를 하여야 한다. 그리고 파양의 협의를 후견인 또는 생가의 다른 직계존속이 하는 때에는 가정법원의 허가를 받아야 한다. 양자가 미성년자인 경우에는 생가부모의 동의를 얻어야 하며, 부모가 동의할 수 없으면 생가의 다른 직계존속의 동의를 얻어야 한다. 금치산자는 후견인의 동의를 얻어 파양의 협의를 할 수 있다.

② **형식적 요건**

당사자 쌍방과 증인 2인이 연서한 서면으로 신고하여야 한다. 이 신고는 창설적 신고사항이다. 따라서 파양의 신고가 있고, 신고가 수리되어야 비로소 파양의 효력이 발생한다.

(2) 재판상 파양

① **재판상 파양원인**

재판상 파양원인은 가족의 명예를 오독하거나 재산을 경도한 중대한 과실이 있는 때. 다른 일방 또는 그 직계존속으로부터 심히 부당한 대우를 받았을 때. ③ 자기의 직계존속이 다른 일방으로부터 심히 부당한 대우를 받았을 때. ④ 양자의 생사가 3년 이상 분명하지 않은 때. ⑤ 기타 양친자관계를 계속하기 어려운 중대한 사유가 있을 때의 다섯 가지이다. 사유가 있으면 파양청구의 소를 제기할 수 있다.

② **파양청구소송**

파양청구소송의 당사자는 양부모와 양자에 한하고 제3자는 파양청구의 소를 제기하지 못한다. 그러나 양자가 15세 미만인 경우에는 입양을 대락한 자가 파양청구를 할 수 있고, 입양을 대락한 자가 사망 기타 사유로 파양청구의 소를 제기할 수 없는 때에는 생가의 다른 직계존속이 제기하여야 한다. 양자가 15세 이상의 미성년자인 경우에는 입양동의권자의 동의를 얻어서 소를 제기할 수 있고, 양부모나 양자가 금치산자인 때에는 후견인의 동의를 얻어서 파양청구의 소를 제기할 수 있다.

③ **파양청구권의 소멸**

양자의 생사가 3년 이상 분명하지 않은 때를 제외하고, 나머지 재판상 파양원인에 의한 파양청구권은 그 사유 있음을 안 날로부터 6월, 그 사유가 있은 날부터 3년을 경과하면 파양청구권이 소멸한다.

④ **파양의 신고**

파양청구의 소가 인용되어 확정되면 파양청구의 소를 제기한 자는 재판확정일로부터 1월 이내에 파양신고를 하여야 한다. 이 신고는 보고적 신고사항이다.

(3) 파양의 효과

파양에 의하여 입양으로 인하여 발생하였단 양친자 간의 친족관계는 소멸한다. 당사자 일방은 과실 있는 상대방에 대하여 이로 인하여 발생한 손해배상을 청구할 수 있다.

(4) 양친의 이혼과 양친자관계

양부모가 이혼하는 경우 양친자관계는 소멸하지 않는다. 양부모가 이혼하여 양모와 양부가 동거하지 않더라도 양부, 양모와의 양친자관계는 그대로 유지된다.[23]

Ⅳ. 상속의 법률관계

1. 상속개시의 원인

상속은 자연인의 사망에 의해서만 발생한다(민법 제997조). 실종선고나 부재선고, 인정사망의 경우에도 상속이 개시된다.

2. 상속개시의 시기와 장소

(1) 상속개시의 시기

상속개시의 시기는 상속원인이 발생한 때이다. 상속원인이 사망인 경우에는 사실상의 사망이 있는 때이다. 실종선고의 경우에는 실종기간 만료시, 인정사망의 경우에는 사망의 보고서에 기재된 사망시, 부재선고의 경우에는 부재선고의 심판이 확정된 때에 상속이 개시된다. 상속개시시를 확정하는 실익은 상속개시시부터 상속재산의 승계, 상속인의 자격・범위・순위의 확정, 상속재산의 확정・상속분・유류분의 결정, 유언의 효력발생시기의 기준으로 하는 데 있다. 또한 상속재산의 분할이나 상속포기 등의 효과도 상속개시시에 소급하여 효력이 생기고, 제척기간 또는 시효기간도 상속개시시부터 기산된다.

---

23) 대법원 2001. 5. 24, 2000므1493.

(2) 상속개시의 장소

상속개시 장소는 피상속인의 주소지이다(민법 제998조). 피상속인의 주소를 알 수 없거나 국내에 주소가 없는 때에는 최후의 거소를 주소로 하여 상속개시지로 하고, 거소를 알 수 없는 때에는 그 사망지를 상속개시의 장소로 한다는 것이 다수설이나 이 경우에는 주민등록지를 상속개시장소로 보는 것이 타당할 것이라는 견해가 있다.[24]

3. 상속의 비용

상속에 관한 비용은 상속재산 중에서 지급된다(민법 제998조의2). 상속비용으로는 관리비용 · 청산비용 · 소송비용 · 재산목록작성비용 · 유언집행비용 · 조세 · 공과금 · 장례비용 등을 들 수 있다.

4. 상 속 인

(1) 상속인의 범위

상속인의 범위는 피상속인의 직계비속 · 직계존속 · 형제자매 · 4촌 이내의 방계혈족 · 배우자이다. 피상속인의 직계비속과 배우자는 상속결격이 없는 한 항상 상속인이 되지만 피상속인의 직계존속 · 형제자매 · 4촌 이내의 방계혈족은 선순위의 상속인이 없는 경우에 한하여 상속인이 될 수 있고, 피상속인의 형제자매 · 4촌 이내의 방계혈족은 선순위의 상속인과 피상속인의 배우자가 없는 때에 비로소 상속인이 된다. 태아도 상속에 있어서는 이미 출생한 것으로 본다.

(2) 상속인의 순위

① 제1순위: 피상속인의 직계비속

직계비속은 자연혈족, 법정혈족, 혼인 중의 출생자 · 혼인 외의 출생자, 기혼 · 미혼을 차별하지 않고 동순위로 상속인이 된다. 그러나 계모자 사이와 적모서자 사이에는 상속관계가 인정되지 않는다. 태아도 상속순위에 관하여는 이미 출생한

24) 이경희, 307.

것으로 본다. 직계비속이 수인이 있는 때에는 등친끼리는 동순위로 공동상속인이 되고, 촌수가 다르면 최근친 직계비속이 상속인이 된다.

② 제2순위: 피상속인의 직계존속

직계존속이면 부계, 모계를 불문한다. 부모의 이혼은 상속에 영향을 미치지 않는다. 직계존속이 수인인 경우에는 등친끼리는 동순위로 공동상속인이 되고, 촌수가 다르면 최근친이 먼저 상속인이 된다.

③ 제3순위: 피상속인의 형제자매

부계·모계를 불문한다. 즉 이복형제자매이건 이성동복형제자매이건 모두 이에 해당한다.[25]

④ 제4순위: 피상속인의 3촌부터 4촌 이내의 방계혈족

방계혈족은 4촌 이내이다. 형제자매가 3순위 상속인이 되므로 실제적으로 3촌부터 4촌 이내가 된다. 가령 3촌관계인 백숙부·고모·외숙모·이모·이질과 4촌관계인 종형제자매·고종형제자매 외종형제자매·이종형제자매 등이 이에 해당한다. 상속인의 범위를 4촌까지로 한정한 것은 이른바 "웃는 상속인"[26]을 인정하지 않는 입법례에 해당한다.

⑤ 배우자의 상속순위

i) 민법은 배우자의 상속순위를 규정하지 않고, 직계비속과 동순위로 상속인이 되고 직계비속이 없으면 직계존속과 공동상속인이 된다고 규정한다. 직계존비속이 없는 때에는 배우자가 단독으로 상속한다. 따라서 배우자는 실제적으로 1순위, 2순위와 동순위로, 그리고 3순위에 우선하는 상속순위를 보유한다.

ii) 여기서의 배우자는 법률상의 배우자에 한한다. 사실혼의 배우자에게는 부(夫) 또는 처(妻)로서의 상속권이 인정되지 않는다. 다만, 사실혼의 배우자는 상속인이 없는 경우에 특별연고자로서 상속재산에 대한 분여청구권을 행사할 수 있을 뿐이다. 그러나 특별법(공무원연금법, 1959년 12월 31일 이전에 퇴직한 군인의 퇴직급여금지급에 관한 특별법, 범죄피해자구조법, 별정우체국법, 사립학교교직원 연금법, 특수임무수행자 지원에 관한 법률, 학교안전사고 예방 및 보상에 관한 법률 등)에서는 사실혼의

25) 대법원 1997. 11. 28, 96다5421.

26) 촌수가 먼 혈족간의 상속을 인정하는 제도이다. 피상속인의 사망에 따른 애도의 감정이나 슬픔의 감정 없이 재산권만을 상속받아 웃음이 나온다는 의미를 가진 용어이다.

배우자에게 상속인과 동일한 지위에서 급여수급권을 인정하는 경우가 있다. 이 경우에도 법률상 배우자가 있는 경우에는 사실혼 배우자의 수급권은 인정되지 않는다. 그러나 사실상 이혼상태에 있는 법률상 배우자와 사실혼 배우자의 관계에서는 사실혼 배우자에게 수급권이 인정된다.[27)]

⑥ 상속인 없는 재산의 처리

ⅰ) 특별연고자의 상속재산분여청구

상속인이 없는 경우 가정법원은 특별연고자의 청구에 의하여 상속재산의 전부 또는 일부를 분여할 수 있다. 여기서의 특별연고자란 피상속인과 생계를 같이하고 있던 자, 피상속인을 요양간호한 자, 기타 피상속인과 특별한 연고가 있던 자 등을 의미한다.

ⅱ) 국가귀속

상속인이 없고, 특별연고자의 분여청구가 없거나 분여하고 남은 재산이 있으면 상속재산은 국고로 귀속한다.

5. 상 속 분

(1) 상속분의 의의

상속분이란 공동상속의 경우 상속재산 전체에 대하여 수인의 공동상속인이 각각 배당받는 몫의 비율을 말한다.

상속분은 피상속인의 의사표시 또는 법률의 규정에 의하여 정하여진다. 피상속인의 의사에 의하여 결정되는 상속분을 지정상속분이라 하고, 법률의 규정에 의하여 정하여지는 것을 법정상속분이라고 한다.

(2) 상속분의 결정

① 지정상속분(유언상속분)

민법상 피상속인이 상속분을 지정할 수 있는 근거규정으로 유증에 관한 규정을 들 수 있다. 따라서 유증에 의한 상속재산의 처리를 지정상속분으로 이해하는 것이 통설이다. 결국 지정상속분은 유증에 의하여 이루어지는 것이므로 생전행위로

---

27) 대법원 1977. 12. 27, 75다1098.

는 할 수 없고, 제3자에게 위임할 수도 없다. 적극재산에 관해서만 허용되고 소극재산, 즉 채무의 경우에는 이를 부담할 비율을 유언으로 지정할 수 없는 것이 원칙이다. 그러나 조건부 유증이 허용되므로 유증재산의 범위 내에서 수증자에게 특정채권을 부담하도록 할 수는 있다. 이 경우에도 채권자는 그와 관계없이 공동상속인 전원에 대하여 채권을 행사할 수 있다. 유증이 유류분권을 해치는 경우에는 유류분반환청구권이 인정된다.

② 법정상속분

피상속인이 공동상속인의 상속분을 지정하지 않았을 때에는 그 상속분은 민법이 규정한 바(민법 제1009조, 제1010조)에 따른다.

ⅰ) 균분상속의 원칙

동순위의 상속인이 수인인 때에는 그 상속분은 균분으로 한다. 1990년의 민법 개정으로 조선의 종법이나 일본의 가독제의 영향으로 불평등하게 부여되었던 상속분을 우리의 고유한 관습에 따른 모습으로 평등하게 바꾸었다.

ⅱ) 배우자의 상속분

피상속인의 배우자의 상속분은 직계비속과 공동으로 상속하는 때에는 직계비속의 상속분의 5할을 가산하고, 피상속인의 직계존속과 공동으로 상속하는 때에는 직계존속의 상속분의 5할을 가산한다.

ⅲ) 대습상속분

대습상속인의 상속분은 피대습상속인의 상속분에 따른다(제1010조 제1항).

ⅳ) 기여상속분

공동상속인 중에 상당한 기간 동거·간호 그 밖의 방법으로 피상속인을 특별히 부양하거나 피상속인의 재산의 유지 또는 증가에 특별히 기여한 자에 대하여는 그 자의 고유의 상속분에 기여분을 가산한 액을 상속분으로 한다. 상세는 후술한다.

6. 대습상속

상속인이 될 사망자의 직계비속 또는 형제자매가 상속개시 전에 사망하거나 결격자가 된 경우에 그 직계비속이 있는 때에는 그 직계비속이 사망하거나 결격된 자의 순위에 갈음하여 상속인이 되고, 상속개시 전에 사망 또는 결격된 자의 배우자도 그 직계비속과 함께 동순위로 공동상속인이 되며, 그 직계비속이 없을 때에는 단독상속인이 된다. 이것을 대습상속이라 한다. 예를 들면, 갑(甲)과 갑의 자(子) A, B가 있는데 갑이 100억의 유산을 남기고 사망하여 법정상속이 이루어진다고 가정하면, 갑의 유산 100억은 자 A, 자 B가 50억씩 공동상속하게 된다. 그런데 갑이 사망하기 전에 자 A가 이미 사망하고 없다면 자 B가 단독으로 100억 전부를 상속하게 된다. 그러나 이 경우 피상속인 갑보다 먼저 사망한 자 A에게 배우자(C)와 직계비속(아들D)이 있었다면, C와 D는 A가 살아있었더라면 받았을 50억을 A의 지위에서 상속받게 된다.

7. 상속결격

(1) 의의 및 제도의 취지

상속인에 대하여 결격의 법정사유가 있으면 법률상 당연히 그 상속인이 피상속인을 상속하는 자격을 잃는 것을 상속결격이라 한다. 상속인에게 법정사유가 발생하면 재판상의 선고 없이 당연히 그 상속인의 자격을 박탈하는 제도이다. 상속제도는 상속인과 피상속인의 관계에서 상속을 위한 윤리적, 경제적 결합관계를 전제로 하는데 이 결합관계를 깨뜨리는 비행이 있는 자에게는 상속권을 부인하자는 것이 상속결격제도의 취지이다.

(2) 결격사유

① 피상속인에 대한 부덕행위

ⅰ) 고의로 직계존속·피상속인·그 배우자 또는 상속의 선순위자·동순위자를 살해·살해하려 한 것

고의의 범죄이어야 한다. 과실상해치사는 해당하지 않는다. 살인죄인 이상 기수·미수를 불문하고 살인의 예비·음모 또는 자살의 교사·방조도 이에 해당한다. 여기에서 상속의 선순위 또는 동순위에 있는 태아를 낙태하는 것도 상속결격사유의 살해에 해당하는가? 판례는 이를 긍정한다.[28] 피해자가 직계비속·피상속인·그 배우자 또는 상속의 선순위자·동순위자라는 사실을 알고 있어야 하고 살해의 고의만 있으면 족하고, 상속에 유리하다는 인식은 필요로 하지 않는다. 즉 상속에 대한 이익을 받으려는 의사는 없어도 된다. 살해행위는 위법한 것이어야 하

28) 대법원 1992. 5. 22, 92다2127.

고, 그 행위가 정당방위·긴급피난 등의 위법성조각사유를 갖는 경우에는 결격사유가 되지 않는다. 포괄적 수증자도 민법 제1004조에서의 피해자로서 직계존속·피상속인·그 배우자 또는 상속의 선순위자·동순위자 외에 포함될 수 있는가? 포괄적 수증자는 상속인과 동일한 권리·의무를 갖는 자로서, 포괄적 수증자의 살해도 포함된다고 한다.[29]

ii) 고의로 직계존속, 피상속인과 그 배우자에게 상해를 가하여 사망에 이르게 한 것(제1004조 제2호)

고의의 범죄이어야 한다. 상해로 사망에 이르게 하여야 하고 상해만으로는 결격사유가 되지 않는다. 피해자가 직계비속, 피상속인, 그 배우자라는 사실을 알고 있어야 한다. 상속에 대한 이익을 받으려는 의사는 없어도 된다. 상속의 선순위자·동순위자에 대한 상해치사는 여기의 결격사유에 해당하지 않는다.

② 피상속인의 유언에 대한 부정행위

상속인으로서 피상속인의 유언에 대한 부정행위를 한 자는 상속결격이 된다. 유언에 대한 부정행위를 한 경우에 해당하는 자로는 a) 사기 또는 강박으로 피상속인의 양자 기타 상속에 관한 유언 또는 유언의 철회를 방해한 자, b) 사기 또는 강박으로 피상속인의 양자 기타 상속에 관한 유언을 하게 한 자, c) 피상속인의 양자 기타 상속에 관한 유언서를 위조, 변조, 파기 또는 은닉한 자 등이다. 여기서 "상속에 관한 유언서를 은닉한 자"란 유언서의 소재를 불명하게 하여 그 발견을 방해하는 일체의 행위를 한 자를 의미한다.

(3) 상속결격의 효과

결격사유가 발생하면 당연히 특정의 상속인은 상속할 자격을 잃는다. 상속결격자는 수증결격자도 되어 유증도 받을 수 없다. 상속개시 후에 상속결격사유가 생긴 때에는 상속개시시에 소급하여 무효가 된다. 따라서 상속결격자가 상속재산을 제3자에게 양도한 경우에도 그 양도행위는 처음부터 당연무효가 되어 제3자는 선의취득이나 취득시효 등의 별개의 취득원인이 없는 한 상속결격자로부터 양수한 상속재산을 취득하지 못한다. 결격의 효과는 결격자에 대해서만 효력이 생긴다. 따라서 결격자의 직계비속이나 배우자의 대습상속에는 영향을 미치지 않는다.

---

29) 곽윤직, 41.

8. 상속의 효과

(1) 포괄적 권리 · 의무의 승계

① 원칙과 예외

상속인은 상속이 개시된 때로부터 피상속인의 재산에 관한 포괄적 권리 · 의무를 승계한다(민법 제1005조 본문). 물권 · 채권 · 지식재산권 등의 재산권 등이 상속되는 주된 권리가 된다. 예외적으로 피상속인의 일신에 전속한 것은 승계되지 않는다(민법 제1005조 단서). 즉 인격권이나 친족법상의 권리 · 의무 등과 같은 일신전속적 권리와 재산법상의 권리와 의무의 경우에도 일신전속성이 강한 것은 상속인에게 승계되지 않는다.

② 제사용 재산의 승계

분묘에 속한 1정보 이내의 금양임야와 600평 이내의 묘토인 농지, 족보와 제구의 소유권은 제사를 주재하는 자가 이를 승계한다(민법 제1008조의3). 여기서 금양임야란 벌목을 금지하고 나무를 기르는 임야를 말한다. 묘토는 제사 또는 이에 관계되는 사항을 집행처리하기 위하여 설정된 토지를 말한다. 족보란 일가의 역사를 표시하고 가계의 연속을 명확히 하는 책자를 말한다. 제구는 조상의 제사에 사용되는 도구 또는 용기를 말한다. 그리고 제사를 주재하는 자에 대해서는 견해가 대립한다. 일반적으로 호주승계인을 의미한다는 견해와 사실상 제사를 지내는 자를 의미한다는 견해이다. 민법개정으로 호주제도가 폐지되었으므로 전자의 견해는 의미가 없는 것이 되었고, 후자의 견해에 따라야 할 것이다.

제사용 재산은 상속재산에 속하는가? 상속재산에 속하지 않는다는 것이 다수설과 판례[30]이다. 이에 의하면 민법 제1008조의3에서 규정하는 "제사를 주재하는 자"라 함은 사실상 제사를 지내는 자라고 하는 것이 타당하다.

(2) 재산적 의무

채무 기타 재산적 의무는 상속의 포기가 없는 한 상속인에게 승계된다. 공법상의 채무도 승계된다. 상속재산이 채무로만 구성되어 있고 적극재산이 없는 경우에

---

30) 대법원 1997. 11. 28, 96누18069.

도 승계된다. 채무자의 일신에 전속하는 급여를 목적으로 하는 채무인 경우에는 상속되지 않는다. 보증채무도 승계되지만 신원보증채무는 보증인의 사망으로 그 효력을 상실하고 상속되지 않는다(신원보증법 제7조).

9. 공동상속

(1) 공동상속의 의의

공동상속인은 각자의 상속분에 응하여 피상속인의 권리·의무를 승계하고 분할 할 때까지는 상속재산을 공동소유하게 된다.

(2) 채권·채무의 공동상속

채권·채무가 공동상속된 경우 개개의 채권·채무가 불가분의 것이면 공유관계가 생기지만, 가분적이면 당연히 공동상속인 사이에 분할되고 공동상속재산에 포함되어서 분할의 대상이 되는 것이 아니다.[31]

다음의 사례에서 상속인의 상속분을 산정하라.
- ○ 피상속인 갑
- ○ 유족 갑의 모A, 갑의 처B, 갑의 자C, 자D
- ○ 상속재산 7억

a. 상속인은 피상속인 갑의 직계비속인 자C, 자D, 배우자B이다
b. 공동상속인의 상속분은 균등하지만, 배우자는 50%를 가산하므로 B : C : D = 1.5 : 1: 1이 된다.
c. 각자의 상속분에 상속재산을 곱하여 계산하면,
B : 3/7 × 7억 = 3억
C : 2/7 × 7억 = 2억
D : 2/7 × 7억 = 2억으로 계산된다.

다음의 사례에서 상속인의 상속분을 산정하라.
- ○ 피상속인 갑
- ○ 유족 갑의 처A, 갑의 자C, 자D(갑 사망 전에 이미 사망), 자D의 처E와 그의 자F

a. 상속인은 피상속인 갑의 직계비속인 자C, 자D, 배우자A일 것이지만, 자D는 갑보

31) 대법원 1997. 6. 24, 97다8809.

다 먼저 사망하였기 때문에 제외된다. 그런데 D에게 처E, 자F가 있으므로 E와 F는 D가 갑사망시 살았을 경우 받았을 상속분을 대습상속한다.

b. A : C : D(E, F) = 1.5 : 1 : 1 = 3/7 : 2/7 : 2/7이 된다.
c. D의 2/7은 E와 F가 각3/5, 2/5로 상속하게 되므로 E : F = 6/35 : 4/35가 된다.
d. A : C : E : F = 15/35 : 10/35 : 6/35 : 4/35가 된다.

(3) 상속분의 산정

① 특별수익자의 상속분

공동상속인 중에 피상속인으로부터 재산의 증여 또는 유증을 받은 자를 특별수익자라 한다. 특별수익자가 받은 수증재산을 상속분의 선급으로 보고 실제의 상속에서 이를 참작하여 상속분을 산정한다. 법정상속분이 수증재산의 가액보다 큰 경우에는 부족한 부분에 대하여 상속분이 인정되고 법정상속분보다 수증재산의 가액이 큰 경우에는 그에 대한 반환의무를 부담한다. 다만 반환의무를 부담하는 자는 상속을 승인한 공동상속인이다. 상속을 포기한 때에는 반환의무를 부담하지 않고 다른 상속인들의 유류분을 침해하지 않는 범위에서는 증여나 유증으로 받은 재산을 완전하게 보유할 수 있다. 또한 공동상속인에 한하여 반환의무를 부담하고 그 외의 자인 경우에는 반환의무를 부담하지 않는다.

② 특별수익이 있는 경우의 구체적 상속분의 산정

X는 배우자(A)와 자녀(B, C, D) 3인에게 부동산(가액 12,000만원), 예금 4,000만원을 남기고 사망하였다. 그런데 X는 B가 혼인할 때 1,000만원 상당의 전세금을 주었고, C에게는 혼인지참금으로 1,000만원을 주었다. 그리고 처 A에게는 2,000만원의 유증을 하였다. 이 사례에서 각 상속인의 상속분을 계산해 보기로 하자.

a. 우선 X가 남긴 명목상의 총상속재산은 1억 8,000만원이 된다. 즉, 12,000(부동산) +4,000(예금)+1,000(B에 대한 전세금증여)+1,000(C에 대한 현금증여) = 1억 8,000만원이 된다. 이것을 각상속인의 상속분의 비율(A : B : C : D = 1.5 : 1 : 1 : 1)을 곱하고 특별수익을 공제하면,
   A(처) : 18,000 × 3/9 - 2,000(특별수익인 유증) = 4,000
   B(자) : 18,000 × 2/9 - 1,000(특별수익인 증여) = 3,000
   C(자) : 18,000 × 2/9 - 1,000(특별수익인 증여) = 3,000
   D(자) : 18,000 × 2/9 = 4,000이 구체적 상속분이 된다.
b. 여기에 특별수익을 감안하면,
   A(처) : 4,000 + 2,000(유증) = 6,000
   B(자) : 3,000 + 1,000(특별수익인 증여) = 4,000

C(자) : 3,000 + 1,000(특별수익인 증여) = 4,000
D(자) : 4,000이 되어 상속분에 따른 적정분배가 된다.

c. 따라서 실제로 적극재산 16,000만원[12,000(부동산) + 4,000(예금)]은,
A(처)에게 6,000만원
B(자)에게 3,000만원
C(자)에게 3,000만원
D(자)에게 4,000만원으로 분배된다.

X는 배우자(A)와 자녀(B, C, D) 3인에게 부동산(가액 12,000만원), 예금 4,000만원을 남기고 사망하였다. 그런데 X는 B가 혼인할 때 6,000만원 상당의 전세금을 주었고, C에게는 혼인지참금으로 5,000만원을 주었다. 그리고 처 A에게는 1억원의 유증을 하였다. 이 사례에서 각 상속인의 상속분을 계산해 보기로 하자.

a. 우선 X가 남긴 명목상의 총상속재산은 1억 8,000만원이 된다. 즉, 12,000(부동산) +4,000(예금)+6,000(B에 대한 전세금증여)+5,000(C에 대한 현금증여) = 2억 7,000만원이 된다. 이것을 각상속인의 상속분의 비율(A : B : C : D = 1.5 : 1 : 1 : 1)을 곱하고 특별수익을 공제하면,
A(처) : 2억 7,000 × 3/9 − 10,000(특별수익인 유증) = −1,000
B(자) : 2억 7,000 × 2/9 − 6,000(특별수익인 증여) = 0
C(자) : 2억 7,000 × 2/9 − 5,000(특별수익인 증여) = 1,000
D(자) : 2억 7,000 × 2/9 = 6,000이 구체적 상속분이 된다.

b. 여기에 특별수익을 감안하면,
A(처) : −1,000 + 10,000(유증) = 9,000
B(자) : 0 + 6,000(특별수익인 증여) = 6,000
C(자) : 1,000 + 5,000(특별수익인 증여) = 6,000
D(자) : 6,000이 되어 상속분에 따른 적정분배가 된다.

c. 따라서 실제로 적극재산 16,000만원[12,000(부동산) + 4,000(예금)]은,
A(처)에게 9,000만원(유증 1억 가운데 1,000만원의 반환으로 계산)
B(자)에게 0원
C(자)에게 1,000만원
D(자)에게 6,000만원으로 분배된다.

X는 배우자(甲)와 자녀(乙, 丙, 丁) 3인에게 부동산 6,000만원, 예금 2,000만원을 남기고 사망했다. 그런데 X는 乙이 혼인할 때 500만원 상당의 전답을 매수해 주었으며, 丙에게는 혼인지참금으로 역시 500만원을 주었으며. 처인 甲에게는 1,000만원의 유증을 하였다. 막내인 丁에게는 증여도 유증도 하지 않았다. 이때 각 상속인의 상속분을 계산해 보면?

a. 우선 X가 남긴 명목상의 총상속재산은 9,000만원이 된다. 즉, 6,000(부동산) + 2,000(동산) + 500(乙에 대한 부동산증여) + 500(丙에 대한 동산증여) = 9,000이

된다. 이것을 각 상속인의 상속분의 비율(甲 : 을 : 병 : 정 = 1.5 : 1 : 1 : 1)을 곱하고 특별수익을 공제하면,
甲(처) : 9,000 × 3/9 − 1,000(특별수익인 유증) = 2,000
乙(자) : 9,000 × 2/9 − 500(특별수익인 증여) = 1,500
丙(자) : 9,000 × 2/9 − 500(특별수익인 증여) = 1,500
丁(자) : 9,000 × 2/9 = 2,000이 구체적 상속분이 된다.

b. 따라서 상속이익은
甲(처) : 2,000 + 1,000(유증) = 3,000
乙(자) : 1,500 + 500(특별수익인 증여) = 2,000
丙(자) : 1,500 + 500(특별수익인 증여) = 2,000
丁(자) : 2,000이 되어 상속분에 따른 적정분배가 된다.

c. 실제적으로 적극재산 8,000만원은
甲(처)에게 3,000만원
乙(자)에게 1,500만원
丙(자)에게 1,500만원
丁(자)에게 2,000만원으로 분배된다.

10. 상속의 승인과 포기

(1) 서 설

① 상속의 승인과 포기의 의의

상속의 승인이란 상속의 개시에 의하여 피상속인에게 속하였던 재산상의 모든 권리 · 의무를 상속인이 포괄적으로 승계함을 인정하고 받아들이겠다는 상속인의 의사표시를 말한다. 피상속인의 권리 · 의무의 전면적인 승계를 승인하는 것이 단순승인이고, 제한적으로 승인하는 것이면 한정승인이 된다. 상속의 포기란 상속개시에 의하여 피상속인의 재산권이 상속인에게 승계되는 효과를 상속개시시에 소급하여 소멸시키는 의사표시를 말한다.

② 상속의 승인과 포기의 법적 성질

상속의 승인과 포기행위의 성질은 상대방 없는 일방의 의사표시이다. 단독행위로서 조건이나 기한을 붙이지 못한다. 또한 한정승인과 포기는 가정법원에 대한 신고의 방식에 의하여 하여야 하는 요식행위이다. 상속이 개시되면 묵시적 의사에 의한 단순승인을 원칙으로 하되 포기 또는 한정승인을 하고자 할 경우에는 적극적으로 신고의 방식을 갖춘 요식행위로서 하여야 하고 방식을 갖추지 않은 포기는

효력이 없다.[32] 상속개시 전의 포기는 허용되지 않고 상속개시 전에 행한 포기의 의사표시나 포기의 약정은 무효이다.[33] 또한 상속개시 전에 상속포기의 약정을 한 다음, 상속개시 후에 자신의 상속권을 주장하는 것은 정당한 권리행사로서 권리남용에 해당하거나 또는 신의칙에 반하는 권리의 행사라고 할 수 없다.[34]

승인과 포기는 상속재산에 대하여 포괄적으로 하여야 하며 특정재산에 대하여 선택적으로 하는 것은 허용되지 않는다. 상속의 승인·포기는 상속인만이 할 수 있고, 승인·포기를 할 수 있는 능력은 재산상의 행위능력을 필요로 한다. 무능력자가 승인·포기를 하기 위해서는 법정대리인의 동의를 얻어야 한다. 미성년자의 경우에는 법정대리인이 승인·포기를 대리하여 할 수 있지만 이해상반행위가 되는 경우에는 특별대리인을 선임하여야 한다. 가령 상속인이 미성년자와 그의 모(母)인 경우에 모(母)가 법정대리인으로서 미성년자의 상속의 승인·포기를 대리하는 것은 친권자와 자(子) 사이에 이해상반행위가 되기 때문에 친권자인 모는 자를 위한 특별대리인의 선임을 가정법원에 청구하여야 한다. 임의대리인의 경우에도 수권이 있으면 상속의 승인·포기를 대리하여 할 수 있다고 해석된다. 그리고 승인 또는 포기를 할 수 있는 지위는 상속인의 일신전속권으로서 채권자대위권이나 채권자취소권의 목적이 될 수 없다.[35]

③ 승인과 포기의 기간

i) 고려기간(考慮期間)

상속의 승인 또는 포기는 상속인이 상속개시 있음을 안 날로부터 3월 내에 하여야 한다(민법 제1019조 제1항 본문). 상속인은 승인 또는 포기를 하기 전, 동 기간 내에 상속재산을 조사할 수 있다(민법 제1019조 제2항). 3월의 기간은 제척기간이다. 이 기간 내에 승인 또는 포기의 신고가 없으면 단순승인으로서의 효력이 생기지만, 상속인이 상속채무가 상속재산을 초과하는 사실을 중대한 과실 없이 고려기간 내에 알지 못하고 단순승인을 한 경우에는 그 사실을 안 날부터 3월 내에 한정승인을 할 수 있다. 여기서의 '상속개시 있음을 안 날'의 의미는 '상속개시의 사실과 자기가 상속인이 되었다는 사실을 안 날'을 의미하고,[36] 상속재산이 있음을 안 날이

---

32) 대법원 1988. 8. 25, 88스10, 11, 12, 13.
33) 대법원 1998. 7. 24, 98다9021.
34) 대법원 1998. 7. 24, 98다9021.
35) 대법원 1979. 6. 22, 78나79.
36) 대법원 1969. 4. 22, 69다232.

거나,[37] 상속포기제도를 안 날을 의미하는 것은 아니다.[38]

ii) 고려기간의 연장

3월의 고려기간은 이해관계인 또는 검사의 청구에 의하여 가정법원이 이를 연장할 수 있다(민법 제1019조 제1항 단서). 이 기간 중에 당사자가 그 책임을 질 수 없는 사유로 인하여 기간연장의 청구를 할 수 없는 경우에는, 그 사유가 없어진 후 2주일 내에 기간의 연장을 청구할 수 있다. 다만, 그 사유가 없어질 당시 외국에 있는 당사자에 대하여는 이 기간을 30일로 한다(민사소송법 제173조).

(2) 단순승인

① 의 의

상속인에게 피상속인의 권리·의무가 포괄적으로 무조건적으로 승계되도록 하는 상속의 방법을 상속의 단순승인이라고 한다. 상속인의 소극적 의사표시에 의할 수도 있고, 일정한 경우 법률상 단순승인의 효력이 생길 수도 있다.

② 법정단순승인

법률이 정한 일정한 사유가 있는 경우에는 상속의 단순승인을 한 것으로 간주한다. 단순승인의 법정사유로는 상속인이 상속재산에 관한 처분행위를 한 때(민법 제1026조 제1호), 상속인이 승인 또는 포기를 하여야 할 기간 내에 한정승인 또는 포기를 하지 않은 때(민법 제1026조 제2호), 상속인이 한정승인 또는 포기를 한 후에 상속재산을 은닉하거나 부정소비하거나 고의로 재산목록에 기입하지 않은 때(민법 제1026조 제3호)의 세 가지이다. 세 번째 사유의 경우에는 한계가 있는데 상속포기로 인하여 차순위상속인이 상속을 승인한 때에는 해당 사유가 있어도 상속을 포기한 선순위상속인에 대하여는 단순승인의 효력이 생기지 않는다(민법 제1027조).

③ 단순승인의 효과

단순승인이 있거나 의제되면 상속인은 피상속인의 일신전속권을 제외한 모든 권리·의무를 무제한·무조건적으로 승계하게 된다. 즉 상속의 효과가 발생하고, 따라서 상속인의 고유재산과 상속재산의 구별은 없게 된다. 이러한 효과상 상속재산에 대한 관리의무가 종료하고, 상속인은 상속채무에 대하여 무한책임을 진다. 단

---

37) 대법원 1984. 8. 23, 84스17.

38) 대법원 1988. 8. 25, 88스10, 11, 12, 13.

순승인의 효과가 확정된 이후에는 한정승인이나 포기는 인정되지 않고 이후에 한정승인 또는 포기의 신고가 접수되더라도 무효가 되는 것이 원칙이다. 다만 상속인은 상속채무가 상속재산을 초과하는 사실을 중대한 과실 없이 3월의 고려기간 내에 알지 못하고 단순승인이 효력이 생기는 때에는 그 사실을 안 날부터 3월 내에 한정승인을 할 수 있다(민법 제1019조 제3항).

(3) 한정승인

① 의 의

상속인이 상속으로 인하여 얻은 재산의 한도에서 피상속인의 채무와 유증을 변제하는 상속 또는 그와 같은 조건으로 상속할 것을 승인하는 것을 상속의 한정승인이라고 한다(민법 제1028조). 성질은 상속채무에 대하여 책임한정조건으로 상속을 승인하는 상대방 없는 단독행위이다. 신분행위이며 단독행위라는 점에서 조건과 친하지 않을 것이지만, 피상속인의 채무를 상속인의 자력으로 부담시키는 것이 가혹한 경우 상속인이 이를 회피할 수 있도록 하는 정책상의 상속승인이라는 점에서 근거를 파악할 수 있다.

② 방 식

상속인 또는 그 대리인이 3월 내에 상속재산의 목록을 첨부하여 가정법원에 한정승인의 신고를 서면으로 하여야 한다(민법 제1030조 제1항). 여기에서 재산목록을 작성하면서 일부 재산을 고의로 기입하지 않은 때에는 한정승인은 무효로 되고, 단순승인한 것으로 본다(민법 제1026조).

상속인이 수인인 때에는 각 상속인은 그 상속분에 응하여 취득할 재산의 한도에서 그 상속분에 응한 피상속인의 채무와 유증을 변제할 것을 조건으로 승인할 수 있다(민법 제1029조). 그런데 상속인이 중대한 과실 없이 상속재산의 무자력을 알지 못하고 단순승인(법정단순승인 포함)한 경우에는 그 사실을 안 날부터 3월 내에 한정승인을 할 수 있다(민법 제1019조 제3항). 단 이때에 이미 처분한 재산권이 있으면 그 목록과 가액을 함께 제출하여야 한다(민법 제1030조 제2항). 파산자가 파산선고 후에 단순승인 또는 포기를 하더라도 파산재단에 대하여 한정승인의 효력만이 생긴다(채무자 회생 및 파산에 관한 법률 제385조 · 제386조).

③ **효 과**

한정승인한 상속인은 상속으로 얻은 재산의 한도에서 채무와 유증의 변제책임을 부담한다. 즉 물적 유한책임을 지지만, 한정승인 전에 보증을 한 경우에는 채무의 전액에 대하여 책임을 진다. 그리고 상속재산과 고유재산은 분리되어 상속인이 피상속인에 대한 상속인의 재산상 권리・의무는 소멸하지 않는다(민법 제1031조). 한정승인한 상속인은 상속재산을 고유재산에 대한 것과 동일한 주의로써 관리하면 된다(민법 제1040조 제3항, 제1022조). 공동상속인 가운데 한정승인을 한 자가 수인인 때는 법원은 공동상속인 중에서 재산관리인을 선임할 수 있다(민법 제1040조).

(4) 상속의 포기

① **의 의**

상속의 포기란 상속으로 인하여 생기는 모든 권리・의무의 승계를 부인하고 처음부터 상속이 생기지 않게 하려는 상속인의 상대방 없는 단독의 의사표시이다.

② **방 식**

i) 상속포기권자와 상대방

상속포기를 할 수 있는 자는 상속권이 있고 또 상속순위에 해당한 자에 한한다. 상속인이 무능력자인 경우에는 법정대리인이 상속의 포기를 할 수 있고(민법 제1020조), 무능력자가 법정대리인의 동의를 얻어 포기할 수 있다. 포기의 상대방은 법원이다.

ii) 상속포기의 신고

a. 요식행위

상속인이 상속을 포기할 때에는 이해관계인 또는 검사 등에 의하여 가정법원에 대한 기간연장의 청구가 없는 한, 상속이 개시된 것을 안 날로부터 3개월 내에 가정법원에 포기의 신고를 하여야 한다(민법 제1041조, 제1019조). 상속의 포기는 포괄적・무조건적으로 하여야 하는 것으로 재산목록을 첨부하거나 특정할 필요가 없다. 따라서 상속포기서에 상속재산의 목록을 첨부하였는데 그 목록에 누락된 상속재산에 대해서도 상속포기의 효력은 미친다.[39] 상속포기의 신고는 창설적 신고사항이다. 일단 상속을 포기하면 이 포기는 취소하지 못한다(민법 제1024조).

---

39) 대법원 1995. 11. 14, 95다27554.

b. 상속개시 전의 상속포기

상속개시 전에 피상속인과 상속인 간의 약정으로 또는 공동상속인 간의 약정에 의한 상속포기약정의 효력은 어떠한가? 상속의 포기는 상속이 개시된 후 일정한 기간 내에만 가능하고 가정법원에의 신고로서 하는 절차와 방식을 거쳐야만 효력이 있으므로, 상속개시 전에 한 상속포기약정은 그와 같은 절차와 방식에 따르지 아니한 것으로 무효이다. 그리고 상속개시 전에 상속포기약정을 한 다음 상속이 개시된 후에 상속권을 주장하더라도 이는 신의칙에 반하는 권리행사라고 할 수 없다.[40]

c. 포기에 모순되는 행위

공동상속인 가운데 한 사람이 3월 내에 상속포기신고를 하여 수리가 되었을지라도, 이후에 그가 상속재산의 분할에 참여하였다면 이는 법정단순승인사유로서의 처분행위에 해당하는 것으로, 포기의 효력이 생기지 않는다.[41]

d. 사실상의 상속포기

공동상속인 가운데 한 사람에게 상속재산을 집중시키고자 하는 경우, 다른 공동상속인들이 포기의 절차에 의하지 않고, 특별수익증명이나 상속재산분할협의에 의한 방법을 통하여 사실상 상속분의 포기가 행하여진다.

③ **효 과**

i) 포기의 소급효

상속의 포기는 상속개시시에 소급하여 그 효력이 생긴다. 따라서 포기자는 상속개시된 때부터 상속인이 아니었던 것으로 된다(민법 제1042조).

ii) 포기한 상속재산의 귀속

a. 단독상속인이나 공동상속인 전원이 포기한 때

단독상속인이나 공동상속인 전원이 포기한 때는 그 직계비속이 상속인으로 되고, 직계비속이 없으면 법정상속순위에 따라 상속인이 결정된다. 즉 선순위상속인이 모두 상속포기를 하면 차순위상속인이 상속하게 된다. 여기에서 상속을 포기한 상속인을 피대습자로 하는 대습상속이 일어나는가의 문제가 생긴다. 법문에서 피대습자의 사망 또는 상속결격에 한정하여 대습상속을 규정하고 있기 때문에 상속포기에 의한 대습상속은 일어나지 않는다는 것이 다수설이다.

b. 공동상속인 중 일부가 포기한 때

상속인이 수인인 경우에 어느 상속인이 상속을 포기한 때에는 그 상속분은 다

40) 대법원 1998. 7. 24, 98다9021.

41) 대법원 1983. 6. 28, 82도2421.

른 상속인의 상속분의 비율로 그 상속인에게 귀속된다(제1043조).

iii) 특정인을 위한 포기

공동상속인 중의 특정인에게 상속재산을 귀속하게 할 목적으로 상속을 포기할 수 있는가? 이에 관하여 민법은 침묵하는데, 학설은 상속분의 양도로써 그러한 목적달성이 가능하기 때문에 자기의 상속분을 특정인을 위하여 포기하는 것은 인정되지 않는다고 해석한다.[42] 그런데 판례는 상속재산을 공동상속인 1인에게 상속시킬 방편으로 나머지 상속인들이 상속포기신고를 하였지만 그 신고가 민법 제1019조 제1항 소정의 기간을 경과한 후에 이루어진 것으로서 상속포기로서의 효력은 없다고 하더라도, 공동상속인들 사이에서는 1인이 고유의 상속분을 초과하여 상속재산 전부를 취득하고 나머지 상속인들은 이를 전혀 취득하지 않기로 하는 내용의 상속재산에 관한 협의분할이 이루어진 것으로 보아야 한다고 하여 특정인을 위한 포기를 인정하고 포기의 효력이 생기지 않는 경우에는 이를 상속재산의 분할협의로 전환하여 효력을 인정한다.[43]

iv) 포기한 상속재산의 관리계속의무

상속을 포기한 자는 그 포기로 인하여 상속인이 된 자가 상속재산을 관리할 수 있을 때까지 그 재산의 관리를 계속하여야 한다(민법 제1044조 제1항). 이 경우에는 상속재산의 관리에 관한 민법 제1022조와 상속재산보존에 필요한 처분에 관한 민법 제1023조 규정이 준용된다(민법 제1044조 제2항). 따라서 자기재산에 관한 것과 동일한 주의로써 이를 관리하여야 하며, 이해관계인 또는 검사의 청구로 가정법원은 상속재산의 보존에 필요한 처분을 명할 수 있다.

42) 김주수, 589; 김형배, 1421.
43) 대법원 1996. 3. 26, 95다45545, 45552, 45569.

Chapter

03 부동산과 법

Ⅰ. 서　　설

1. 부동산의 의의

부동산이란 토지 및 그 정착물을 말한다(민법 제99조 제1항). 여기서의 토지 및 정착물은 물건을 말하고, 부동산물건을 목적으로 하는 사권(私權)이 물권이다. 이하에서 물건으로서의 부동산에 관한 법률관계의 전제로서 "물건", "부동산", "물권"에 관한 기본이론을 설명한다.

2. 물　　건

(1) 물건의 의의

민법상 물건이라 함은 "유체물 및 전기 기타 관리할 수 있는 자연력"을 말한다(제98조). 유체물만을 물건으로 하느냐 무체물도 포함시키느냐에 대하여는 입법례에 따라 다르다. 로마법과 프랑스민법은 모든 유체물을 물건으로 하고, 스위스민법은 무체물 중에서 관리할 수 있는 자연력만을 물건으로 규정한다. 반면에 독일민법은 유체물만을 물건으로 규정하고 있다. 대부분의 입법례에서는 유체물과 무체물을 모두 물건으로 규정하는데 독일민법은 유체물만을 물건으로 규정하고 있다.[1] 즉 독일민법 제90조에 따르면 법적 의미에서의 "물건"은 유체물만을 말한다. 이것은 또한 법률상의 물건을 의미한다. 따라서 본래 공간을 차지하는 물질로서 유체물이라고 모두 물건은 아니고, 법률상 의미로서의 물건을 말한다.[2] 우리 민법은 유체물

---

1) BGB §90: "이 법에서 물건은 유체물만을 말한다."

외에 스위스민법과 같이 관리가능한 무체물을 물건으로 규정하고 있다

(2) 물건의 요건

유체물이나 무체물이 모두 거래할 수 있고 권리의 객체가 될 수 있는 것은 아니다. 물건으로 거래할 수 있고 권리의 객체가 되기 위하여서는 지배가능성·독립성·비인격성의 요건을 갖춘 것으로서 권리가 아닌 것이어야 한다.

① 유체물 또는 관리가능한 자연력

유체물이란 사람이 감각할 수 있는 형체를 가지고 공간을 차지하는 물질로서 고체, 액체, 기체가 이에 해당한다. 관리가능한 자연력이란 무체물로서 형체를 가지지 않는 것으로 전기, 열, 광, 음향, 향기, 에너지 등이 이에 해당한다.

② 배타적 지배가능성

유체물이라도 사람이 배타적으로 지배가능하여야 물건이 되고 권리의 객체가 될 수 있다. 여기서의 배타적 지배가능성은 산업기술의 수준과 사회통념에 따라 판단되는 상대적인 것이다. 해·달·별·공기·바다 등과 같이 지배불가능한 것은 유체물이더라도 권리의 객체가 될 수 없다. 사람이 지배나 관리를 할 수 없는 것은 법률상 사용·수익·처분할 수 없기 때문이다. 해양의 경우는 행정상 그 일부를 구획하여 지배할 수 있게 하면 물건으로 될 수 있고, 그것을 목적으로 하는 어업권, 공유수면매립권 등의 권리의 객체로 할 수 있다.

③ 비인격성

i) 의 의

물건이기 위해서는 인격이 없어야 한다. 인격이 있는 것은 물건이 아니다. 자연인은 권리의 주체이며 동시에 권리의 객체가 될 수 있다. 이 경우는 자연인이 물건으로써 권리의 객체가 되는 것이 아니고 일정한 인격을 객체로 하는 권리의 객체가 되는 것이다. 따라서 인체 및 그 일부는 물건이 아니다.

ii) 생체에서 분리된 인체의 일부

생체에서 분리된 인체의 일부는 인격이 없다. 따라서 사회질서에 반하지 않는 한 물건이며 분리 전의 사람에게 귀속한다. 분리된 혈액, 모발, 장기 등을 들 수 있

---

2) Karl Larenz, Allgemeiner Teil des deutschen Bürgerlichen Rechts[6.auflage], C.H.Beck, 1983, s.270.

다. 인체의 일부의 절단계약이나 절단된 것의 처분행위도 사회질서에 반하지 않는 한 유효하다는 것이 통설이다. 인체의 장기가 적출되었을 때에는 마찬가지로 물건으로 다루지만 다시 생체에 이식된 때에는 동일인격이 된다.

iii) 사체·유해

사체나 유해도 물건으로서 소유권의 객체가 되며 그 소유권은 호주승계인에게 귀속된다는 것이 통설이었으나 호주제도의 폐지로 이러한 해석은 무의미 하게 되었다. 관습상으로 정해지는 상주(喪主)될 자에게 귀속하는 것으로 해석할 것이다. 소유권의 객체가 된다고 하여 일반 물건처럼 다루어지는 것은 아니다. 매장·제사 등과 같은 목적 이외에는 처분의 객체가 될 수 없는 것으로 특수한 소유권의 객체라는 특수소유권설이 통설이다.

iv) 인체에 부착되어 사용되는 물건

인체에 부착하여 인체의 일부기능으로 사용되는 물건은 그 부착상태에서는 물건으로 다루지 않고 동일인격으로 취급된다. 의족, 의수, 가발, 의안 등을 들 수 있다.

v) 동 물

동물은 물건이다. 일정한 경우 동물을 생태학적이나 인도적 차원에서 보호하는 경우는 있고 각국의 입법례에 따라서는 특별한 취급을 하는 경우도 있지만, 우리나라에서는 법률상 물건으로만 다루어진다. 자연조수, 가축, 애완을 위한 사육이냐는 불문한다.

④ 독립성

물권의 객체인 물건은 배타적 지배에 복종하기 위하여서는 원칙적으로 독립성 있는 물건이어야 한다. 즉 독립된 물건이어야 하고 어떠한 상태에 있는 물건이 독립성이 있는가 하는 것은 사회통념에 의한다.

i) 물건의 일부

물건의 일부는 원칙적으로 독립된 권리의 객체로 될 수 없다. 그러나 1필의 토지의 일부나 1동의 건물의 일부는 용익권(지상권, 전세권, 지역권, 임차권 등)의 객체가 되며, 집합건물의 경우(아파트, 연립주택 등)에는 1동의 건물의 일부가 독립한 소유권(구분소유권)의 객체가 된다. 미분리의 천연과실과 수목의 집단은 토지의 정착물로서 독립성이 없지만, 관습법상의 공시방법인 명인방법을 갖추면 독립한 부동산으로서 소유권의 객체가 되는 예외가 인정된다.

ii) 단일물

형체상 일체를 이루고, 각 구성부분이 개성을 잃고 있는 물건(한 권의 책 등)을 단일물이라고 한다. 단일물은 1개의 독립한 물건이다.

iii) 합성물

각 구성부분에 개성이 있으나 그것이 결합하여 일체를 이루는 물건(보석을 박은 반지, 건물, 자동차 등)이 합성물이다. 합성물은 한 개의 독립한 물건이다.

iv) 집합물

경제적으로 단일의 작용·가치를 가지는 수개의 물건(단일물 또는 합성물)의 집합(도서관의 장서나 공장의 시설·기계 등의 1식이나 창고상품 등)을 집합물이라고 한다. 집합물은 한 개의 물건이 아니라는 것이 통설이다. 그러나, 기업은 객관적으로 조직된 설비를 가지게 되고, 기업설비의 전체가 통일체로서 특수한 경제적 가치를 나타낸다. 따라서, 이 기업을 위한 금융을 얻는 데 있어서는 기업설비 전부를 일괄하여 담보하는 것이 유리하게 된다. 그래서, 공장저당법, 광업재단저당법 등의 특별법에 의하여 법률상 하나의 물건으로서 다루어지는 경우가 있다.

(3) 물건의 분류

민법은 물건을 부동산과 동산(민법 제99조), 주물과 종물(민법 제100조), 원물과 과실(민법 제101조)로 구분한다. 이하에서 부동산과 동산의 구별을 살펴본다.

① 부동산

i) 부동산의 정의

토지와 그 정착물은 부동산이다.

ii) 토 지

a. 토지의 구성

토지는 일정한 지면과 이 지면의 상·하(공중과 지하)이다. 토지의 상·하에 공작물을 소유하기 위한 권리가 구분지상권이다. 토지의 구성물(암석·토사·지하수 등)은 토지의 일부분이다. 따라서 일정한 지하수를 그 내용으로 하는 온천권은 독립한 물건을 객체로 하는 것이 아니어서 독립한 물권이 아니다. 그러나 미채굴의 광물은 토지소유권자의 소유이나 국가의 배타적인 채굴취득허가권의 객체로서 그 범위 내에서 소유권의 행사가 제한된다는 견해와[3] 국유에 속하는 독립한 부동산

3) 이영준, 민법총칙, 박영사, 1993, 905; 김현태, 민법총칙, 교문사, 1984, 225; 김용한, 민법총

으로 토지소유자의 소유권이 미치지 않는다는 견해가[4] 대립한다.

b. 토지의 독립성

토지는 연속되어 있다. 따라서 토지는 독립성을 어떻게 판단하는가? 지적제도에 의하여 일정하게 구획하고 구획된 필지단위로 지번을 부여하여, 독립한 지번을 가진 토지가 1개의 독립한 부동산으로 다루어지게 된다.

c. 토지와 관련한 문제

(ㄱ) 1필의 토지의 일부: 1필의 토지의 일부분을 분필하기 전에 물권거래의 객체로 할 수 있는가에 대해서는 부정하는 것이 통설이다. 다만 지상권, 전세권, 임차권 등과 같은 용익권은 분필하기 전에 1필의 토지의 일부 위에 설정할 수 있는 예외가 인정된다.

(ㄴ) 바 다: 바다에 대하여는 사적(私的) 소유권이 인정되지 않는다. 다만 어업권・공유수면매립권 등의 이용권이 성립한다. 토지와 바다와의 경계는 만조수위선이다.

(ㄷ) 하 천: 하천에 대하여도 사적 소유가 인정되지 않는다. 하천구역을 사용허가를 얻어 이용하는 것은 허용되는데, 이를 하천구역점용권이라고 한다.

(ㄹ) 도 로: 도로는 사적 소유의 객체가 된다. 도로 가운데 사유토지에 속하는 도로가 이에 해당한다.

iii) 토지의 정착물

a. 토지의 정착물의 정의

토지의 정착물이란 토지에 고정되어 사용되는 물건이다. 가령 건물・수목・교량・터널・담장・제방 등을 들 수 있다.

b. 토지와는 별개의 부동산인 정착물

(ㄱ) 건 물: 토지의 정착물 가운데 건물은 독립성이 인정된다. 따라서 1동의 건물은 독립한 1개의 부동산이다. 건물인가의 여부는 사회통념에 의할 것이지만 최소한 기둥과 지붕, 주벽을 갖춘 것이어야 한다.[5]

(ㄴ) 입 목: 입목이란 "입목에 관한 법률"에 의하여 소유권보존등기를 한 수목의 집단을 말한다. 입목은 독립한 부동산이다. 그 외 명인방법을 갖춘 수목의 집단도 독립한 부동산으로 다룬다.

칙, 박영사, 1980, 223; 김주수, 민법총칙, 삼영사, 1991, 205; 김증한, 민법총칙, 박영사, 1981, 247.

4) 곽윤직, 민법총칙, 박영사, 1995, 298; 김기선, 한국민법총칙, 법문사, 1983, 205.

5) 대법원 1977. 4. 26, 76다1677.

(ㄷ) 미분리의 과실: 미분리의 과실은 독립성이 인정되지 않지만 관습법상의 공시방법인 명인방법을 갖추면 독립한 물건이 된다. 명인방법을 갖춘 미분리의 과실의 성질에 대해서는 부동산이라는 견해[6]와 동산이라는 견해[7]가 대립한다.

(ㄹ) 농작물: 농작물은 토지의 일부이다. 그러나 정당한 권원에 의하여 타인의 토지에서 경작·재배하는 농작물은 토지와는 별개의 독립한 물건이다. 그런데 정당한 권원에 의하지 않고 타인의 토지에 무단으로 농작물을 경작하는 경우에도 그 농작물의 소유권은 경작자에게 있다는 것이 판례의 태도이다.[8] 나아가 타인의 토지를 무단으로 개간하여 경작하는 자는 해당 토지에 대한 경작권을 취득하였다고 하여 그 경작권의 매매의 효력도 인정한다.[9]

(ㅁ) 동상·선로·철관·정원석 등: 동상·선로·철관·정원석 등은 토지의 구성부분이지만, 특약으로 독립하여 거래할 수 있으며 그것만의 소유권을 취득하였을 때에는 명인방법을 대항요건으로 한다.[10]

② 동 산

i) 동산의 의의

부동산 이외의 물건은 동산이다. 따라서 민법상 부동산과 동산의 중간에 속하는 물건은 존재하지 않는다. 토지와 정착물로써 부동산이거나 토지와 정착물이 아닌 물건은 모두 동산이다.

ii) 토지에 부착한 물건

토지에 부착한 물건이라도 정착물이 아닌 것은 동산이다(예: 가식중의 식물, 공중전화 부스, 판자집 등).

iii) 특수한 동산

선박·자동차·항공기·중기 등은 모두 동산이지만 법률상 취급은 부동산과 같이 다루어진다. 이러한 동산을 부동산으로 보는 이설[11]이 있다.

iv) 무기명채권

상품권, 승차권, 관람권, 입장권, 무기명채권 등에 대해서는 동산이 아니라는 견해[12]와 동산적 성질이 있다는 견해[13]가 있다. 현행 민법상 물건으로 볼 수 없고

---

6) 김현태, 228; 이영준, 907; 김용한, 226; 김증한, 195.
7) 곽윤직, 303; 김주수, 209; 장경학, 379.
8) 대법원 1969. 2. 18, 68도906; 대법원 1978. 3. 14, 77다2396.
9) 대법원 1981. 2. 24, 80다2811.
10) 김주수, 210.
11) 이영준, 907.

권리에 해당한다.14)

v) 금 전

금전은 동산이지만 동산에 적용되는 규정의 적용이 배제되기도 하는 특수한 것으로 일정한 가치이며 점유가 곧 소유라고 한다.

토지와 그 정착물을 부동산이라고 한다(민법 제99조 제1항). 토지는 일정한 지면과 이 지면의 상·하로써 공중과 지하를 모두 포함한다. 또한 토지의 정착물이란 건물, 수목, 교량, 터널, 담장, 제방 등 토지에 고정되어 있는 물건을 말한다.

Ⅱ. 부동산물권변동의 법리

1. 물권변동의 의의

물권의 변동이란 물권의 발생·변경·소멸을 말한다. 물권의 「득실변경」이라 할 때에는 물권의 변동을 물권의 주체를 중심으로 하여 표현한 것이다.

2. 물권변동의 원인

위에서의 물권의 변경은 무엇을 원인으로 하여 일어나는가? 법률상 물권변동이 일어나기 위해서는 그 원인이 필요하다. 이를 물권변동의 원인 또는 법률요건이라고 한다. 물권이 발생·변경·소멸하는 물권변동을 일으키는 원인인 법률요건으로는 법률행위에 의한 경우와 법률의 규정에 의한 경우 및 일정한 판결에 의한 경우를 들 수 있다. 이것은 당사자의 의사에 기인하는 「법률행위에 의한 물권변동」과 당사자의 의사와는 관계없이 주로 법률의 규정에 또는 국가의 주권행사로 일어나는 「법률의 규정에 의한 물권변동」으로 구분된다.

---

12) 이영준, 908; 곽윤직, 292.
13) 김현태, 230; 이영준, 251.
14) 노종천, 218.

3. 공시의 원칙과 공신의 원칙

(1) 공시의 원칙

물권은 특정한 물건을 직접적 배타적으로 지배하는 권리이다. 즉 물권은 그 존재를 누구에게나 주장, 행사할 수 있는 절대성을 가지고 있으며, 동시에 그 객체에 대하여 동일내용의 다른 물권이 성립하는 것을 법률상 배제하는 배타성을 가지고 있다. 이러한 절대성과 배타성으로 인하여 물권의 존재 및 그 변동을 외형상 인식 가능한 방법으로 공시하지 않는다면 제3자에게 불측의 손해를 끼칠 수가 있다. 따라서 거래안전의 확보를 위하여 물권의 존재를 외부에서 인식할 수 있도록 하는 방법이 필요하고 이를 실현하고자 하는 것이 공시제도이며, 규범적으로 공시의 원칙이라고 한다. 우리 민법이 인정하는 공시방법은 부동산에 있어서는 등기(제186조), 동산에 있어서는 인도, 즉 점유의 이전(제188조 제1항)이다. 기타의 공시제도로 등록과 관습법상의 명인방법 등이 공시제도로 인정된다.

(2) 공신의 원칙

① 의 의

공신(公信)의 원칙이라 함은 공시와 실체관계가 불일치하는 경우, 공시를 신뢰해서 거래한 자가 있는 경우 그 신뢰를 보호하기 위하여 공시내용과 일치하는 법률효과를 부여하여 공시된 대로의 권리변동의 효과를 인정하는 원칙이다.

② 법적 의의

공신의 원칙을 인정하면 물권거래의 안전은 확보되지만, 반면에 진정한 권리자는 손해를 입게 된다. 이른바 정적 안전을 희생하여 동적 안전을 보호하는 것이다. 공신의 원칙을 채용하는가는 진정한 권리자보호를 우선하느냐 거래상대방의 보호를 우선하느냐 하는 가치판단의 문제이고 이는 각 나라의 입법정책에 따라 그 채용 여부가 결정된다.

③ 우리 민법상 공신의 원칙

우리 민법은 부동산등기에는 공신력을 인정하지 않는다. 반면 동산의 점유에는 공신력을 인정하고 있다. 공신력을 인정하면 공시를 신뢰하고 취득한 자는 보호를 받게 된다.

4. 물권변동을 일으키는 법률행위(물권행위)

물권행위라 함은 직접 물권의 변동을 일으키고자 하는 것을 의사표시의 내용으로 하는 법률행위를 말한다. 이에 대하여 당사자 사이에 채권·채무의 관계를 일으키고자 하는 것을 의사표시의 내용으로 하는 법률행위를 채권행위라고 한다. 물권행위의 「원인행위」라고 일컬어지는 채권행위는 의무부담행위이며, 물권행위는 처분행위 중 법률적 처분행위의 일종이다. 가령 갑이 2002. 2. 4. 자신 소유의 X부동산을 목적으로 을과 매매계약을 체결하고 2002. 5. 4. 소유권이전의 합의를 하였다고 가정하면, 매매계약의 효력으로 당사자 갑과 을에게 채권, 채무가 발생하여 귀속하게 된다. 따라서 매매계약은 채권발생을 일으킨 법률행위로 채권행위이다. 그리고 이후의 소유권이전의 합의에 의하여 갑 소유의 X부동산이 을에게 이전하게 되므로, 이 소유권이전의 합의는 소유권이라는 물권변동을 목적으로 하는 법률행위로서 물권행위가 된다.

물권행위는 의사표시의 모습에 따라 물권적 합의(계약), 물권적 단독행위(상대방 있는 물권적 단독행위와 상대방 없는 물권적 단독행위로 구분), 물권적 합동행위로 나누어진다.

5. 의사주의와 형식주의

(1) 형식주의

물권의 변동은 그것을 목적으로 하는 의사표시만으로는 효력이 생기지 않고, 그 밖에 등기·인도라는 일정한 형식을 갖추어야 효력이 생기도록 하는 입법주의이다. 형식주의에서는 등기나 인도가 물권변동의 성립요건이 되기 때문에 성립요건주의라고도 한다.

(2) 의사주의

물권의 변동은 그것을 목적으로 하는 의사표시만으로 그 효력이 생기고 다른 아무런 형식을 요구하지 않는 입법주의이다. 이 의사주의에서는 등기 또는 인도와 같은 형식이 없어도 물권행위만으로 물권변동의 효력이 생기지만 등기나 인도를 갖추어야 물권변동을 가지고 제3자에게 대항할 수 있도록 한다. 따라서 대항요건주의라고도 한다.

(3) 의사주의와 형식주의의 대립

의사주의와 형식주의의 대립은 「법률행위에 의한 물권변동」에 있어서의 대립이다. 「법률의 규정에 의한 물권변동」 내지 「법률행위에 의하지 않는 물권변동」의 경우에는 의사주의와 형식주의의 대립의 문제가 생기지 않는다.

(4) 우리 민법의 태도

우리 민법은 형식주의(성립요건주의)를 취하고 있다. 따라서 법률행위에 의한 부동산물권변동은 물권적 합의 이외에 등기를 하여야 효력이 생기고, 동산물권변동은 물권적 합의 이외에 인도하여야 효력이 생긴다. 우리 민법상 형식주의의 결과 법률행위에 의한 물권변동의 경우에는 등기나 인도가 있어야 물권변동의 효력이 생기고, 법률의 규정에 의한 물권변동의 경우에는 등기나 인도 없이 물권변동이 일어나게 되는 것이 원칙적인 것으로 된다. 즉 당사자 간 매매, 교환, 증여 등의 법률행위에 의하여 부동산물권변동이 일어나기 위해서는 등기를 하여야 하고, 상속, 공용징수, 경매 등과 같은 법률규정에 의하여 부동산물권변동이 일어나는 경우에는 등기 없이도 물권변동의 효력이 발생하는 것으로 된다.

(5) 두 주의의 장·단점

의사주의는 당사자 사이에서의 물권변동의 시기가 불명확하고, 또 당사자 사이의 물권변동시기와 제3자에 대한 관계에서의 물권변동의 시기에 분열이 생기는 단점이 있다. 그러나 당사자의 의사만으로 물권변동의 효력을 발생시킨다는 점에서 사적 자치의 원칙에 적합한 입법주의라고 할 수 있다. 반면 형식주의에서는 당사자간이나 제3자와의 관계에서 물권변동의 시기가 일치하고 물권변동의 시기가 명확하기 때문에, 법률관계를 명확하게 하여 거래의 안전을 도모할 수 있지만 계약자유는 제한을 받게 된다.

사례 A 소유의 부동산을 목적으로 6. 10. B와 매매계약을 체결하고 7. 10. 오전 10시 10분에 소유권이전의 합의를 하였다. 이후 7. 11. 오후 2시 10분에 이전등기가 경료되었다고 가정하자. 이들 간의 소유권변동이 일어난 때는?

의사주의에 따르면 A, B 간에 목적부동산의 소유권이 이전한 시기는 7. 10. 오전 10시 10분이 되고, 제3자에 대한 관계에서는 대항요건인 등기를 갖춘 7. 11. 오후 2시 10분에 소유권이전의 효력이 생긴다. 따라서 당사자와 제3자의 관계에서 물권변동의 시기가 분열된다. 반면에 형식주의에 따르면 A, B 간이나 제3자에 대한 관계에서 소유권이전의 시기는 등기를 갖춘 7. 11. 오후 2시 10분이 되어 물권변동의 시기가 일치하게 된다.

6. 부동산등기제도

(1) 부동산대장

국가는 그가 지닌 행정목적, 특히 조세행정 및 조세정책과 관련하여 부동산의 현황과 권리사항을 파악하여 공시하여야 할 기술적 방법이 필요하고 이를 실현하기 위하여 지적제도를 두고 있다. 따라서 국가는 부동산의 현황을 파악하여 법정의 공부에 작성, 비치하는 대장(臺帳)을 두고 있다. 이 대장제도가 공법적 목적을 수행하기 위하여 마련된 제도이기는 하지만 그를 통하여 부동산의 현황을 공시하는 기능을 가짐으로써 등기제도와 함께 공시의 원칙의 수단으로써 이용되고 있다. 이렇게 등기제도가 사법상(私法上) 부동산물권변동을 공시하는 기능을 한다면, 지적제도는 공법상의 목적을 달성하기 위한 공시의 기능을 하면서 동시에 사법상의 법률관계에도 이용되고 있다. 즉 우리 법은 공시의 원칙을 사법상, 또한 공법상으로 실현하고자 하는 목적을 가지고 공시제도를 이원화구조로 운영하고 있다.

(2) 부동산물권변동과 등기

물권은 권리의 형태에 따라 권리의 표시방법이 다르다. 예컨대 동산의 경우는 권리의 표시방법 혹은 권리의 공시방법으로서 점유라는 것을 인정하고 있다. 즉, 동산에 대하여 권리가 있는 자는 타인에 대하여 권리가 있다는 표시방법으로서 점유를 하도록 한다는 것이다. 따라서 동산에 대한 권리의 공시는 점유가 원칙이다. 이는 동산은 쉽게 이동이 가능하기 때문에 권리에 대한 공시로서 일종의 장부를 만들어 놓을 경우 오히려 복잡하고 혼란스러워 오히려 복잡한 권리관계가 형성될 우려가 있으므로, 점유를 권리의 공시방법으로 인정함으로써 동산의 특성을 유용하게 하기 위함이다.

반면 부동산물권은 관념적인 것으로 권리의 존재나 변동을 파악하기 어렵다. 따라서 명확한 법정의 장부에 부동산에 관한 물권이나 그 변동을 공시할 필요성에 의하여 등기를 공시방법으로 한다. 부동산등기제도는 대륙법계 국가가 일반적으로 사용하고 영미법계에 속하는 국가들은 등기제도를 두고 있지 않다. 부동산물권변동에 관한 등기제도를 마련하더라도 당사자가 그에 관한 등기신청이 없으면 공시의 원칙이 실현되기 어렵다. 따라서 부동산물권변동의 효력을 등기와 관련하여 인정함으로써 등기를 하도록 강제할 필요가 있다. 각 나라의 입법례에 따라 부동산물권변동을 당사자의 법률행위만으로 그 효력을 인정하되, 제3자에 대하여 주장하기 위해서는 등기를 하도록 하는 의사주의와, 당사자의 법률행위 외에 등기까지를 갖추어야 물권변동의 법률효과를 인정하는 형식주의가 대립한다. 우리 민법은 형식주의를 취하고 있어 등기가 물권변동의 성립요건이며 효력요건으로 작용함은 이미 앞에서 살펴보았다.

(3) 등기소·등기관

① 등기소

등기사무를 맡아보는 국가기관이 등기소이다. 그러나 등기소는 현실적으로 등기소라는 명칭을 가진 관서만이 등기소는 아니다. 법원조직법 제2조 제3항에 의하면 등기사무를 담당하는 국가기관은 법원이며, 법원 가운데 지방법원과 동 지원이 관할구역 내의 등기사무를 관장한다. 따라서 지방법원과 동 지원이 등기소인 것이다. 지방법원은 그 관할구역 내에서 등기사무의 일부를 처리케 하기 위하여 지원 외에 등기소라는 명칭을 가진 관서를 둘 수 있다.

② 등기관

등기사무를 처리하는 공무원을 등기관이라고 한다. 등기관은 지방법원, 동 지원과 등기소에 근무하는 법원서기관 · 등기사무관 · 등기주사 또는 등기주사보 중에서 지방법원장(등기소의 사무를 지원장이 관장하는 경우에는 지원장)이 지정한 자이다.

등기관이 고의 또는 과실로 부당한 처분을 하여 사인에게 손해를 입힌 경우에는 등기관에게 책임을 지우는 특별한 배상책임규정은 없지만, 국가배상법에 의하여 국가가 배상책임을 부담한다. 이때 등기관에게 고의 또는 중대한 과실이 있는 경우에는 국가는 그에 대하여 구상권을 행사한다.

(4) 등기기록

① 등기기록의 의의

전산정보처리조직에 의하여 입력·처리된 등기정보자료를 대법원규칙으로 정하는 바에 따라 편성한 것을 말한다.

② 등기기록의 종류

토지등기기록과 건물등기기록의 2종이 있다.

③ 등기기록의 처리방식

등기관은 등기사무를 전산정보처리조직을 이용하여 등기부에 등기사항을 기록하는 방식으로 처리하여야 한다.

④ 등기기록의 양식

i) 구 성

등기기록에는 부동산의 표시에 관한 사항을 기록하는 표제부와 소유권에 관한 사항을 기록하는 갑구 및 소유권 외의 권리에 관한 사항을 기록하는 을구를 둔다. 갑구와 을구에는 순위번호란, 등기목적란, 접수란, 등기원인란, 권리자 및 기타사항란을 둔다.

ii) 토지등기기록 표제부

표시번호란, 접수란, 소재지번란, 지목란, 면적란, 등기원인 및 기타사항란을 둔다.

iii) 건물등기기록 표제부

표시번호란, 접수란, 소재지번 및 건물번호란, 건물내역란, 등기원인 및 기타사항란을 둔다(규칙 제13조 제1항).

iv) 구분건물등기기록

a. 구분건물등기기록에는 1동의 건물에 대한 표제부를 두고 전유부분마다 표제부, 갑구, 을구를 둔다(법 제14조 제1항).

b. 제1항의 등기기록 중 1동의 건물의 표제부에는 표시번호란, 접수란, 소재지번·건물명칭 및 번호란, 건물내역란, 등기원인 및 기타사항란을 두고, 전유부분의 표

[등기부 예시]

등기부 등본(말소사항 포함) – 집합건물

서울특별시 ○○구 ○○동 1500-10 제3층 제301호　　　　고유번호 1143-1996-050057

【 표　　제　　부 】　(1동의 건물의 표시)

표시번호	접수	소재지번, 건물명칭 및 번호	건물내역	등기원인 및 기타사항
1 (전 1)	1992년4월3일	서울특별시 00구 00동 1500-10	철근콘크리트조및 벽돌조아스팔트 싱글기와 4층 연립주택 1층 182.52m^2, 2층 182.52m^2 3층 182.52m^2, 4층 146.22m^2 지하1층 철근콘크리트조 1,2,3, 4층 벽돌조 지하1층중 주차장 198.97m^2, 창고 36.44m^2 4층중 주택 130.26m^2 물탱크실 15.96m^2	도면편철장 제2책제354장 부동산등기법 제177조의 6 제1항의 규정에 의하여 1999년 06월 25일 전산이기

(대지권의 목적인 토지의 표시)

표시번호	소 재 지 번	지 목	면 적	등기원인 및 기타사항
1 (전 1)	1. 서울특별시 00구 00동 1500-15	대	429.9m^2	1992년4월3일 부동산등기법 제177조의 6 제1항의 규정에 의하여 1999년 06월 25일 전산이기

【 표　　제　　부 】　(1동의 건물의 표시)

표시번호	접수	건물번호	건물내역	등기원인 및 기타사항
1 (전 1)	1992년4월3일	제3층 제301호	벽돌조 145.09m^2	도면편철장 제2책제354장 부동산등기법 제177조의 6 제1항의 규정에 의하여 1999년 06월 25일 전산이기

(대지권의 표시)

표시번호	대지권종류	대지권비율	등기원인 및 기타사항
1 (전 1)	1소유권대지권	429.9분의 108.57	1992년3월6일 대지권 1992년4월3일 부동산등기법 제177조의 6 제1항의 규정에 의하여 1999년 06월 25일 전산이기

【 갑　　　　구 】(소유권에 관한 사항)

순위번호	등기목적	접수	등기원인	권 리 자 및 기 타 사 항
1 (전 9)	소유권이전	1999년4월10일 제14314호	1999년4월8일 매매	소유자 홍길동 000000-0000000 서울 00구 00동 1000-20 부동산등기법 제177조의 6 제1항의 규정에 의하여 1999년 06월 25일 전산이기

【 을　　　　구 】(소유권 이외의 권리에 관한 사항)

순위번호	등기목적	접 수	등기원인	권 리 자 및 기 타 사 항
1 (전 9)	근저당권설정	2000년4월28일 제15963호	2000년4월28일 설정계약	채권최고액 금150,000,000원정 채무자 홍길동 서울 ○○구 ○○동 1000-20 근저당권자 주식회사 ○○은행 110111-0015655 서울 ○○구 0002가 9-1 (○○동지점) 부동산등기법 제177조의 6 제1항의 규정에 의하여 1999년 06월 25일 전산이기

- 이　하　여　백 -

수수료　2000원 영수함　　　　관할등기소 ○○지방법원 ○○등기소제부에는 표시번호란, 접수란, 건물번호란, 건물내역란, 등기원인 및 기타사항란을 둔다. 다만, 구분한 각 건물 중 대지권이 있는 건물이 있는 경우에는 1동의 건물의 표제부에는 대지권의 목적인 토지의 표시를 위한 표시번호란, 소재지번란, 지목란, 면적란, 등기원인 및 기타사항란을 두고, 전유부분의 표제부에는 대지권의 표시를 위한 표시번호란, 대지권종류란, 대지권비율란, 등기원인 및 기타사항란을 둔다(법 제14조 제2항).

(5) 등기절차

등기는 등기신청 → 접수 → 심사 → 수리(또는 불수리) → 등기필증의 교부(통지)의 절차에 의한다. 등기신청은 등기권리자와 등기의무자가 공동으로 신청하도록 하는 공동신청주의를 원칙으로 한다(부동산등기법 제28조). 등기권리자란 등기를 통하여 권리를 취득하는 등의 이익을 받는 자를 말하며, 등기의무자는 등기로 인하여 권리상실 등과 같은 불이익을 받는 자를 말한다. 통상 법무사를 통하여 위임하는 경우가 많고, 판결에 의한 등기나 상속등기는 단속으로 신청할 수 있다.

Ⅲ. 부동산거래

1. 서　설

부동산거래는 부동산을 중심으로 하는 법률관계로서 부동산매매, 임대차, 담보설정 등의 종합적인 법률관계를 말한다. 이 절에서는 매매를 중심으로 하는 거래관계를 살펴보고 임대차와 관련한 특별법관계는 절을 바꾸어 설명한다.

부동산은 소유의 목적뿐만 아니라 재산적인 투자나 채권담보의 목적 등에 의하여 활발하게 거래되고 있다. 부동산거래는 대개 거액의 금액이 움직이기 때문에 부동산에 대한 법적 지식이 부족한 사람들을 위하여 부동산거래를 전문적으로 중개하는 부동산중개사가 있으며, 이들의 중개를 통하여 부동산거래를 보다 안전하게 할 수 있도록 "공인중개사의 업무 및 부동산 거래신고에 관한 법률"에서 공인중개사에 관한 규정을 두고 있다.

부동산거래는 크게 매매, 임대차, 용익물권의 설정, 담보물권의 설정 등으로 나눌 수 있는데 이러한 거래에서의 당사자, 거래흐름, 중개, 유의사항 등에 대하여 살펴보고자 한다.

2. 부동산거래의 흐름

부동산매매는 매도인과 매수인이 매매계약을 함으로써 시작된다. 매매계약을 위해서는 주로 부동산거래를 위한 공인중개사의 중개를 이용하기 때문에 매매계약서상에 매도인의 인적 사항과 매수인의 인적 사항 및 공인중개사의 인적 사항이 기재되어야 한다.

부동산매매는 거액의 대금이 이전하는 것뿐만 아니라 당사자의 이사라든지 등기 등의 절차로 인하여 계약과 동시에 거래가 완료되는 것이 아니라 통상 1개월 정도의 기간을 두고 거래가 진행된다. 진행되는 과정에 따라 계약금, 중도금, 잔금 등의 형태로 대금이 지불되는데, 대개 매수인의 잔금지급과 동시에 매도인이 소유권이전서류를 이전시켜줌으로써 매매가 완료된다. 그러나 매매가 완료되었다고 하더라도 매수인이 소유권을 취득한 것은 아니다. 왜냐하면 일단 소유권이전서류를 받았다 하더라도 등기가 완료되지 않는 한 소유권의 취득은 완전히 이루어진 것이 아니기 때문이다.[15)]

이와 같은 경우는 비단 소유권의 이전과 같은 매매에서뿐만 아니라 제한물권의 설정에서도 동일하다. 즉, 지상권, 지역권, 전세권, 저당권 등의 제한물권을 설정하는 경우 등기권리자와 등기의무자에 의한 거래계약이 선행되고, 이 계약에 의하여 물권설정서류가 이전되는 경우에도 역시 등기가 완료되어야 제한물권자는 권리를 취득한다.

이에 비하여 임대차는 그 흐름이 다소 다르다. 임대차는 부동산의 권리가 임대차계약에 의하여 이전되는 것이 아니라 임대인과 임차인 사이에 부동산사용에 관한 임대차계약이라고 하는 채권관계만이 성립된 것이기 때문에 등기를 요하지 않는다. 따라서 당사자 사이에 계약에 의하여 임대차계약은 성립한 것이며 이후에 이루어지는 임차인의 입주라든지 보증금의 이전과 같은 행위는 계약내용의 이행이라고 할 수 있다. 따라서 임차인은 부동산상의 물권자가 아니기 때문에 상당히 불

---

15) 물권변동의 형식주의를 취하고 있는 우리 민법상 미등기 부동산양수인은 법률상 소유권을 취득하지 못하고 관습상의 물권취득도 인정되지 않는다(노종천, 물권법, 법문사, 2007, 780면 참조). 물론 그렇다고 이러한 취득자는 어떠한 권리도 갖지 못하는가 하는 것은 아니다. 판례는 「건물을 매수하여 점유하고 있는 자는 비록 소유자로서 등기명의가 없더라도 그 권리의 범위 안에서는 점유 중인 건물에 대한 법률상 또는 사실상의 처분권이 있다」고 한다(대법원 1967. 2. 28, 66다2228; 대법원 1969. 7. 8, 69다665 참조).

안한 위치에 있게 된다. 이러한 임차인을 보호하기 위하여 주택임대차보호법 내지 상가건물임대차보호법과 같은 특별법이 마련되어 있다.

3. 부동산거래의 중개

부동산거래는 앞서 설명한 바와 같이 공인중개사를 통하여 부동산거래의 중개를 허용하고 있다. 공인중개사는 토지, 건축물과 토지의 정착물 및 그 밖에 대통령령이 정하는 재산권과 물건에 대하여 거래당사자 간의 매매·교환·임대차 그 밖의 권리의 득실변경에 관한 행위를 알선하는 자를 말한다(공인중개사의 업무 및 부동산 거래신고에 관한 법률). 이들 공인중개사는 공인중개사 시험에 의하여 자격을 취득한 자이며 관련법에 의하여 중개업무의 내용과 책임 및 중개수수료 등에 관한 규정을 두고 있다.

(1) 공인중개사의 업무내용 및 책임

공인중개사가 중개의뢰를 받은 경우 중개대상물에 관한 권리를 취득하고자 하는 중개의뢰인에 대하여 성실·정확하게 설명하고, 토지대상·등기부등본 등 설명의 근거자료를 제시하도록 하여야 한다. 중개가 완성되어 거래계약서를 작성하는 경우에는 이와 같은 확인·설명사항을 서면으로 작성하여 거래당사자에게 교부하고 일정기간 동안 그 사본을 보존하여야 한다(동법 제25조).

이와 같은 행위는 공인중개사의 본질적인 업무에 속하므로 이러한 행위를 할 때 고의 또는 과실로 거래당사자에게 재산상의 손해를 발생하게 한 때에는 그 손해를 배상할 책임을 진다. 손해배상책임의 보장을 위하여 보증보험 또는 공제에 가입하거나 공탁을 하여야 하며, 중개 완성시에 이러한 사항을 거래당사자에게 고지하여야 한다(동법 제30조).

(2) 중개수수료

중개업자는 중개업무에 관하여 중개의뢰인으로부터 소정의 수수료를 받을 수 있다. 수수료에 관한 기준은 주택과 그 부속 토지를 중개하는 경우와 주택 외의 중개대상물에 관한 중개를 하는 경우로 나누어진다(동법 제32조). 중개수수료에 대한 한도는 동법과 건설교통부령에 의하여 정하여지며, 그 한도 내에서 특별시·광역시 또는 도의 조례로 정하도록 하고 있다.

중개수수료는 거래금액에 수수료율을 곱한 금액으로 하되, 한도액(주택 기준)을 초과하는 경우에는 한도액 범위 내에서만 받을 수 있다. 전세의 경우 전세금액을 임차인인 경우에는 임대차금액을 기준으로 하며, 임대차 중 월세의 경우에는 월세 보증금+(한달월세액×100)로 산출된 금액을 기준으로 한다. 단, 산출된 금액이 5,000만원 미만일 경우 다시 '월세보증금+(한달월세액×70)'을 적용하여 산출된 금액을 기준으로 한다.[16)]

4. 부동산거래시의 유의사항

우리나라의 경우 부동산에 대한 사람들의 생각이 각별하고 누구나 내 집을 마련하고자 하는 강한 마음을 갖고 있다 보니 토지나 집을 사고파는 일을 한두 번쯤은 하게 된다. 부동산은 다른 물건에 비하여 거래금액이 크고 한 번 실수를 하게 되면 큰 손실을 볼 수 있는 경우도 있어 거래시에 상당한 주의를 요하게 된다.

16) 〈2017년 8월 31일 현재 「서울특별시 주택 중개수수료등에관한 조례」에서 규정하고 있는 주택 중개수수료 한도〉

거래내용	거래금액	상한요율	한도액
매매・교환	5천만원 미만	1천분의 6	250,000원
	5천만원 이상 2억원 미만	1천분의 5	800,000원
	2억원 이상 6억원 미만	1천분의 4	-
임대차 등 (매매・교환 이외의 거래)	5천만원 미만	1천분의 5	200,000원
	5천만원 이상 1억원 미만	1천분의 4	300,000원
	1억원 이상 3억원 미만	1천분의 3	-

※ 비 고

1. 중개수수료의 한도는 거래금액에 상한요율을 곱한 금액으로 하되, 그 금액이 한도액보다 큰 경우에는 한도액으로 한다.
2. 거래금액이 6억원 이상인 주택의 매매・교환 및 3억원 이상인 주택의 임대차 등의 중개에 대하여는 다음 각 목의 규정에 따른다.
   가. 중개수수료는 다음의 구분에 따른 요율의 범위 안에서 중개계약으로 정하는 금액으로 할 것
      (1) 6억원 이상인 매매・교환인 경우: 거래금액의 1천분의 9 이하
      (2) 3억원 이상인 임대차 등인 경우: 거래금액의 1천분의 8 이하
   나. 중개업자는 가목의 규정에 의한 상한요율의 범위 안에서 실제 받고자 하는 중개수수료의 상한요율을 법 시행규칙 제10조 제2호의 규정에 의한 중개수수료・실비의 요율 및 한도액 표에 명시하여 이를 게시할 것.

(1) 권리자의 확인

부동산물권이 등기로서 공시되지만, 현행 등기제도는 등기관에게 형식적 심사권만을 부여하고, 등기의 공신력을 인정하지 않는다. 이러한 점 때문에 등기부의 기재사항을 믿고 거래하는 경우 실체적 권리자와 등기부상의 권리자가 다른 경우 불측의 손해를 입을 수 있다. 따라서 등기만을 믿고 거래에 임할 것이 아니라 현장에 직접 가서 실질적 권리자와 등기부상의 권리자가 동일인인지 확인하고, 거래단계에서도 상대방의 신분증을 확인하여야 한다.

(2) 목적물상 권리의 확인

거래목적 부동산에 이미 성립하고 있는 권리관계를 확인하여야 한다. 사법상 제한물권이나 가압류·가처분의 존부, 유치권을 행사하는 자가 있는지의 여부, 공법상의 이용제한 등을 모두 확인하여야 한다.

(3) 권리의 보전

부동산매매계약을 체결한 경우, 중도금이나 잔금시기까지 일정한 유예기간을 두고 거래를 하는 경우가 많다. 이 경우 매도인이 계약내용에 반하여 목적부동산을 제3자에게 이중매매하고 제3자에게 등기를 넘겨주는 경우 소유권을 취득할 수 없게 된다. 또는 계약 이후 제3자에게 저당권, 전세권 등의 제한물권을 설정해 주는 경우에는 그 제한의 부담을 받는 소유권을 취득하는 위험이 있게 된다. 따라서 부동산매수인은 소유권을 이전받기 전까지 자신의 소유권이전청구권을 보전할 필요가 있게 된다. 여기서의 소유권이전청구권은 가등기로 보전할 수 있다. 계약 당시 매도인에게 가등기승낙서를 교부받아 즉시 소유권이전청구권가등기를 하여 두면 매도인이 이중매매하거나 제3자에게 제한물권을 설정해 주는 경우에도, 이후 가등기에 기한 본등기를 하여 완전한 권리를 취득할 수 있다.

(4) 공법상 의무·제한의 확인

부동산거래에 관하여는 부동산정책에 의하여 일정한 의무가 따르는 경우가 많다. 따라서 법률상 준수해야 하는 작위·부작위의무를 잘 이행함으로써 불측의 손해를 예방할 수 있다. 관련 의무로서 "부동산등기특별조치법", "부동산 실권리자

명의등기에 관한 법률", "국토의 계획 및 이용에 관한 법률"상의 의무에 대하여 설명한다.

① **소유권이전등기 신청의무**

부동산의 소유권이전을 내용으로 계약을 체결하는 경우에는 반드시 일정기간 내에 등기를 하여야 한다. 특히 부동산을 취득한 자가 등기 없이 제3자에게 이전하는 행위, 즉 전매를 하는 경우를 엄격히 금지하고 있으며, 이를 위반한 경우에는 경우에 따라 등록세액의 5배 이하에 상당하는 금액의 과태료 또는 3년 이하의 징역이나 1억원 이하의 벌금에 처한다.

② **명의신탁등기의 금지**

명의신탁이란 부동산에 관한 소유권 기타 물권을 보유한 자 또는 사실상 취득하거나 취득하려고 하는 자가 타인과의 사이에서 대내적으로는 실권리자가 부동산에 관한 물권을 보유하거나 보유하기로 하고 그에 관한 등기는 그 타인의 명의로 하기로 하는 약정을 말한다. 명의신탁은 예외적인 경우를 제외하고는 원칙적으로 금지이므로 명의신탁에 의한 등기를 하더라도 명의신탁약정은 무효이며, 명의신탁자에게는 그 부동산가액의 100분의 30까지에 해당하는 과징금이 부과되며, 5년 이하의 징역 또는 2억원 이하의 벌금에 처해지게 된다.

③ **거래내용에 부합하는 등기의무**

부동산소유권 및 부동산물권자는 실체관계에 부합하는 등기신청을 하여야 한다. 가령 채무의 변제를 담보하기 위하여 채권자가 부동산에 관한 물권을 이전받은 경우에는 채무자·채권금액 및 채무변제를 위한 담보라는 뜻이 기재된 서면을 등기신청서와 함께 등기관에게 제출하여 그 실체관계를 밝혀야 한다. 이러한 소명 없이 등기신청을 하면 부동산가액의 100분의 30까지에 해당하는 과징금 및 5년 이하의 징역 또는 2억원 이하의 벌금에 처해진다.

④ **토지거래허가제**

국토의 계획 및 이용에 관한 법률 제118조에 의하여 국토교통부장관은 토지의 투기적인 거래의 성행, 지가가 급격히 상승하는 지역, 그러한 우려가 있는 지역에 대하여 5년 이내의 기간을 정하여 토지거래계약에 관한 허가구역으로 지정할 수 있다. 이러한 토지거래허가지역에서 토지에 관한 소유권·지상권을 취득, 이전 또는 설정하는 계약을 체결하고자 하는 자는 그 계약체결 전에 시장, 군수, 구청장의 허가를 얻어야 한다. 허가지역에서 허가 없이 거래계약을 하게 되면 2년 이하의 징역 또는 계약체결 당시의 개별공시지가에 의한 당해 토지가격의 100분의 30에 상당하는 금액 이하의 벌금에 처해진다(동법 제141조).

Ⅳ. 부동산임대차의 법률문제

1. 주택임대차보호법

(1) 이 법의 적용범위

① 주거용 건물의 임대차

이 법은 주거용 건물(이하 "주택")의 전부 또는 일부의 임대차에 적용된다. 주거용 건물의 임대차이면, 목적건물이 무허가건물이거나, 미등기건물이거나의 여부는 불문한다. 주거용인가의 판단은 공부상에 기재된 내용에 의하지 않고 실제적으로 건물의 용도와 임대차계약당사자의 의사를 기초로 하여 판단한다. 따라서 주거용 건물을 임차하여 임차주택의 일부를 주거 외의 용도로 사용하는 경우에도 이 법이 적용된다. 그러나 임대차계약 당시 용도나 구조가 비주거용인 건물을 임대차 이후 임차인이 그 일부를 주거용으로 사용하는 경우에는 이 법이 적용되지 않는다.

② 미등기전세

이 법은 주택에 대한 미등기전세계약에 준용한다. 이 경우에는 "전세금"은 이 법의 "임대차의 보증금"으로 본다.

③ 적용제외

주거용 건물이 임대차라도 일시사용을 위한 임대차임이 명백한 경우에는 이를 적용하지 아니한다.

(2) 주택임차권의 대항력

① 대항력의 의의

임차권은 채권이다. 따라서 채무자에게만 주장, 행사할 수 있고 제3자에게는 주장, 행사하지 못한다. 임차부동산의 소유권이 제3자에게 이전된 경우 제3자가 임차인에게 목적물의 반환을 요구하면 임차인은 임차권을 주장할 수 없기 때문에 반환하고, 원임대인에게 채무불이행책임만을 물을 수 있을 뿐이다. 그런데 대항력이 주어지면 제3자에게도 임차권을 주장, 행사할 수 있게 된다. 즉 대항력은 채권인 임차권에 제3자에게도 주장, 행사할 수 있는 물권적 효력을 인정해 주는 것이다.

② **요 건**

i) 주택의 인도

주택의 인도가 있어야 한다. 임차인이 목적주택을 인도받아 점유하여야 한다. 임차인의 점유는 직접점유에 한하지 않고 간접점유도 가능하다.[17)]

ii) 주민등록

a. 주민등록의 시기와 존속

전입신고한 때 주민등록이 된 것으로 본다. 주민등록은 계속 존속하여야 한다.

b. 주민등록의 내용

주민등록법상 유효한 주민등록이어야 한다. 따라서 전입신고시 목적주택의 소재지가 정확히 신고되고 기재되어야 한다. 공동주택의 경우에는 해당 동호수까지 정확히 신고되어 기재되어야 한다. 그러나 아파트, 연립, 다세대주택 등의 공동주택과는 달리, 다가구주택의 경우에는 호수의 기재 없이 지번만 기재하여 주민등록을 하여도 대항력이 인정된다. 전입신고시 착오로 지번이나 집합건물에서 동, 호수를 다르게 신고한 경우에는 올바르게 정정한 때부터 대항력이 인정된다. 다만 공무원의 착오로 다른 지번에 등록된 경우에는 대항력이 인정된다. 또한 주택임대차보호법상의 대항력 및 확정일자를 갖춘 임차인의 주민등록이 관할 동사무소의 주민등록일제정리계획에 의거하여 직권말소된 경우, 임차인의 제3자에 대한 대항력은 상실되지 않는다.

c. 주민등록에서의 주민

주민등록은 임차인 본인의 것에 한하지 않고 배우자의 주민등록도 가능하다. 그리고 임차인이 전대차 등에 의하여 사실상 임차주택에 거주하지 않고 간접점유하면서, 자신의 주민등록을 한 경우에는 대항력이 인정되지 않는다. 그러나 임대인의 동의를 얻어 전대차한 경우에는 직접점유하는 전차인의 주민등록이 되어 있는 경우에는 대항력이 인정된다.

---

17) 대법원 1994. 6. 24. 94다3155.

d. 주민등록의 일시변경

임차인이 주민등록을 일시적으로 다른 곳으로 옮겼다가 다시 전입한 경우에는 다시 전입한 때부터 대항력이 인정되지만, 임차인의 가족의 주민등록은 남겨두고 임차인 본인의 주민등록만을 다른 곳으로 옮겼다가 다시 전입한 경우에는 처음 주민등록을 한 때부터 대항력이 인정된다.

③ 효 력

주민등록을 한 익일부터 대항력을 갖는다. 대항력이 인정되는 경우 임차주택의 양수인은 임대인의 지위를 승계한 것으로 본다. 임대인의 동의를 얻어 적법하게 임차권을 양도한 경우 양수인은 임차인의 대항력을 주장할 수 있다.

(3) 임대차기간

① 최단기간의 제한

기간의 정함이 없거나 기간을 2년 미만으로 정한 임대차는 그 기간을 2년으로 본다. 단 2년 미만으로 정한 경우 임대인은 이에 반하여 약정기간을 주장할 수 없지만 임차인은 약정기간을 주장할 수 있다. 임대차가 종료한 경우에 임차인이 보증금을 반환받을 때까지는 임대차관계는 존속하는 것으로 본다.

② 계약의 갱신(법정갱신; 묵시의 갱신)

i) **요 건**

임대인이 임대차기간 만료 전 6월부터 1월까지에 임차인에 대하여 갱신거절의 통지 또는 조건을 변경하지 아니하면 갱신하지 아니한다는 뜻의 통지를 하지 않았을 것을 요건으로 한다. 임차인이 임대차기간 만료 전 1월까지 통지하지 아니한 때에도 또한 같다.

ii) **효 과**

기간이 만료된 때에 전임대차와 동일한 조건으로 다시 임대차한 것으로 본다. 이 경우에 임대차의 존속기간은 그 정함이 없는 것으로 보므로 2년이 된다. 다만 임차인은 법정갱신의 경우에도 언제든지 임대차의 해지를 할 수 있고, 이 경우 3월이 경과하면 임대차는 종료한다.

iii) **적용제외**

2기의 차임액에 달하도록 차임을 연체하거나, 기타 임차인으로서의 의무를 현저히 위반한 임차인에 대하여는 법정갱신이 인정되지 아니한다.

(4) 차임증액청구권

① 사정변경에 의한 차임 또는 보증금의 상당성 상실

약정한 차임 또는 보증금이 임차주택에 관한 조세·공과금 기타 부담의 증감이나 경제사정의 변동으로 인하여 상당하지 아니하게 된 때에는 당사자는 장래에 대하여(비소급효) 그 증감을 청구할 수 있다.

② 증액청구의 제한

i) 금액제한

차임 또는 보증금의 증액청구는 약정한 차임 또는 증액된 차임의 20분의 1의 금액을 초과하지 못한다. 감액청구의 경우에는 특별한 제한이 없다.

ii) 기간제한

증액청구는 임대차계약 또는 약정한 차임 등의 증액이 있은 후 1년 이내에는 하지 못한다.

③ 월차임 전환시 산정률제한

보증금의 전부 또는 일부를 월 단위의 차임으로 전환하는 경우에는 그 전환되는 금액에 다음 두가지 기준 중 낮은 비율을 곱한 월차임(月借賃)의 범위를 초과할 수 없다.

i) 「은행법」에 따른 은행에서 적용하는 대출금리와 해당 지역의 경제 여건 등을 고려하여 대통령령으로 정하는 비율

ii) 한국은행에서 공시한 기준금리에 대통령령으로 정하는 배수를 곱한 비율

(5) 임차주택의 권리변동

① 임대인의 권리·의무의 승계

임차주택의 양수인(기타 임대할 권리를 승계한 자 포함한다)은 임대인의 지위를 승계한 것으로 본다. 임차주택이 양도되면 양도인의 임차인에 대한 보증금반환채무는 소멸한다. 임차인은 양수인에 대하여만 보증금의 반환을 청구할 수 있다. 임대인의 동의를 얻어 적법하게 임차권을 양도·전대한 양수인은 임차인의 대항력을 주장할 수 있다. 임차주택의 매매·경매의 경우에는 매도인의 담보책임에 관한 민

법규정이 준용된다.

② 동시이행의 항변권

임차주택의 양수인의 대금지급의무와 임대인측(임차인 포함)의 목적물인도의무는 동시이행의 관계에 있다.

(6) 보증금의 회수

① 서 설

임차주택(대지포함)이 경매(강제경매, 임의경매 포함) 또는 국세징수법에 의한 공매로 교환가치를 현실화하는 경우 일정한 요건을 구비한 임차인은 임차보증금의 우선변제를 받을 수 있다. 또 일정액의 소액보증금은 최우선변제권이 인정된다.

② 보증금 중 일정액의 보호

ⅰ) 요 건

a. 대항요건을 갖출 것

임차인은 주택에 대한 경매신청의 등기 전에 주택의 인도와 주민등록을 갖추어야 한다. 주택의 인도와 주민등록이 다른 때에 행하여진 경우에는 나중에 효력을 갖는 것의 일자를 기준으로 대항요건의 효력이 생긴다.

b. 임대차가 종료할 것

임차인이 당해 주택의 양수인에게 대항할 수 있는 경우에는 임대차가 종료되었어야 한다.

ⅱ) 우선변제를 받을 임차인의 범위 및 우선변제액

담보물권성립일 (적용기준일)	지역	임차인의 범위 (보증금 액수)	우선변제액
2001. 9. 15. 이후	수도권 중 과밀억제권역[18]	4,000만원 이하	1,600만원 이하
	광역시[19]	3,500만원 이하	1,400만원 이하
	그 밖의 지역	3,000만원 이하	1,200만원 이하
2008. 8. 21. 이후	수도권 중 과밀억제권역	6,000만원 이하	2,000만원 이하
	광역시[20]	5,000만원 이하	1,700만원 이하
	그 밖의 지역	4,000만원 이하	1,400만원 이하

18) 서울특별시, 인천광역시(강화군, 옹진군, 송도매립지, 남동유치지역 등 일부지역 제외), 의정부시, 구리시, 하남시, 고양시, 수원시, 성남시, 안양시, 부천시, 광명시, 과천시, 의왕시, 군포시, 남양주시(호평동·평내동 등 일부지역), 시흥시(반월특수지역 제외).

2010. 7. 26. 이후	서울특별시	7,500만원 이하	2,500만원 이하
	수도권 중 과밀억제권역[21)]	6,500만원 이하	2,200만원 이하
	광역시[22)]	5,500만원 이하	1,900만원 이하
	그 밖의 지역	4,000만원 이하	1,400만원 이하
2014. 1. 1. 이후	서울특별시	9500만원 이하	3200만원 이하
	수도권과밀억제권역[23)]	8000만원 이하	2700만원 이하
	광역시[24)]	6000만원 이하	2000만원 이하
	그 밖의 지역	4500만원 이하	1500만원 이하
2016. 3. 31. 이후	서울특별시	10000만원 이하	3400만원 이하
	수도권과밀억제권역[25)]	8000만원 이하	2700만원 이하
	광역시[26)]	6000만원 이하	2000만원 이하
	그 밖의 지역	5000만원 이하	1700만원 이하

iii) 우선변제의 제한

a. 임차인의 보증금 중 일정액이 주택의 가액의 2분의 1을 초과하는 경우 주택의 가액(대지의 가액을 포함)의 2분의 1에 해당하는 금액에 한하여 우선변제권이 있다.

b. 하나의 주택에 임차인이 2인 이상이고, 그 각 보증금 중 일정액의 합산액이 주택의 가액의 2분의 1을 초과하는 경우에는 그 각 보증금 중 일정액의 합산액에 대한 각 임차인의 보증금 중 일정액의 비율로 그 주택의 가액의 2분의 1에 해당하는 금액을 분할한 금액을 각 임차인의 보증금 중 일정액으로 본다.

c. 하나의 주택에 임차인이 2인 이상이고 이들이 그 주택에서 가정공동생활을 하는 경우에는 이들을 1인의 임차인으로 보아 이들의 각 보증금을 합산한다.

d. 임차권등기명령에 의한 임차권등기를 한 이후 임차한 임차인에게는 인정되지 않는다.

19) 인천광역시 제외.
20) 인천광역시 제외.
21) 서울특별시 제외.
22) 수도권 중 과밀억제권역 지역과 군(郡)지역 제외.
23) 서울특별시 제외.
24) 수도권 중 과밀억제권역 지역과 군(郡)지역 제외.
25) 서울특별시 제외.
26) 수도권 중 과밀억제권역 지역과 군(郡)지역 제외.

③ 보증금의 우선변제권

ⅰ) 요 건

a. 주택의 인도, 주민등록을 하여 대항요건을 갖추고 임대차계약증서상의 확정일자 갖출 것.

b. 이 법에 의한 임차권등기명령에 의한 임차권등기를 갖춘 임차인에게는 보증금에 대하여 후순위권리자와 일반채권자에 우선하여 보증금 전액에 대한 우선변제권이 인정된다.

c. 민사집행법 제41조의 적용배제(이에 따라 임차인은 임차주택을 양수인에게 인도하지 않고도 집행권원에 의한 집행이 가능하다). 대항요건과 확정일자를 받은 일자가 다른 때에는 가장 나중에 효력이 생기는 일자는 기준으로 우선변제순위가 정하여 진다.

ⅱ) 이의신청

a. 우선변제의 순위와 보증금에 대하여 이의가 있는 이해관계인은 경매법원 또는 체납처분청에 이의를 신청할 수 있다.

b. 민사집행법 제152조 내지 제161조의 규정은 제3항의 규정에 의하여 경매법원에 이의를 신청하는 경우에 이를 준용한다.

c. 이의신청을 받은 체납처분청은 이해관계인이 이의신청일부터 7일 이내에 임차인을 상대로 소를 제기한 것을 증명한 때에는 당해 소송의 종결시까지 이의가 신청된 범위 안에서 임차인에 대한 보증금의 변제를 유보하고 잔여금액을 배분하여야 한다. 이 경우 유보된 보증금은 소송의 결과에 따라 배분한다.

(7) 임차권등기명령제도

① 제도의 취지

기존에는 임대차 종료 후에도 임차인이 취득한 대항력과 우선변제권을 유지하기 위해서는 임차주택에 거주를 계속하여야 하고 주거이전을 하는 경우에는 대항력과 우선변제권이 상실되었는데, 임차권등기명령제도에 의하여 임차권등기를 하면 이사 또는 주민등록이전 후에도 대항력과 우선변제권을 계속 인정받을 수 있도록 되었다.

② 신청절차

i) 신청법원

임대차가 종료된 후 보증금을 반환받지 못한 임차인은 임차주택의 소재지를 관할하는 지방법원·지방법원지원 또는 시·군법원에 임차권등기명령을 신청할 수 있다.

ii) 신청에 필요한 서류

임차권등기명령의 신청에는 다음의 사항을 기재하여야 하며, 신청의 이유 및 임차권등기의 원인이 된 사실은 이를 소명하여야 한다.

a. 신청의 취지 및 이유

b. 임대차의 목적인 주택

임대차의 목적이 주택의 일부분인 경우에는 그 도면을 첨부한다.

c. 임차권등기의 원인이 된 사실

임대차 종료 및 보증금반환을 원인으로 한다. 임차인이 제3조 제1항의 규정에 의한 대항력을 취득하였거나 제3조의2 제2항의 규정에 의한 우선변제권을 취득한 경우에는 그 사실

d. 기타 대법원규칙이 정하는 사항

iii) 민사집행법규정의 준용

민사집행법 제280조 제1항, 제281조·제283조·제286조, 제288조 제1항·제2항·제3항 전단, 제289조 제1항 내지 제4항, 제290조 제2항 중 제288조 제1항에 대한 부분, 제291조, 제293조의 규정은 임차권등기명령의 신청에 대한 재판, 임차권등기명령의 결정에 대한 임대인의 이의신청 및 그에 대한 재판, 임차권등기명령의 취소신청 및 그에 대한 재판 또는 임차권등기명령의 집행 등에 관하여 이를 준용한다. 이 경우 "가압류"는 "임차권등기"로, "채권자"는 "임차인"으로, "채무자"는 "임대인"으로 본다.

iv) 기각결정에 대한 항고

임차권등기명령신청을 기각하는 결정에 대하여 임차인은 항고할 수 있다.

③ 등기비용의 청구

임차인은 제1항의 규정에 의한 임차권등기명령의 신청 및 그에 따른 임차권등기와 관련하여 소요된 비용을 임대인에게 청구할 수 있다.

④ **등기절차**

임차권등기의 촉탁, 등기공무원의 임차권등기 기입 등 임차권등기명령의 시행에 관하여 필요한 사항은 대법원규칙으로 정한다.

⑤ **효 력**

i) 대항력 및 우선변제권의 취득 및 유지

임차권등기명령의 집행에 의한 임차권등기가 경료 되면 임차인은 제3조 제1항의 규정에 의한 대항력 및 제3조의2 제2항의 규정에 의한 우선변제권을 취득한다. 다만, 임차인이 임차권등기 이전에 이미 대항력 또는 우선변제권을 취득한 경우에는 그 대항력 또는 우선변제권은 그대로 유지되며, 임차권등기 이후에는 제3조 제1항의 대항요건을 상실하더라도 이미 취득한 대항력 또는 우선변제권을 상실하지 아니한다.

ii) 최우선변제의 제한

임차권등기명령의 집행에 의한 임차권등기가 경료 된 주택(임대차의 목적이 주택의 일부분인 경우에는 해당 부분에 한한다)을 그 이후에 임차한 임차인은 제8조의 규정에 의한 우선변제를 받을 권리가 없다.

iii) 민법 제621조의 임차권등기와의 관계

임차인이 대항력 또는 우선변제권을 갖추고 민법 제621조의 규정에 의한 주택임대차등기를 한 경우에도 이 법의 대항력과 우선변제권이 인정된다. 다만 이법 시행 전 이미 경료된 임차권등기에는 우선변제권은 인정되지 않는다. 이 등기에는 부동산등기법 제156조에 규정된 사항 외에 다음 각 호의 사항을 기재하여야 하며, 이를 증명할 수 있는 서면(임대차의 목적이 주택의 일부분인 경우에는 해당 부분의 도면을 포함한다)을 첨부하여야 한다. 기재사항은 a) 주민등록을 마친 날, b) 임차주택을 점유한 날, c) 임대차계약증서상의 확정일자를 받은 날 등이다.

(8) 경매에 의한 임차권의 소멸

임차권은 임차주택에 대하여 민사집행법에 의한 경매가 행하여진 경우에는 그 임차주택의 경락에 의하여 소멸한다. 다만, 보증금이 전액 변제되지 아니한 대항력이 있는 임차권은 보증금 전액을 변제받을 때까지 소멸하지 않는다.

(9) 주택의 임차권의 승계

임차인이 상속권자 없이 사망한 경우에 그 주택에서 가정공동생활을 하던 사실상의 혼인관계에 있는 자는 임차인의 권리와 의무를 승계한다. 임차인이 사망한 경우에 사망 당시 상속권자가 그 주택에서 가정공동생활을 하고 있지 아니한 때에는 그 주택에서 가정공동생활을 하던 사실상의 혼인관계에 있는 자와 2촌 이내의 친족은 공동으로 임차인의 권리와 의무를 승계한다. 이 경우 임차인이 사망한 후 1월 이내에 임대인에 대하여 반대의사를 표시한 때에는 그러하지 아니하다. 이 경우에 임대차관계에서 생긴 채권・채무는 임차인의 권리・의무를 승계한 자에게 귀속한다.

(10) 기 타

① 편면적 강행규정

이 법의 규정에 위반된 약정으로서 임차인에게 불리한 것은 그 효력이 없다.

② 소액사건심판법의 적용

소액사건심판법 제6조・제7조・제10조 및 제11조의2의 규정은 임차인이 임대인에 대하여 제기하는 보증금반환청구소송에 관하여 이를 준용한다.

③ 경과조치

ⅰ) 종전의 규정적용

소액보증금의 임차인의 범위와 기준에 대해서는 개정령 전에 임차주택에 대하여 담보물권을 취득한 자에 대하여는 종전의 규정이 적용된다.

ⅱ) 존속 중인 임대차에 준용

이 법은 특별한 규정이 있는 경우를 제외하고는 이 법 시행 당시 존속 중인 임대차에 대하여도 이를 적용한다.

ⅲ) 민법 제621조에 의한 임차권등기의 효력

이 법 시행 전에 민법 제621조 제1항의 규정에 의하여 이미 경료된 임대차등기에 대하여는 제3조의4 규정을 적용하지 아니한다.

2. 상가건물임대차보호법

(1) 이 법의 적용범위

① 상가건물

이 법은 상가건물의 임대차에 대하여 적용한다. 여기서의 상가건물이란 부가가치세법, 소득세법, 법인세법상 사업자등록의 대상이 되는 건물을 말한다. 상가건물이 아닌 경우에도 임대차목적물의 주된 부분을 영업용으로 사용하는 경우에도 적용된다.

② 미등기전세에의 준용

이 법은 목적건물의 등기하지 아니한 전세계약에 관하여 이를 준용한다. 이 경우 "전세금"은 "임대차의 보증금"으로 본다.

③ 적용제외

i) 일정액의 보증금을 초과하는 임대차

대통령령이 정하는 일정액의 보증금액을 초과하는 임대차에 대하여는 이 법을 적용하지 않는다. 이 경우 해당 보증금액을 정하는 기준으로는 당해 지역의 경제여건 및 임대차목적물의 규모 등을 감안하여 지역별로 구분하여 규정한다. 보증금 외에 차임이 있는 경우에는 그 차임액에 은행법에 의한 금융기관의 대출금리 등을 감안하여 대통령령이 정하는 비율을 곱하여 환산한 금액을 포함하여야 한다. 현행 대통령령에 의하면 서울특별시의 경우는 보증금 총액이 2억 4천만원, 수도권정비계획법에 의한 수도권 중 과밀억제권역(서울특별시를 제외한다)은 1억 9천만원, 광역시(군지역과 인천광역시지역을 제외한다)지역은 1억 5천만원, 그 밖의 지역은 1억 4천만원을 기준으로 한다. 보증금 외에 차임이 있는 경우에는 월단위의 차임을 1분의 100으로 환산하여 보증금으로 한다. 가령 보증금 1억원에 월차임이 150만원인 경우라면 이 법 적용 여부를 결정하는 보증금액의 계산은 (1억원+150만원×100)에 의하여 2억 5천만원이 되어 이 법이 적용되지 않는다.

적용일자	지 역	적용기준 (보증금액)	차 임
2002. 11. 1.	서울특별시	2억 4천만원	월차임에 100을 곱하여 보증금에 가산
	수도권정비계획법에 의한 과밀억제권역[27]	1억 9천만원	
	광역시[28]	1억 5천만원	
	그 밖의 지역	1억 4천만원	
2008. 8. 21.	서울특별시	2억 6천만원	
	「수도권정비계획법」에 따른 과밀억제권역	2억 1천만원	
	광역시	1억 6천만원	
	그 밖의 지역	1억 5천만원	
2010. 7. 26.	서울특별시	3억원	
	「수도권정비계획법」에 따른 과밀억제권역	2억 5천만원	
	광역시,[29] 안산시, 용인시, 김포시 및 광주시	1억 8천만원	
	그 밖의 지역	1억 5천만원	

ⅱ) 일시사용을 위한 임대차

이 법은 일시사용을 위한 임대차임이 명백한 경우에는 이를 적용하지 아니한다.

(2) 상가건물임차권의 대항력

① 요 건

ⅰ) 건물의 인도

임차인은 건물의 인도를 받아 점유하여야 한다.

ⅱ) 사업자등록

부가가치세법 제5조, 소득세법 제168조 또는 법인세법 제111조의 규정에 의한 사업자등록을 신청하여야 한다. 이 경우 사업자등록에는 당해 건물의 소재지번이 기재되어야 하고 해당 건물이 동호수로 구분되거나 특정되는 기호가 있는 때에는 이를 표시하여야 한다. 실제 사업장 소재지가 다르게 기재된 경우에는 대항요건으로서의 효력을 갖지 못한다.

27) 서울특별시를 제외한다. 이하 같다.

28) 군지역과 인천광역시지역을 제외한다.

29) 「수도권정비계획법」에 따른 과밀억제권역에 포함된 지역과 군지역은 제외한다.

② **효 력**

i) **임차권의 대항력**

사업자등록을 한 다음 날부터 제3자에 대하여 효력이 생긴다. 대항력이 생기면 임차건물의 양수인(그 밖에 임대할 권리를 승계한 자를 포함한다)은 임대인의 지위를 승계한 것으로 본다.

ii) **양수인·경락인의 지위**

임차인이 대항력을 갖추고 있는 임차목적건물이 매매 또는 경매되는 경우에는 건물양수인 또는 경락인은 민법 제575조 제1항·제3항 및 제578조의 규정에 의하여 담보책임을 물을 수 있고 그 대금지급에 대하여 동시이행을 주장할 수 있다.

iii) 등록사항 등의 열람·제공

건물의 임대차에 이해관계가 있는 자는 건물의 소재지 관할 세무서장에게 필요한 사항의 열람 또는 제공을 요청할 수 있고, 관할 세무서장은 정당한 사유 없이 이를 거부하지 못한다. 열람·제공을 요구할 수 있는 사항은 다음의 것들이다.

a. 임대인·임차인의 성명, 주소, 주민등록번호(임대인·임차인이 법인 또는 법인아닌 단체인 경우에는 법인명 또는 단체명, 대표자, 법인등록번호, 본점·사업장소재지), b. 건물의 소재지, 임대차목적물 및 면적, c. 사업자등록 신청일, d. 사업자등록 신청일 당시의 보증금 및 차임, 임대차기간, e. 임대차계약서상의 확정일자를 받은 날, f. 임대차계약이 변경 또는 갱신된 경우에는 변경된 일자, 보증금 및 차임, 임대차기간, 새로운 확정일자를 받은 날, g. 그 밖에 대통령령이 정하는 사항 등이다. 그 외 자료의 열람 및 제공과 관련하여 필요한 사항에 대하여는 대통령령으로 정한다.

(3) 임대차기간

① **최단기간의 제한**

기간의 정함이 없거나 기간을 1년 미만으로 정한 임대차는 그 기간을 1년으로 본다. 그러나 당사자가 1년 미만으로 기간을 정한 경우에 임차인은 그 유효함을 주장할 수 있다. 임대차가 종료한 경우에 임차인이 보증금을 반환받을 때까지는 임대차관계는 존속하는 것으로 본다.

② **계약갱신청구권**

i) 계약갱신청구의 기간

임차인은 임대차기간 만료 전 6월부터 1월까지 사이에 계약갱신을 청구할 수 있다. 이 경우 임대인은 정당한 사유 없이 계약의 갱신을 거절하지 못한다. 그러나 다만 다음의 경우에는 계약갱신을 거절할 수 있다.

a. 임차인이 3기의 차임액에 달하도록 차임을 연체한 사실이 있는 경우
b. 임차인이 거짓 그 밖의 부정한 방법으로 임차한 경우
c. 서로 합의하여 임대인이 임차인에게 상당한 보상을 제공한 경우
d. 임차인이 임대인의 동의 없이 목적건물의 전부 또는 일부를 전대한 경우
e. 임차인이 임차한 건물의 전부 또는 일부를 고의 또는 중대한 과실로 파손한 경우
f. 임차한 건물의 전부 또는 일부가 멸실되어 임대차의 목적을 달성하지 못할 경우
g. 임대인이 다음의 어느 하나에 해당하는 사유로 목적 건물의 전부 또는 대부분을 철거하거나 재건축하기 위하여 목적 건물의 점유를 회복할 필요가 있는 경우
   a) 임대차계약 체결 당시 공사시기 및 소요기간 등을 포함한 철거 또는 재건축계획을 임차인에게 구체적으로 고지하고 그 계획에 따르는 경우
   b) 건물이 노후·훼손 또는 일부 멸실되는 등 안전사고의 우려가 있는 경우
   c) 다른 법령에 따라 철거 또는 재건축이 이루어지는 경우
h. 그 밖에 임차인이 임차인으로서의 의무를 현저히 위반하거나 임대차를 존속하기 어려운 중대한 사유가 있는 경우

ii) 계약갱신청구의 제한

a. 임차인의 계약갱신요구권은 최초의 임대차기간을 포함한 전체임대차기간이 5년을 초과하지 않는 범위 내에서만 행사할 수 있다.
b. 갱신되는 임대차는 전 임대차와 동일한 조건으로 다시 계약된 것으로 본다. 그러나 차임과 보증금은 제11조의 규정에 의한 범위 안에서 증감할 수 있다.

③ **법정갱신**

i) **요 건**

임대인이 임대차기간 만료 전 6월부터 1월까지 사이에 임차인에 대하여 갱신거절의 통지 또는 조건의 변경에 대한 통지를 하지 않았을 것을 요건으로 한다.

ii) **효 력**

요건이 충족되면 그 기간이 만료된 때에 전 임대차와 동일한 조건으로 다시 임대차한 것으로 본다. 이 경우에 임대차의 존속기간은 정함이 없는 것으로 본다. 이 경우 임차인은 언제든지 임대인에 대하여 계약해지의 통고를 할 수 있고, 임대인이 그 통고를 받은 날부터 3월이 경과하면 그 효력이 발생한다.

(4) 차임증감청구권

① **사정변경에 의한 증감청구**

차임 또는 보증금이 임차건물에 관한 조세, 공과금 그 밖의 부담의 증감이나 경제사정의 변동으로 인하여 상당하지 아니하게 된 때에는 당사자는 장래에 대하여 그 증감을 청구할 수 있다.

② **증액청구의 제한**

증액의 경우에는 대통령령이 정하는 기준에 따른 비율을 초과하여 증액청구하지 못한다. 또한 임대차계약 또는 약정한 차임 등의 증액이 있은 후 1년 이내에는 증액청구를 하지 못한다. 증액하는 액수는 9%를 초과하지 못한다.

③ **월차임전환시 산정률의 제한**

보증금의 전부 또는 일부를 월 단위의 차임으로 전환하는 경우에는 그 전환되는 금액에 다음 두 가지 기준 가운데 낮은 비율을 곱한 월 차임의 범위를 초과할 수 없다.

i)「은행법」에 따른 은행의 대출금리 및 해당 지역의 경제 여건 등을 고려하여 대통령령으로 정하는 비율

ii) 한국은행에서 공시한 기준금리에 대통령령으로 정하는 배수를 곱한 비율

④ **전대차에의 적용**

i) **계약갱신청구권·차임증감청구권·차임전환시 산정률제한규정의 적용**

계약갱신청구권 · 차임증감청구권 · 차임전환시 산정률제한에 관한 제10조 내지 제12조의 규정은 전대인과 전차인의 전대차관계에 적용한다.

ii) **전차인의 계약갱신청구권의 대위행사**

임대인의 동의를 얻어 전대차계약을 체결한 전차인은 임차인의 계약갱신청구권 행사기간 범위 내에서 임차인을 대위하여 임대인에게 계약갱신청구권을 행사할 수 있다.

(5) 보증금의 회수

① **서 설**

임차목적건물(임대인 소유의 대지를 포함)이 민사집행법에 의한 경매 또는 국세징수법에 의한 공매시 임차건물의 환가대금에서 일정한 요건을 갖춘 임차인은 후순위권리자 그 밖의 채권자보다 우선하여 보증금을 변제받을 권리가 있다. 또 일정액의 소액보증금은 다른 담보물권자보다 우선변제를 받을 수 있다.

② **보증금 중 일정액의 우선변제권**

i) **요 건**

이 법이 정한 대항요건을 갖추어야 한다. 즉 건물의 인도와 사업자등록신청이 있어야 한다. 이 요건을 경매개시의 등기 전에 갖추어야 한다.

ii) **우선변제를 받을 임차인의 범위**

담보물권성립일 (적용기준일)	지역	임차인의 범위 (보증금 액수)	우선변제액
2002. 11. 1. 이후	서울특별시	4,500만원 이하	1,350만원 이하
	수도권 중 과밀억제권역[30]	3,900만원 이하	1,170만원 이하
	광역시[31]	3,000만원 이하	900만원 이하
	그 밖의 지역	2,500만원 이하	750만원 이하

30) 서울특별시, 인천광역시(강화군, 옹진군, 송도매립지, 남동유치지역 등 일부지역 제외), 의정부시, 구리시, 하남시, 고양시, 수원시, 성남시, 안양시, 부천시, 광명시, 과천시, 의왕시, 군포시, 남양주시(호평동 · 평내동 등 일부지역), 시흥시(반월특수지역 제외).

31) 인천광역시 제외.

2010. 7. 26. 이후	서울특별시	5,000만원 이하	1,500만원 이하
	수도권 중 과밀억제권역	4,500만원 이하	1,350만원 이하
	광역시[32]	3,000만원 이하	900만원 이하
	그 밖의 지역	2,500만원 이하	750만원 이하
2014. 1. 1. 이후	서울특별시	6,500만원 이하	2,200만원 이하
	수도권 중 과밀억제권역[33]	5,500만원 이하	1,900만원 이하
	광역시[34]	3,800만원 이하	1,300만원 이하
	그 밖의 지역	3,000만원 이하	1,000만원 이하

iii) **우선변제의 제한**

a. 임차인의 보증금 중 일정액이 건물가액(임대인 소유 대지가액 포함)의 3분의 1을 초과하는 때에는 그 가액의 3분의 1에 해당하는 금액에 한하여 우선변제를 받을 수 있다.

b. 임차권등기명령의 집행에 의한 임차권등기가 경료된 건물을 그 이후에 임차한 임차인은 이 법에 의한 보증금 중 일정액의 우선변제를 받을 권리가 없다.

c. 이 법 시행일인 2002년 11월 1일 이전에 담보물권을 취득한 자가 있는 경우에는 소액보증금 우선변제가 인정되지 않는다.

③ 보증금의 우선변제권

i) **요 건**

a. 이 법이 정한 대항요건을 갖출 것

건물의 인도와 사업자등록을 갖추어야 한다.

b. 관할 세무서장으로부터 임대차계약서상의 확정일자를 받을 것

임대차계약서상에 관할 세무서장의 확정일자를 받아야 한다.

ii) **효 력**

위 요건을 갖춘 임차인은 민사집행법에 의한 경매 또는 국세징수법에 의한 공매시 임차건물(임대인 소유의 대지를 포함)의 환가대금에서 후순위권리자 그 밖의 채

---

32) 인천광역시 제외.

33) 서울특별시, 인천광역시(강화군, 옹진군, 송도매립지, 남동유치지역 등 일부지역 제외), 의정부시, 구리시, 하남시, 고양시, 수원시, 성남시, 안양시, 부천시, 광명시, 과천시, 의왕시, 군포시, 남양주시(호평동 · 평내동 등 일부지역), 시흥시(반월특수지역 제외).

34) 인천광역시 제외.

권자보다 우선하여 보증금을 변제받을 권리가 있다.

iii) 민사집행법 제41조의 적용배제

민사집행법 제41조는 채권자가 반대의무의 이행 또는 이행의 제공을 하였다는 것을 증명하여야만 집행이 개시된다고 규정하여 반대의무의 이행 또는 이행의 제공을 집행개시의 요건으로 한다. 그러나 임차인이 임차건물에 대하여 보증금반환청구소송의 확정판결 그 밖에 이에 준하는 집행권원에 기한 경매를 신청하는 경우에는 민사집행법 제41조의 규정의 적용이 배제되어, 반대의무의 이행 또는 이행의 제공을 집행개시의 요건으로 하지 아니한다.

iv) 임차건물의 반환과 보증금의 수령

임차인은 임차건물을 양수인에게 인도하지 아니하면 우선변제받는 보증금을 수령하지 못한다.

v) 이의신청

보증금의 우선변제의 순위와 보증금에 대하여 이의가 있는 이해관계인은 경매법원 또는 체납처분청에 이의를 신청할 수 있다. 이 경우 이의의 완결, 배당이의의 소, 배당금액의 공탁, 공탁금의 배당 등에 관하여는 민사집행법상의 규정에 의한다.

이의신청이 있으면 체납처분청은 이해관계인이 이의신청일부터 7일 이내에 임차인을 상대로 소를 제기한 것을 증명한 때에는 당해 소송의 종결시까지 이의가 신청된 범위 안에서 임차인에 대한 보증금의 변제를 유보하고 잔여금액을 배분하여야 한다. 이 경우 유보된 보증금은 소송의 결과에 따라 배분한다.

(6) 임차권등기명령

① 의 의

임대차관계 종료 후에 임차인이 취득하고 있는 대항력과 우선변제권을 유지하기 위해서는 해당 요건을 계속 유지하여야 한다. 즉 건물의 점유와 사업자등록을 유지하여야 하는데 임차인이 임대차 종료 후에 건물의 점유를 계속할 수 없거나 사업자등록신청을 유지하지 못할 경우에는 임차권등기명령에 의한 임차권등기를 함으로써 대항력과 우선변제권을 유지할 수 있게 된다.

② 신청할 수 있는 임차인

이 법에 의한 임차권등기명령을 신청할 수 있는 임차인은 임대차가 종료된 후 보증금을 반환받지 못한 임차인에 한한다.

③ 신청절차

i) 신청법원

임차건물의 소재지를 관할하는 지방법원·지방법원지원 또는 시·군법원에 임차권등기명령을 신청할 수 있다.

ii) 신청에 필요한 서류

임차권등기명령의 신청에는 다음의 사항을 기재하여야 하며, 신청의 이유 및 임차권등기의 원인이 된 사실은 이를 소명하여야 한다.

a. 신청의 취지 및 이유
b. 임대차의 목적인 건물(임대차의 목적이 건물의 일부분인 경우에는 그 도면을 첨부한다)
c. 임차권등기의 원인이 된 사실(임차인이 제3조 제1항의 규정에 의한 대항력을 취득하였거나 제5조 제2항의 규정에 의한 우선변제권을 취득한 경우에는 그 사실)
d. 기타 대법원규칙이 정하는 사항

iii) 민사집행법 규정의 준용

민사집행법 제280조 제1항, 제281조, 제283조, 제285조, 제286조, 제288조 제1항·제2항·제3항 본문, 제289조 제1항 내지 제4항, 제290조 제2항 중 제288조 제1항에 대한 부분, 제291조, 제293조의 규정은 임차권등기명령의 신청에 대한 재판, 임차권등기명령의 결정에 대한 임대인의 이의신청 및 그에 대한 재판, 임차권등기명령의 취소신청 및 그에 대한 재판 또는 임차권등기명령의 집행 등에 관하여 이를 준용한다. 이 경우 "가압류"는 "임차권등기"로, "채권자"는 "임차인"으로, "채무자"는 "임대인"으로 본다.

iv) 기각결정에 대한 항고

임차권등기명령신청을 기각하는 결정에 대하여 임차인은 항고할 수 있다.

v) 등기비용의 청구

소요된 비용을 임대인에게 청구할 수 있다.

④ 등기절차

임차권등기의 촉탁, 등기공무원의 임차권등기 기입 등 임차권등기명령의 시행에 관하여 필요한 사항은 대법원규칙으로 정한다.

⑤ **효 력**

i) 대항력 및 우선변제권의 취득 및 유지

임차권등기명령의 집행에 의한 임차권등기가 경료되면 임차인은 대항력 및 우선변제권을 취득한다. 다만, 임차인이 임차권등기 이전에 이미 대항력 또는 우선변제권을 취득한 경우에는 그 대항력 또는 우선변제권은 그대로 유지되며, 임차권등기 이후에는 대항요건을 상실하더라도 이미 취득한 대항력 또는 우선변제권을 상실하지 아니한다.

ii) 최우선변제의 제한

임차권등기명령의 집행에 의한 임차권등기가 경료된 건물(임대차의 목적이 건물의 일부분인 경우에는 해당부분에 한한다)을 그 이후에 임차한 임차인은 이 법에 의한 보증금 중 일정액의 우선변제를 받을 권리가 없다.

iii) 민법 제621조의 임차권등기와의 관계

임차인이 대항력 또는 우선변제권을 갖추고 민법 제621조의 규정에 의한 건물임대차등기를 한 경우에도 이 법의 대항력과 우선변제권이 인정된다. 또한 이 등기가 경료된 건물을 그 이후에 임차한 임차인은 이 법에 의한 보증금 중 일정액의 우선변제를 받을 권리가 없다.

임차인이 대항력 또는 우선변제권을 갖추고 민법 제621조 제1항의 규정에 의하여 임대인의 협력을 얻어 임대차등기를 신청하는 경우에는 신청서에 부동산등기법 제156조에 규정된 사항 외에 다음 각호의 사항을 기재하여야 하며, 이를 증명할 수 있는 서면(임대차의 목적이 건물의 일부분인 경우에는 해당부분의 도면을 포함한다)을 첨부하여야 한다.

a. 사업자등록을 신청한 날
b. 임차건물을 점유한 날
c. 임대차계약서상의 확정일자를 받은 날

(7) 경매에 의한 임차권의 소멸

임차권은 임차건물에 대하여 민사집행법에 의한 경매가 행하여진 경우에는 그 임차주택의 경락에 의하여 소멸한다. 다만, 보증금이 전액 변제되지 아니한 대항력이 있는 임차권은 보증금 전액을 변제받을 때까지 소멸하지 않는다.

(8) 기 타

① 편면적 강행규정

이 법의 규정에 위반된 약정으로서 임차인에게 불리한 것은 그 효력이 없다.

② 소액사건심판법의 준용

소액사건심판법 제6조·제7조·제10조 및 제11조의2의 규정은 임차인이 임대인에 대하여 제기하는 보증금반환청구소송에 관하여 이를 준용한다. 즉 보증금의 액수와 관계없이 보증금반환청구소송은 소액사건심판법의 절차에 따르른다.

③ 시행 및 경과조치

i) 시행시기

이 법은 2002년 11월 1일부터 시행한다.

ii) 적용범위

이 법은 이 법 시행 후 체결되거나 갱신된 임대차부터 적용한다. 다만, 제3조·제5조 및 제14조의 규정은 이 법 시행 당시 존속 중인 임대차에 대하여도 이를 적용하되, 이 법 시행 전에 물권을 취득한 제3자에 대하여는 그 효력이 없다.

iii) 종전임차인의 우선변제권

이 법 시행 당시의 임차인으로서 제5조의 규정에 의한 보증금 우선변제의 보호를 받고자 하는 자는 이 법 시행 전에 대통령령이 정하는 바에 따라 건물의 소재지 관할 세무서장에게 임대차계약서상의 확정일자를 신청할 수 있다.

V. 부동산경매의 법률관계

1. 서 설

부동산이 임의경매, 강제경매, 공매 등에 의하여 처분되는 경우 경매부동산 및 그 소유자와의 관계에서 이해관계를 가진 사람들은 혼란에 빠지게 된다. 한편으로는 적극적으로 부동산취득의 장소로 경매시장을 이용하는 경우도 있다. 이 절에서는 경매부동산관련 이해관계인들과 경매시장에서 부동산을 취득하고자 하는 사람들을 위한 법리로서, 배당계산과 권리분석을 설명한다.

2. 배당순위

(1) 제1순위: 동순위

— 주택(상가 · 건물)임차인의 소액보증금 우선변제권
— 최종 3월분의 임금채권, 최종 3년분의 퇴직금채권, 재해보상금채권

(2) 제2순위

— 조세채권 중 당해세: 상속세, 증여세, 자산재평가세

(3) 제3순위

등기일, 법원의 확인일, 대항요건 및 확정일자일, 법정기일에 따라 순위결정
— 저당권부 채권, 질권부 채권
— 가등기담보권
— 우선변제권 있는 주택임차인의 보증금반환채권
— 우선변제권 있는 상가건물임차인의 보증금반환채권
— 제2순위 외의 조세채권

(4) 제4순위

— 제1순위 외의 임금채권

(5) 제5순위

— 건강보험법, 산업재해보상보험법, 국민연금법 등에 의한 공과금채권

(6) 제6순위

— 일반채권, 경매신청한 유치권자의 채권

3. 배당의 순환관계에서의 배당방법

(1) 1단계 — 안분배당

제1단계로 배당재원을 먼저 갑, 을, 병 3자 간에 채권액에 비례하여 배당한다.

(2) 2단계 — 흡수배당

① 열후한 채권 흡수
② 흡수액의 제한

4. 소멸기준권리

(1) 의 의

목적물이 경매·공매시 매수인의 부담으로 인수되는 권리인가, 소멸하는 권리인가를 정할 때 그 기준이 되는 권리를 소멸기준권리라고 한다. 소멸기준권리는 저당권(근저당권, 담보가등기 포함), 가압류(압류 포함) 중 등기순서가 가장 빠른 것이다. 예외적으로 전세권, 경매신청기입등기도 소멸기준권리가 된다.

(2) 인수하는 권리

① 소멸기준권리가 있는 경우

매각 후 매각받은 부동산의 권리가 소멸하지 않아 매수인이 인수해야 하는 권리
ⅰ) 선순위 대항력 있는 임차권
ⅱ) 선순위 가처분등기, 순위보전가등기, 환매등기
ⅲ) 선순위 용익물권

② 소멸기준권리와 관계없이 인수하는 권리

ⅰ) 전 소유자에 대한 가압류(이른바 '할아버지 가압류')

ⅱ) 경매신청기입 등기 전 성립한 유치권

ⅲ) 법정지상권(민법 제305조·제366조, 공장저당법 제31조, 광업재단저당법 제5조 등)

ⅳ) 관습법상 법정지상권

(3) 소멸하는 권리

부동산이 매각된 뒤에 소멸되는 권리

① 저당권(근저당권 포함)

② 담보가등기(가등기담보 등에 관한 법률 제12조 제1항)

③ 압류, 가압류(전 소유자에 대한 가압류는 예외)

④ 소멸기준권리보다 늦은 임차권, 가처분, 용익물권

⑤ 전세권자가 경매신청한 경우 그 전세권

⑥ 경매신청기입등기 후 성립한 유치권

⑦ 유치권자가 경매신청한 경우 그 유치권

연 습

1) 저당권(근저당권 포함)과 소멸기준

설정일	권리자	권리내용	인수/소멸
10.10.02	A	저당권	소멸기준
11.08.12	B	임차권(대항력)	소멸
11.05.30	C	저당권	소멸
12.06.09	A	임의경매신청	

배당재원 15,000만원

설정일	권리자	권리내용	인수/소멸	배 당
09.08.20	A	저당권 8,000	소멸	8,000
10.09.12	B	임차권 8,000 (대항력+확정일자)	소멸	7,000
11.05.30	C	저당권 8,000	소멸	
12.10.09	C	임의경매신청		

부동산시세 3억, 최저매수가 2억 4,000만원

설정일	권리자	권리내용	인수/소멸	배 당
09.10.02	A	전세권 (존속기간 5년) 1억	인수	
10.08.12	B	저당권 1억	소멸기준	1억
11.05.30	C	저당권 1억	소멸	6,000
12.10.09	B	임의경매신청		

배당재원 16,000

매수인은 얼마까지 매수신청 가능한가?
(전세권의 존속기간은 2년 남았고, 부동산 사용이익은 연 2,000만원이고 전세권자의 배당신청은 없다).

부동산시세 3억, 최저매수가 2억 4,000만원

설정일	권리자	권리내용	인수/소멸	배당
09.10.02	A	전세권 (존속기간 5년) 1억	소멸기준	1억
10.08.12	B	저당권 1억	소멸	1억
11.05.30	C	저당권 1억	소멸	4,000
12.10.09	A	임의경매신청		

매수인은 얼마까지 매수신청 가능한가?

(전세권의 존속기간은 2년 남았고, 부동산 사용이익은 연 2,000만원)

배당재원 : 24,000만원인 경우 배당액

시세 2억, 최저매수신청가 15,000만원

설정일	권리자	권리내용	인수/소멸	배당
10.10.20	A	임차권 8,000 (대항력)	인수	
11.12.12	B	저당권 8,000	소멸기준	8,000
12.10.10	C	저당권 8,000	소멸	7,000
12.11.11	B	임의경매신청		

A의 배당신청이 있는 경우 얼마까지 매수신청할 수 있는가?

설정일	권리자	권리내용		인수/소멸	배당
09.10.20	A	임차권 (대항력+확정일자)	8,000	소멸	8,000
10.12.12	B	근저당권	8,000	소멸기준	8,000
11.10.10	C	저당권	8,000	소멸	1,000
12.11.11	B	임의경매신청			

부동산시세 : 2억, 최저매수신청가 16,000만원, 배당금액 17,000만원

임차인 A의 배당요구 있음

얼마까지 매수신청할 수 있는가?

설정일	권리자	권리내용		인수/소멸	배당
09.10.20	A	임차권 (대항력+확정일자)	10,000	인수	6,400
10.12.12	B	근저당권	5,000	소멸기준	
11.10.10	C	저당권	5,000	소멸	
12.11.11	B	임의경매신청			

부동산시세 : 8,000만원, 최저매수신청가 6,400만원
임차인 A의 배당요구 있음
얼마까지 매수신청할 수 있는가?

2) 가등기와 소멸기준권리

① 담보가등기

설정일	권리자	권리내용	인수/소멸
07.10.20	A	담보가등기	소멸기준
08.10.10	B	저당권	소멸
08.11.11	C	저당권	소멸
09.12.12	D	임차권	소멸
11.11.11	A	임의경매신청	

② 보전가등기

설정일	권리자	권리내용	인수/소멸
07.10.20	A	보전가등기	인수
08.10.20	B	저당권	소멸기준
08.11.30	C	저당권	소멸
09.12.12	D	임차권	소멸
11.11.11	C	임의경매신청	

3) 가압류(압류)와 소멸기준권리

설정일	권리자	권리내용		인수/소멸	배당
08.10.20	A	가압류	8,000	소멸기준	5,000
09.12.12	B	임차권 (우선변제권 있음)	8,000	소멸	8,000
11.10.10	C	저당권	8,000	소멸	2,000
11.11.11	A	강제경매신청			

배당재원 15,000만원

설정일	권리자	권리내용	인수/소멸
07.10.20	A	가압류	인수
08.10.10	B	소유권이전	
08.11.11	C	임차권(대항력)	인수
09.12.12	D	저당권	소멸기준
10.11.11	D	임의경매신청	

설정일	권리자	권리내용		인수/소멸	배당
07.10.20	A	가압류	8,000	인수	7,000
08.10.30	B	제1저당권	8,000	소멸기준	7,000
08.11.11	C	소유권이전			
09.10.12	D	제2저당권	8,000	소멸	
12.10.10	A	강제경매신청			

배당재원 14,000만원

Ⅵ. 구체적 사례

1. 집을 살 때

1	**집을 사려고 합니다.**
	아파트를 살 때 주의해야 할 것은 무엇인가요? 또 필요한 서류는 어떤 것이 있나요?

아파트를 매수하기 전에 등기부등본을 열람해야 합니다. 등기부등본상의 소유자와 계약하고자 하는 사람이 동일인인지 여부, 기타 매수한 후에 문제가 될 만한 제한물권이나 가압류, 가처분 등의 내용이 있는지를 확인하여야 합니다. 그리고 각종 대장 및 도시계획원 등의 공부를 열람하여 등기상의 내용과 일치하는지, 도시계획구역에 포함되어 있는지, 기타 공법상 제한 등의 유무 등을 확인하여야 합니다. 이러한 확인을 거쳐 매매계약을 체결합니다. 매매계약을 체결한 후 잔대금 지급시 매도인으로부터 받은 등기서류에 미비나 하자가 없는지를 확인합니다. 매매에 의한 소유권이전등기를 하기 위해 매도인으로부터 교부받아야 할 서류는 등기필증, 매도인(소유자)의 인감증명서, 주민등록표등본 등입니다. 그리고 신청서에 매도인의 인감날인이 있어야 합니다. 가장 안전한 방법은 잔금을 지급하고, 등기서류를 교부받는 장소에 법무사를 입회시켜 법무사로 하여금 등기서류 및 기타 서류를 검토하게 하고 곧바로 등기신청사무를 위임하는 방법입니다.

2. 전세살던 집이 경매되는 때

2	**전세 살던 집이 경매에 들어갔어요.**
	집주인이 사업하다가 망했다는데, 경매가 되면 저는 쫓겨나나요? 보증금 3,500만원은 받을 수 있나요?

전세를 살던 집이라도 임차인이 일정한 조건을 갖추고 있으면 보호를 받을 수 있습니다. 즉, 경매되는 부동산상에 저당권이 설정되기 전에, 임차인이 주택을 인도받은 후 주민등록 전입신고를 했다면 대항력이 생깁니다. 따라서 이 경우에는 경매매수인에게 임차권을 주장・행사할 수 있습니다. 그러나 저당권설정 전에 위의 대항요건을 갖추지 못한 경우에는 경매매수인에게 임차권을 주장하지 못하고 목적주택을 반환하여야 합니다. 그렇지만 이 경우에도 전세금이 일정금액 이하인 경우에는 지역에 따라 일정금액을 최우선변제받을 수 있습니다.

3. 보증금 증액청구

<table>
<tr><td rowspan="2">3</td><td>부동산 가격이 올랐다고 보증금을 올려달라고 합니다.</td></tr>
<tr><td>보증금 3,000만원, 월세 30만원, 기간은 2년으로 계약하고 이 집에 이사와서 이제 1년을 살았는데 집 주인이 막무가내로 부동산 가격이 올랐으므로 보증금을 1,000만원 올려달라고 합니다. 올려주지 않으려면 집을 빼라는데, 갑자기 돈이 생기는 것도 아니고, 한 겨울에 당장 이사가기도 어렵고 어떻게 해야 하나요?</td></tr>
</table>

임대인이 부동산 가격의 상승을 이유로 보증금 또는 차임을 올려달라고 요구하는 경우 그 증액은 약정한 보증금(차임) 또는 증액한 보증금(차임) 총액의 20분의 1 이내에서만 인정됩니다. 따라서 이 건 사례의 경우 보증금 3,000만원의 1/20에 해당하는 150만원, 월차임 30만원의 1/20에 해당하는 15,000원 범위 내에서만 증액을 청구할 수 있습니다.

4. 담보물권을 설정할 때

<table>
<tr><td rowspan="2">4</td><td>선순위저당권에 있는 부동산에 추가 저당권을 설정하려고 합니다.</td></tr>
<tr><td>돈을 빌려주고 채무자의 부동산에 저당권을 설정하려고 합니다. 그런데 이미 채무자의 부동산에는 1순위저당권이 설정되어 있는데 그 다음으로 저당권을 설정해도 문제가 되지 않나요?</td></tr>
</table>

저당권은 제한물권으로서 등기의 순서에 의하여 우선변제의 효력이 결정됩니다. 설정하고자 하는 부동산상에 이미 설정되어 있는 저당권이 부동산 가격에 비하여 크게 문제되지 않는다면 그 다음에 저당권을 설정한다 하더라도 문제가 되지 않겠지만, 1순위의 저당권이 부동산감정가격의 대부분을 차지하고 있다면 2순위로 저당권을 설정한다 하더라도 후에 채무자가 채무를 변제하지 않는 경우 당해 부동산으로부터 채권을 회수할 가망이 별로 없다고 할 수 있습니다.

5. 경매에 참여할 때

<table>
<tr><td rowspan="2">5</td><td>경매에서 조심해야 할 것이 무엇인가요?</td></tr>
<tr><td>오랫동안 세를 살다가 약간의 저축한 돈으로 집을 사고자 하는데, 경매에서 사면 무척 싸다고 하는데 무엇을 조심하여야 할까요?</td></tr>
</table>

경매는 채권자가 채권의 회수를 목적으로 경매법원에 채무자부동산의 처분을 청구하는 것으로 경매를 통하여 부동산을 구입하게 되면 일반적으로 구입하는 것에 비하여 저렴하게 구입할 수 있다는 장점이 있습니다. 뿐만 아니라 경매를 통하여 부동산상의 물권이 일시에 소멸되므로 낙찰자는 일일이 부동산상의 권리를 해제하기 위한 노력을 기울이지 않아도 됩니다.

그러나 경매부동산은 일반적인 매매와는 달리 경매부동산의 소유자와 경매부동산 위에 성립한 권리관계를 잘 분석하여야 합니다. 즉, 경매매수인에게 부담이 인수되지 않고 소멸하는 권리인지, 경매매수인이 그 부담을 인수하여야 하는 권리인지를 정확하게 분석하여야 합니다.

Ⅶ. 부동산의 이용규제

1. 국토의 계획 및 이용에 관한 법률상의 이용규제

(1) 용도지역 · 용도지구 · 용도구역

① 용도지역

ⅰ) 용도지역의 지정

국토교통부장관, 시 · 도지사 또는 대도시 시장은 다음의 어느 하나에 해당하는 용도지역의 지정 또는 변경을 도시 · 군관리계획으로 결정한다(법 제36조①).

<table>
<tr><td rowspan="4">도시지역: 인구와 산업이 밀집되어 있거나 밀집이 예상되어 그 지역에 대하여 체계적인 개발 · 정비 · 관리 · 보전 등이 필요한 지역</td><td>① 주거지역: 거주의 안녕과 건전한 생활환경의 보호를 위하여 필요한 지역</td></tr>
<tr><td>② 상업지역: 상업이나 그 밖의 업무의 편익을 증진하기 위하여 필요한 지역</td></tr>
<tr><td>③ 공업지역: 공업의 편익을 증진하기 위하여 필요한 지역</td></tr>
<tr><td>④ 녹지지역: 자연환경 · 농지 및 산림의 보호, 보건위생, 보안과 도시의 무질서한 확산을 방지하기 위하여 녹지의 보전이 필요한 지역</td></tr>
<tr><td rowspan="3">관리지역: 도시지역의 인구와 산업을 수용하기 위하여 도시지역에 준하여 체계적으로 관리하거나 농림업의 진흥, 자연환경 또는 산림의 보전을 위하여 농림지역 또는 자연환경보전지역에 준하여 관리할 필요가 있는 지역</td><td>① 보전관리지역: 자연환경보호, 산림보호, 수질오염방지, 녹지공간 확보 및 생태계보전 등을 위하여 보전이 필요하나, 주변 용도지역과의 관계 등을 고려할 때 자연환경보전지역으로 지정하여 관리하기가 곤란한 지역</td></tr>
<tr><td>② 생산관리지역: 농업 · 임업 · 어업생산 등을 위하여 관리가 필요하나, 주변 용도지역과의 관계 등을 고려할 때 농림지역으로 지정하여 관리하기가 곤란한 지역</td></tr>
<tr><td>③ 계획관리지역: 도시지역으로의 편입이 예상되는 지역이나 자연환경을 고려하여 제한적인 이용 · 개발을 하려는 지역으로서 계획적 · 체계적인 관리가 필요한 지역</td></tr>
<tr><td colspan="2">농림지역: 도시지역에 속하지 아니하는 「농지법」에 따른 농업진흥지역 또는 「산지관리법」에 따른 보전산지 등으로서 농림업을 진흥시키고 산림을 보전하기 위하여 필요한 지역</td></tr>
<tr><td colspan="2">자연환경보전지역: 자연환경 · 수자원 · 해안 · 생태계 · 상수원 및 문화재의 보전과 수산자원의 보호 · 육성 등을 위하여 필요한 지역</td></tr>
</table>

ii) 용도지역의 세분 지정

국토교통부장관, 시·도지사 또는 대도시 시장은 다음의 용도지역을 도시·군관리계획결정으로 다시 세분하여 지정하거나 변경할 수 있다(법 제36조②, 영 제30조).

1. 주거지역
   가. 전용주거지역: 양호한 주거환경을 보호하기 위하여 필요한 지역
      (1) 제1종전용주거지역: 단독주택 중심의 양호한 주거환경을 보호하기 위하여 필요한 지역
      (2) 제2종전용주거지역: 공동주택 중심의 양호한 주거환경을 보호하기 위하여 필요한 지역
   나. 일반주거지역: 편리한 주거환경을 조성하기 위하여 필요한 지역
      (1) 제1종일반주거지역: 저층주택을 중심으로 편리한 주거환경을 조성하기 위하여 필요한 지역
      (2) 제2종일반주거지역: 중층주택을 중심으로 편리한 주거환경을 조성하기 위하여 필요한 지역
      (3) 제3종일반주거지역: 중고층주택을 중심으로 편리한 주거환경을 조성하기 위하여 필요한 지역
   다. 준주거지역: 주거기능을 위주로 이를 지원하는 일부 상업기능 및 업무기능을 보완하기 위하여 필요한 지역
2. 상업지역
   가. 중심상업지역: 도심·부도심의 상업기능 및 업무기능의 확충을 위하여 필요한 지역
   나. 일반상업지역: 일반적인 상업기능 및 업무기능을 담당하게 하기 위하여 필요한 지역
   다. 근린상업지역: 근린지역에서의 일용품 및 서비스의 공급을 위하여 필요한 지역
   라. 유통상업지역: 도시 내 및 지역 간 유통기능의 증진을 위하여 필요한 지역
3. 공업지역
   가. 전용공업지역: 주로 중화학공업, 공해성 공업 등을 수용하기 위하여 필요한 지역
   나. 일반공업지역: 환경을 저해하지 아니하는 공업의 배치를 위하여 필요한 지역
   다. 준공업지역: 경공업 그 밖의 공업을 수용하되, 주거기능·상업기능 및 업무기능의 보완이 필요한 지역
4. 녹지지역
   가. 보전녹지지역: 도시의 자연환경·경관·산림 및 녹지공간을 보전할 필요가 있는 지역
   나. 생산녹지지역: 주로 농업적 생산을 위하여 개발을 유보할 필요가 있는 지역
   다. 자연녹지지역: 도시의 녹지공간의 확보, 도시확산의 방지, 장래 도시용지의 공급 등을 위하여 보전할 필요가 있는 지역으로서 불가피한 경우에 한하여 제한적인 개발이 허용되는 지역

② 용도지구

국토교통부장관, 시·도지사 또는 대도시 시장은 다음의 어느 하나에 해당하는 용도지구의 지정 또는 변경을 도시·군관리계획결정으로 결정한다. 대통령령으로 정하는 바에 따라 용도지구를 도시·군관리계획결정으로 다시 세분하여 지정하거나 변경할수 있다(법 제37조①, ②, 영 제31조②).

1. **경관지구**: 경관을 보호·형성하기 위하여 필요한 지구
   가. 자연경관지구: 산지·구릉지 등 자연경관의 보호 또는 도시의 자연풍치를 유지하기 위하여 필요한 지구
   나. 수변경관지구: 지역 내 주요 수계의 수변자연경관을 보호·유지하기 위하여 필요한 지구
   다. 시가지경관지구: 주거지역의 양호한 환경조성과 시가지의 도시경관을 보호하기 위하여 필요한 지구
2. **미관지구**: 미관을 유지하기 위하여 필요한 지구
   가. 중심지미관지구: 토지의 이용도가 높은 지역의 미관을 유지·관리하기 위하여 필요한 지구
   나. 역사문화미관지구: 문화재와 문화적으로 보존가치가 큰 건축물 등의 미관을 유지·관리하기 위하여 필요한 지구
   다. 일반미관지구: 중심지미관지구 및 역사문화미관지구 외의 지역으로서 미관을 유지·관리하기 위하여 필요한 지구
3. **고도지구**: 쾌적한 환경조성 및 토지의 효율적 이용을 위하여 건축물 높이의 최저한도 또는 최고한도를 규제할 필요가 있는 지구
   가. 최고고도지구: 환경과 경관을 보호하고 과밀을 방지하기 위하여 건축물높이의 최고한도를 정할 필요가 있는 지구
   나. 최저고도지구: 토지이용을 고도화하고 경관을 보호하기 위하여 건축물높이의 최저한도를 정할 필요가 있는 지구
4. **방화지구**: 화재의 위험을 예방하기 위하여 필요한 지구
5. **방재지구**: 풍수해, 산사태, 지반의 붕괴, 그 밖의 재해를 예방하기 위하여 필요한 지구
6. **보존지구**: 문화재, 중요 시설물 및 문화적·생태적으로 보존가치가 큰 지역의 보호와 보존을 위하여 필요한 지구
   가. 역사문화환경보존지구: 문화재·전통사찰 등 역사·문화적으로 보존가치가 큰 시설 및 지역의 보호와 보존을 위하여 필요한 지구
   나. 중요시설물보존지구: 국방상 또는 안보상 중요한 시설물의 보호와 보존을 위하여 필요한 지구
   다. 생태계보존지구: 야생동식물서식처 등 생태적으로 보존가치가 큰 지역의 보호와 보존을 위하여 필요한 지구

7. **시설보호지구**: 학교시설 · 공용시설 · 항만 또는 공항의 보호, 업무기능의 효율화, 항공기의 안전운항 등을 위하여 필요한 지구
   가. 학교시설보호지구: 학교의 교육환경을 보호 · 유지하기 위하여 필요한 지구
   나. 공용시설보호지구: 공용시설을 보호하고 공공업무기능을 효율화하기 위하여 필요한 지구
   다. 항만시설보호지구: 항만기능을 효율화하고 항만시설을 관리 · 운영하기 위하여 필요한 지구
   라. 공항시설보호지구: 공항시설의 보호와 항공기의 안전운항을 위하여 필요한 지구
8. **취락지구**: 녹지지역 · 관리지역 · 농림지역 · 자연환경보전지역 · 개발제한구역 또는 도시자연공원구역의 취락을 정비하기 위한 지구
   가. 자연취락지구: 녹지지역 · 관리지역 · 농림지역 또는 자연환경보전지역안의 취락을 정비하기 위하여 필요한 지구
   나. 집단취락지구: 개발제한구역안의 취락을 정비하기 위하여 필요한 지구
9. **개발진흥지구**: 주거기능 · 상업기능 · 공업기능 · 유통물류기능 · 관광기능 · 휴양기능 등을 집중적으로 개발 · 정비할 필요가 있는 지구
   가. 주거개발진흥지구: 주거기능을 중심으로 개발 · 정비할 필요가 있는 지구
   나. 산업 · 유통개발진흥지구: 공업기능 및 유통 · 물류기능을 중심으로 개발 · 정비할 필요가 있는 지구
   다. 삭제 <2012.4.10>
   라. 관광 · 휴양개발진흥지구: 관광 · 휴양기능을 중심으로 개발 · 정비할 필요가 있는 지구
   마. 복합개발진흥지구: 주거기능, 공업기능, 유통 · 물류기능 및 관광 · 휴양기능 중 2 이상의 기능을 중심으로 개발 · 정비할 필요가 있는 지구
   바. 특정개발진흥지구: 주거기능, 공업기능, 유통 · 물류기능 및 관광 · 휴양기능 외의 기능을 중심으로 특정한 목적을 위하여 개발 · 정비할 필요가 있는 지구
10. **특정용도제한지구**: 주거기능보호나 청소년보호 등의 목적으로 청소년유해시설 등 특정시설의 입지를 제한할 필요가 있는 지구
11. **그 밖에 대통령령으로 정하는 지구**

시 · 도지사 또는 대도시 시장은 지역여건상 필요하면 대통령령으로 정하는 기준에 따라 그 시 · 도 또는 대도시의 조례로 용도지구의 명칭 및 지정목적, 건축이나 그 밖의 행위의 금지 및 제한에 관한 사항 등을 정하여 제1항 각호의 용도지구 외의 용도지구의 지정 또는 변경을 도시 · 군관리계획으로 결정할 수 있다(법 제37조 제3항).

③ 용도구역

i) 개발제한구역

국토교통부장관은 도시의 무질서한 확산을 방지하고 도시주변의 자연환경을 보전하여 도시민의 건전한 생활환경을 확보하기 위하여 도시의 개발을 제한할 필

요가 있거나 국방부장관의 요청이 있어 보안상 도시의 개발을 제한할 필요가 있다고 인정되면 개발제한구역의 지정 또는 변경을 도시·군관리계획으로 결정할 수 있다(법 제38조①).

개발제한구역의 지정 또는 변경에 필요한 사항은 따로 법률로 정한다(법 제38조②).

ii) 도시자연공원구역

시·도지사 또는 대도시 시장은 도시의 자연환경 및 경관을 보호하고 도시민에게 건전한 여가·휴식공간을 제공하기 위하여 도시지역 안에서 식생(植生)이 양호한 산지(山地)의 개발을 제한할 필요가 있다고 인정하면 도시자연공원구역의 지정 또는 변경을 도시·군관리계획으로 결정할 수 있다(법 제38조의2①).

도시자연공원구역의 지정 또는 변경에 필요한 사항은 따로 법률로 정한다(법 제38조의2②).

iii) 시가화조정구역

국토교통부장관은 직접 또는 관계 행정기관의 장의 요청을 받아 도시지역과 그 주변지역의 무질서한 시가화를 방지하고 계획적·단계적인 개발을 도모하기 위하여 대통령령으로 정하는 기간 동안 시가화를 유보할 필요가 있다고 인정되면 시가화조정구역의 지정 또는 변경을 도시·군관리계획으로 결정할 수 있다(법 제39조①).

시가화조정구역의 지정에 관한 도시·군관리계획의 결정은 제1항에 따른 시가화유보기간이 끝난 날의 다음날부터 그 효력을 잃는다. 이 경우 국토교통부장관은 대통령령으로 정하는 바에 따라 그 사실을 고시하여야 한다(법 제39조②).

iv) 수산자원보호구역

해양수산부장관은 직접 또는 관계 행정기관의 장의 요청을 받아 수산자원을 보호·육성하기 위하여 필요한 공유수면이나 그에 인접한 토지에 대한 수산자원보호구역의 지정 또는 변경을 도시·군관리계획으로 결정할 수 있다(법 제40조).

(2) 용도지역·용도지구 및 용도구역에서의 행위제한

① 용도지역에서의 건축물의 건축제한

용도지역에서의 건축물이나 그 밖의 시설의 용도·종류 및 규모 등의 제한에 관한 사항은 대통령령으로 정한다(법 제76조①, 영 제71조①②).

건축물이나 그 밖의 시설의 용도·종류 및 규모 등의 제한은 해당 용도지역과 용도지구의 지정목적에 적합하여야 한다(법 제76조③).

[용도지역에서의 건축물의 건축제한(별표2-별표22)을 정리한 내용]

×(금지), ○(법령허용), ●(법령조건허용), △(조례허용), ▲(조례조건허용), ◎(법령 · 조례조건허용)

	도시지역																관리지역			농림지역	자연환경보전지역
	주거지역							상업지역			공업지역			녹지지역							
○용도 전부 허용 △용도 일부 허용	1종 전용	2종 전용	1종 일반	2종 일반	3종 일반	준주거	중심	일반	근린	유통	전용	일반	준공업	보전	생산	자연	보전	생산	계획		
1. 단독주택	○	○	○	○	○	○	▲	△	○	×	×	△	△	△	○	○	○	○	○	○	●
2. 공동주택	×	○	×	○	○	○	▲	◎	◎	×	×	×	△	×	×	×	×	×	×	×	×
3. 1종 근생	◎	●	○	○	○	○	○	○	○	○	○	○	○	▲	○	○	▲	◎	◎	◎	▲
4. 2종 근생	×	×	△	△	△	○	○	○	○	△	◎	○	○	×	▲	◎	▲	▲	◎	▲	△
5. 문화집회	▲	▲	▲	◎	◎	◎	○	○	◎	△	▲	▲	△	▲	▲	△	▲	×	△	▲	▲
6. 종교시설	×	×	×	×	×	×	×	×	×	×	×	×	×	×	×	×	×	×	×	×	×
7. 판매시설	×	×	▲	▲	▲	△	○	○	◎	○	▲	●	◎	×	▲	▲	×	▲	▲	×	×
8. 운수시설	×	×	×	×	×	×	×	×	×	△	×	×	×	×	×	×	×	×	×	×	×
9. 의료시설	×	×	△	△	△	○	△	○	○	×	△	△	○	△	△	◎	△	△	◎	△	×
10. 교육연구	▲	▲	◎	◎	◎	○	△	△	○	△	▲	△	○	◎	◎	◎	▲	▲	◎	▲	●
11. 노유자	△	△	○	○	○	○	△	△	○	△	×	△	○	◎	◎	○	◎	◎	○	●	●
12. 수련시설	×	×	△	△	△	×	×	×	×	×	×	×	×	×	×	×	×	×	×	×	×
13. 운동시설	×	×	▲	△	△	○	△	△	○	×	×	×	△	×	◎	○	×	×	◎	×	×
14. 업무시설	×	×	▲	▲	▲	△	○	○	△	△	×	×	△	×	×	×	×	×	×	×	×
15. 숙박시설	×	×	×	×	×	×	●	●	●	▲	×	×	△	×	×	▲	×	×	▲	×	×
16. 위락시설	×	×	×	×	×	×	●	●	▲	▲	×	×	×	×	×	×	×	×	×	×	×
17. 공장	×	×	▲	△	△	▲	▲	▲	▲	×	○	○	◎	×	▲	▲	×	▲	▲	×	×
18. 창고	×	×	△	△	△	△	△	○	△	○	○	○	○	●	◎	◎	▲	●	●	●	×
19. 위험물	×	×	▲	▲	▲	▲	▲	▲	▲	▲	○	○	○	▲	◎	△	△	△	△	▲	×
20. 자동차	△	△	△	△	△	△	△	△	△	△	○	○	○	×	×	△	×	×	△	×	×
21. 동물식물	×	×	▲	▲	▲	▲	×	▲	▲	×	×	△	△	▲	◎	○	×	◎	○	◎	▲
22. 쓰레기	×	×	×	×	×	×	×	×	×	×	○	○	○	×	△	○	×	△	○	△	×
23. 교정군사	×	×	△	△	△	△	◎	◎	△	△	△	△	△	◎	○	○	◎	◎	○	△	×
24. 방송통신	×	×	△	△	△	△	○	○	△	△	○	○	○	×	○	○	△	○	○	○	△
25. 발전시설	×	×	×	×	×	×	×	×	×	×	○	○	○	×	×	×	×	×	×	○	△
26. 묘지시설	×	×	×	×	×	×	×	×	×	×	×	×	×	△	△	○	△	△	○	△	△
27. 관광휴게	×	×	×	×	×	▲	×	△	×	×	×	×	×	×	×	○	×	×	△	×	×
28. 장례식장	×	×	×	×	×	▲	▲	○	○	▲	△	△	○	△	△	○	△	△	○	△	×

、4층 이하 : 제1종일반주거지역、녹지지역、관리지역、자연취락지구

、15층 이하 : 제2종일반주거지역

、○ 표는 국토계획법 시행령에 의해 해당 용도지역에서 종류、규모 관계없이 허용되는 용도, △표는 일정한 종류나 규모만 허용되거나 일정한 종류는 허용되지 않는 용도를 나타낸 것이다. 당해 도시、군 관리계획 조례에 의하여 건축할 수 있는 건축물에 관한 사항이 정하여진다.

건축물이나 그 밖의 시설의 용도·종류 및 규모 등을 변경하는 경우 변경 후의 건축물이나 그 밖의 시설의 용도·종류 및 규모 등은 제1항과 제2항에 맞아야 한다(법 제76조④).

다음의 어느 하나에 해당하는 경우의 건축물이나 그 밖의 시설의 용도·종류 및 규모 등의 제한에 관하여는 제1항부터 제4항까지의 규정에도 불구하고 각호에서 정하는 바에 따른다(법 제76조⑤).

1. 제37조 제1항 제8호에 따른 취락지구에서는 취락지구의 지정목적범위에서 대통령령으로 따로 정한다.
2. 「산업입지 및 개발에 관한 법률」 제2조 제8호 라목에 따른 농공단지에서는 같은 법에서 정하는 바에 따른다.
3. 농림지역 중 농업진흥지역, 보전산지 또는 초지인 경우에는 각각 「농지법」, 「산지관리법」 또는 「초지법」에서 정하는 바에 따른다.
4. 자연환경보전지역 중 「자연공원법」에 따른 공원구역, 「수도법」에 따른 상수원보호구역, 「문화재보호법」에 따라 지정된 지정문화재 또는 천연기념물과 그 보호구역, 「해양생태계의 보전 및 관리에 관한 법률」에 따른 해양보호구역인 경우에는 각각 「자연공원법」, 「수도법」 또는 「문화재보호법」 또는 「해양생태계의 보전 및 관리에 관한 법률」에서 정하는 바에 따른다.
5. 자연환경보전지역 중 수산자원보호구역인 경우에는 「수산자원관리법」에서 정하는 바에 따른다.

보전관리지역이나 생산관리지역에 대하여 농림축산식품부장관·해양수산부장관·환경부장관 또는 산림청장이 농지보전, 자연환경보전, 해양환경보전 또는 산림보전에 필요하다고 인정하는 경우에는 「농지법」, 「자연환경보전법」, 「야생생물 보호 및 관리에 관한 법률」, 「해양생태계의 보전 및 관리에 관한 법률」 또는 「산림자원의 조성 및 관리에 관한 법률」에 따라 건축물이나 그 밖의 시설의 용도·종류 및 규모 등을 제한할 수 있다. 이 경우 이 법에 따른 제한의 취지와 형평을 이루도록 하여야 한다(법 제76조⑥).

② 용도지역에서의 건폐율

i) 건폐율의 최대한도

용도지역에서 건폐율의 최대한도는 관할구역의 면적과 인구규모, 용도지역의 특성 등을 고려하여 특별시·광역시·특별자치시·특별자치도·시군의 도시·군계획조례가 정하는 비율을 초과하여서는 아니 된다(법 제77조①②, 영 제84조①).

법률에 의한 용도지역		법률에 규정한 최대한도	대통령령으로 세분된 용도지역		대통령령으로 정하는 기준
도시지역	주거지역	70% 이하	전용주거지역	제1종	50% 이하
				제2종	50% 이하
			일반주거지역	제1종	60% 이하
				제2종	60% 이하
				제3종	50% 이하
			준주거지역		70% 이하
	상업지역	90% 이하	중심상업지역		90% 이하
			일반상업지역		80% 이하
			근린상업지역		70% 이하
			유통상업지역		80% 이하
	공업지역	70% 이하	전용공업지역		70% 이하
			일반공업지역		70% 이하
			준공업지역		70% 이하
	녹지지역	20% 이하	보전녹지지역		20% 이하
			생산녹지지역		20% 이하
			자연녹지지역		20% 이하
관리지역	보전관리지역				20% 이하
	생산관리지역				20% 이하
	계획관리지역				40% 이하
농림지역		20% 이하			20% 이하
자연환경보전지역		20% 이하			20% 이하

ii) **건폐율의 별도규정**

다음의 어느 하나에 해당하는 지역에서의 건폐율에 관한 기준은 제1항과 제2항에도 불구하고 80퍼센트 이하의 범위에서 특별시·광역시·특별자치시·특별자치도·시 또는 군의 도시·군관리계획조례로 정하는 비율을 초과하여서는 아니 된다(법 제77조③, 영 제84조③).

1. 취락지구: 60% 이하(집단취락지구에 대하여는 개발제한구역의지정및관리에관한특별조치법령이 정하는 바에 의한다)
2. 도시지역 외의 지역에 지정된 개발진흥지구: 40% 이하

3. 수산자원보호구역: 40% 이하
4. 「자연공원법」에 따른 자연공원: 60% 이하
5. 「산업입지 및 개발에 관한 법률」 제2조 제8호 라목에 따른 농공단지: 70% 이하
6. 공업지역에 있는 「산업입지 및 개발에 관한 법률」 제2조 제8호 가목부터 다목까지의 규정에 따른 국가산업단지 · 일반산업단지 · 도시첨단산업단지 및 같은 조 제12호에 따른 준산업단지: 80% 이하

iii) 건폐율의 조정

다음의 어느 하나에 해당하는 경우로서 대통령령으로 정하는 경우에는 제1항에도 불구하고 대통령령으로 정하는 기준에 따라 특별시 · 광역시 · 특별자치시 · 특별자치도 · 시 또는 군의 조례로 건폐율을 따로 정할 수 있다(법 제77조④).

1. 토지이용의 과밀화를 방지하기 위하여 건폐율을 강화할 필요가 있는 경우
2. 주변 여건을 고려하여 토지의 이용도를 높이기 위하여 건폐율을 완화할 필요가 있는 경우
3. 녹지지역, 보전관리지역, 생산관리지역, 농림지역 또는 자연환경보전지역에서 농업용 · 임업용 · 어업용 건축물을 건축하려는 경우
4. 보전관리지역, 생산관리지역, 농림지역 또는 자연환경보전지역에서 주민생활의 편익을 증진시키기 위한 건축물을 건축하려는 경우

③ **용도지역에서의 용적률**

i) 용적률의 최대한도

용도지역에서 용적률의 최대한도는 관할구역의 면적과 인구 규모 및 용도지역의 특성 등을 감안하여 특별시 · 광역시 · 특별자치시 · 특별자치도 · 시 또는 군의 도시 · 군 관리계획조례가 정하는 비율을 초과하여서는 안 된다(법 제78조①②, 영 제84조①).

법률에 의한 용도지역		법률에 규정한 최대한도	대통령령으로 세분된 용도지역		대통령령으로 정하는 기준
도시지역	주거지역	500% 이하	전용주거지역	제1종	50~100% 이하
				제2종	100~150% 이하
			일반주거지역	제1종	100~200% 이하
				제2종	150~250% 이하
				제3종	200~300% 이하
			준주거지역		200~500% 이하

<table>
<tr><td rowspan="10">도시
지역</td><td rowspan="4">상업지역</td><td rowspan="4">1,500% 이하</td><td>중심상업지역</td><td>400~1,500% 이하</td></tr>
<tr><td>일반상업지역</td><td>300~1,300% 이하</td></tr>
<tr><td>근린상업지역</td><td>200~900% 이하</td></tr>
<tr><td>유통상업지역</td><td>200~1,100% 이하</td></tr>
<tr><td rowspan="3">공업지역</td><td rowspan="3">400% 이하</td><td>전용공업지역</td><td>150~300% 이하</td></tr>
<tr><td>일반공업지역</td><td>200~350% 이하</td></tr>
<tr><td>준공업지역</td><td>200~400% 이하</td></tr>
<tr><td rowspan="3">녹지지역</td><td rowspan="3">100% 이하</td><td>보전녹지지역</td><td>50~80% 이하</td></tr>
<tr><td>생산녹지지역</td><td>50~100% 이하</td></tr>
<tr><td>자연녹지지역</td><td>50~100% 이하</td></tr>
<tr><td rowspan="3">관리
지역</td><td>보전관리지역</td><td>80% 이하</td><td colspan="2">50~80% 이하</td></tr>
<tr><td>생산관리지역</td><td>80% 이하</td><td colspan="2">50~80% 이하</td></tr>
<tr><td>계획관리지역</td><td>100% 이하</td><td colspan="2">50~100% 이하</td></tr>
<tr><td colspan="2">농림지역</td><td>80% 이하</td><td colspan="2">50~80% 이하</td></tr>
<tr><td colspan="2">자연환경보전지역</td><td>80% 이하</td><td colspan="2">50~80% 이하</td></tr>
</table>

ii) **용적률의 별도규정**

다음 각호 어느 하나에 해당하는 지역에서의 용적률에 대한 기준은 제1항과 제2항에도 불구하고 200퍼센트 이하의 범위에서 특별시·광역시·특별자치시·특별자치도·시 또는 군의 도시·군관리계획조례로 정하는 비율을 초과하여서는 아니된다(법 제78조③, 영 제85조⑤).

1. 도시지역 외의 지역에 지정된 개발진흥지구: 100% 이하
2. 수산자원보호구역: 80% 이하
3. 「자연공원법」에 따른 자연공원: 100% 이하
4. 「산업입지 및 개발에 관한 법률」 제2조 제8호 라목에 따른 농공단지(도시지역 외의 지역에 지정된 농공단지에 한한다): 150% 이하

iii) **용적률의 조정**

건축물의 주위에 공원·광장·도로·하천 등의 공지가 있거나 이를 설치하는 경우에는 제1항에도 불구하고 대통령령으로 정하는 바에 따라 특별시·광역시·특별자치시·특별자치도·시 또는 군의 조례로 용적률을 따로 정할 수 있다(법 제78조④).

제1항과 제4항에도 불구하고 제36조에 따른 도시지역(녹지지역만 해당한다), 관리지역에서는 창고 등 대통령령으로 정하는 용도의 건축물 또는 시설물은 특별시·광역시·특별자치시·특별자치도·시 또는 군의 조례로 정하는 높이로 규모 등을 제한할 수 있다(법 제78조⑤).

④ 용도지역 미지정 또는 미세분지역에서의 행위제한 등

도시지역, 관리지역, 농림지역 또는 자연환경보전지역으로 용도가 지정되지 아니한 지역에 대하여는 제76조부터 제78조까지의 규정을 적용할 때에 자연환경보전지역에 관한 규정을 적용한다(법 제79조①).

제36조에 따른 도시지역 또는 관리지역이 같은 조 제1항 각호 각목의 세부 용도지역으로 지정되지 아니한 경우에는 제76조부터 제78조까지의 규정을 적용할 때에 해당 용도지역이 도시지역인 경우에는 녹지지역 중 대통령령으로 정하는 지역에 관한 규정을 적용하고, 관리지역인 경우에는 보전관리지역에 관한 규정을 적용한다(법 제79조②).

⑤ 용도지구에서의 행위제한

용도지구에서의 건축물이나 그 밖의 시설의 용도·종류 및 규모 등의 제한에 관한 사항은 이 법 또는 다른 법률에 특별한 규정이 있는 경우 외에는 대통령령으로 정하는 기준에 따라 특별시·광역시·특별자치시·특별자치도·시 또는 군의 조례로 정할 수 있다(법 제76조②).

[용도지구에서의 건축물의 건축제한(영 제72조-제82조)을 정리한 내용]

- 이 법 또는 다른 법률에 특별한 규정이 있는 경우

(1) 방화지구: 건축법
(2) 고도지구: 도시·군관리계획
(3) 공항시설보호지구: 항공법(항만시설보호지구는 항만법이 아니고 도시계획조례임)
(4) 개발진흥지구
  ① 지구단위계획·개발계획 있으면: 지구단위계획·개발계획
  ② 지구단위계획·개발계획 없으면: 도시·군 관리계획조례
(5) 취락지구
  ① 자연취락지구 ┌ 용도제한: 국·계법 시행령 별표23
  └ 규모제한: 4층 이하의 건축물에 한함
  건폐율 60% 이하
  용적률은 별도규정 없음(=해당 용도지역 용적률을 적용)

② 집단취락지구: 개발제한구역의 지정 및 관리에 관한 특별조치법
• 나머지 용도지구: 도시·군관리계획조례

⑥ 용도구역

i) 개발제한구역

개발제한구역에서의 행위제한이나 그 밖에 개발제한구역의 관리에 필요한 사항은 따로 법률로 정한다(법 제80조).

ii) 도시자연공원구역

도시자연공원구역에서의 행위제한 등 도시자연공원구역의 관리에 필요한 사항은 따로 법률로 정한다(법 제80조의2).

iii) 시가화조정구역

제39조에 따라 지정된 시가화조정구역에서의 도시·군계획사업은 대통령령으로 정하는 사업만 시행할 수 있다(법 제81조①).

시가화조정구역에서는 제56조와 제76조에도 불구하고 제1항에 따른 도시·군계획사업의 경우 외에는 다음의 어느 하나에 해당하는 행위에 한정하여 특별시장·광역시장·특별자치시장·특별자치도지사·시장 또는 군수의 허가를 받아 그 행위를 할 수 있다(법 제81조②).

1. 농업·임업 또는 어업용의 건축물 중 대통령령으로 정하는 종류와 규모의 건축물이나 그 밖의 시설을 건축하는 행위
2. 마을공동시설, 공익시설·공공시설, 광공업 등 주민의 생활을 영위하는 데에 필요한 행위로서 대통령령으로 정하는 행위
3. 입목의 벌채, 조림, 육림, 토석의 채취, 그 밖에 대통령령으로 정하는 경미한 행위

특별시장·광역시장·특별자치시장·특별자치도지사·시장 또는 군수는 제2항에 따른 허가를 하려면 미리 다음의 어느 하나에 해당하는 자와 협의하여야 한다(법 제81조③).

> 1. 제5항 각호의 허가에 관한 권한이 있는 자
> 2. 허가대상행위와 관련이 있는 공공시설의 관리자
> 3. 허가대상행위에 따라 설치되는 공공시설을 관리하게 될 자

시가화조정구역에서 제2항에 따른 허가를 받지 아니하고 건축물의 건축, 토지의 형질변경 등의 행위를 하는 자에 관하여는 제60조 제3항 및 제4항을 준용한다(법 제81조④).

제2항에 따른 허가가 있는 경우에는 다음의 허가 또는 신고가 있는 것으로 본다(법 제81조⑤).

> 1. 「산지관리법」 제14조 · 제15조에 따른 산지전용허가 및 산지전용신고, 같은 법 제15조의2에 따른 산지일시사용허가 · 신고
> 2. 「산림자원의 조성 및 관리에 관한 법률」 제36조 제1항 · 제4항에 따른 입목벌채 등의 허가 · 신고

제2항에 따른 허가의 기준 및 신청절차 등에 관하여 필요한 사항은 대통령령으로 정한다(법 제81조⑥).

⑦ 도시지역에서의 다른 법률의 적용배제

도시지역에 대하여는 다음의 법률규정을 적용하지 아니한다(법 제83조).

> 1. 「도로법」 제49조에 따른 접도구역
> 2. 「고속국도법」 제8조에 따른 접도구역
> 3. 「농지법」 제8조에 따른 농지취득자격증명. 다만, 녹지지역의 농지로서 도시 · 군계획시설사업에 필요하지 아니한 농지에 대하여는 그러하지 아니하다.

⑧ 둘 이상의 용도지역 · 용도지구 · 용도구역에 걸치는 대지에 대한 적용기준

하나의 대지가 둘 이상의 용도지역 · 용도지구 또는 용도구역(이하 이 항에서 "용도지역등"이라 한다)에 걸치는 경우로서 각 용도지역등에 걸치는 부분 중 가장 작은 부분의 규모가 대통령령으로 정하는 규모 이하인 경우에는 전체대지의 건폐율 및 용적률은 각 부분이 전체대지 면적에서 차지하는 비율을 고려하여 다음의 구분에

따라 각 용도지역등별 건폐율 및 용적률을 가중평균한 값을 적용하고, 그 밖의 건축제한 등에 관한 사항은 그 대지 중 가장 넓은 면적이 속하는 용도지역등에 관한 규정을 적용한다. 다만, 건축물이 미관지구나 고도지구에 걸쳐 있는 경우에는 그 건축물 및 대지의 전부에 대하여 미관지구나 고도지구의 건축물 및 대지에 관한 규정을 적용한다(법 제84조①).

1. 가중평균한 건폐율=(f1x1+f2x2+…+fnxn) / 전체대지 면적. 이 경우 f1부터 fn까지는 각 용도지역등에 속하는 토지부분의 면적을 말하고, x1부터 xn까지는 해당 토지부분이 속하는 각 용도지역등의 건폐율을 말하며, n은 용도지역등에 걸치는 각 토지 부분의 총 개수를 말한다.
2. 가중평균한 용적률=(f1x1+f2x2+…+fnxn) / 전체대지 면적. 이 경우 f1부터 fn까지는 각 용도지역등에 속하는 토지부분의 면적을 말하고, x1부터 xn까지는 해당 토지부분이 속하는 각 용도지역등의 용적률을 말하며, n은 용도지역등에 걸치는 각 토지부분의 총 개수를 말한다.

하나의 건축물이 방화지구와 그 밖의 용도지역·용도지구 또는 용도구역에 걸쳐 있는 경우에는 제1항에도 불구하고 그 전부에 대하여 방화지구의 건축물에 관한 규정을 적용한다. 다만, 그 건축물이 있는 방화지구와 그 밖의 용도지역·용도지구 또는 용도구역의 경계가 「건축법」 제50조 제2항에 따른 방화벽으로 구획되는 경우 그 밖의 용도지역·용도지구 또는 용도구역에 있는 부분에 대하여는 그러하지 아니하다(법 제84조②).

하나의 대지가 녹지지역과 그 밖의 용도지역·용도지구 또는 용도구역에 걸쳐 있는 경우에는 제1항에도 불구하고 각각의 용도지역·용도지구 또는 용도구역의 건축물 및 토지에 관한 규정을 적용한다. 다만, 녹지지역의 건축물이 미관지구·고도지구 또는 방화지구에 걸쳐 있는 경우에는 제1항 단서나 제2항에 따른다(법 제84조③).

(3) 지구단위계획

① 지구단위계획구역 및 지구단위계획의 결정

지구단위계획구역 및 지구단위계획은 도시·군관리계획으로 결정한다(법 제50조).

② 지구단위계획구역에서의 건축 등

지구단위계획구역에서 건축물을 건축하거나 건축물의 용도를 변경하려면 그 지구단위계획에 맞게 건축하거나 용도를 변경하여야 한다. 다만, 지구단위계획이 수립되어 있지 아니한 경우와 지구단위계획의 범위에서 시차를 두어 단계적으로 건축물을 건축하는 경우에는 그러하지 아니하다(법 제54조).

③ 지구단위계획구역에서의 건축제한 완화

지구단위계획구역에서는 제76조부터 제78조까지의 규정과 「건축법」 제42조·제43조·제44조·제60조 및 제61조, 「주차장법」 제19조 및 제19조의2를 대통령령으로 정하는 범위에서 지구단위계획으로 정하는 바에 따라 완화하여 적용할 수 있다(법 제52조③).

(4) 개발행위의 허가 등

① 개발행위의 허가

다음의 어느 하나에 해당하는 행위로서 대통령령으로 정하는 행위(이하 "개발행위"라 한다)를 하려는 자는 특별시장·광역시장·특별자치시장·특별자치도지사·시장 또는 군수의 허가(이하 "개발행위허가"라 한다)를 받아야 한다. 다만, 도시·군계획사업에 의한 행위는 그러하지 아니하다(법 제56조①).

1. 건축물의 건축 또는 공작물의 설치
2. 토지의 형질 변경(경작을 위한 경우로서 대통령령으로 정하는 토지의 형질 변경은 제외한다)
3. 토석의 채취
4. 토지분할(건축물이 있는 대지의 분할은 제외한다)
5. 녹지지역·관리지역 또는 자연환경보전지역에 물건을 1개월 이상 쌓아놓는 행위

개발행위허가를 받은 사항을 변경하는 경우에는 제1항을 준용한다. 다만, 대통령령으로 정하는 경미한 사항을 변경하는 경우에는 그러하지 아니하다(법 제56조②).

제1항에도 불구하고 제1항 제2호 및 제3호의 개발행위 중 도시지역과 계획관리지역의 산림에서의 임도(林道) 설치와 사방사업에 관하여는 「산림자원의 조성 및 관리에 관한 법률」과 「사방사업법」에 따르고, 보전관리지역·생산관리지역·농림지역 및 자연환경보전지역의 산림에서의 제1항 제2호(농업·임업·어업을 목적으로 하는 토지의 형질 변경만 해당한다) 및 제3호의 개발행위에 관하여는 「산지관리법」에

따른다(법 제56조③).

다음의 어느 하나에 해당하는 행위는 제1항에도 불구하고 개발행위허가를 받지 아니하고 할 수 있다. 다만, 제1호의 응급조치를 한 경우에는 1개월 이내에 특별시장·광역시장·특별자치시장·특별자치도지사·시장 또는 군수에게 신고하여야 한다(법 제56조④).

1. 재해복구나 재난수습을 위한 응급조치
2. 「건축법」에 따라 신고하고 설치할 수 있는 건축물의 개축·증축 또는 재축과 이에 필요한 범위에서의 토지의 형질변경(도시·군계획시설사업이 시행되지 아니하고 있는 도시·군계획시설의 부지인 경우만 가능하다)
3. 그 밖에 대통령령으로 정하는 경미한 행위

② 개발행위허가의 절차

개발행위를 하려는 자는 그 개발행위에 따른 기반시설의 설치나 그에 필요한 용지의 확보, 위해(危害)방지, 환경오염방지, 경관, 조경 등에 관한 계획서를 첨부한 신청서를 개발행위허가권자에게 제출하여야 한다. 이 경우 개발밀도관리구역 안에서는 기반시설의 설치나 그에 필요한 용지의 확보에 관한 계획서를 제출하지 아니한다. 다만, 제56조 제1항 제1호의 행위 중 「건축법」의 적용을 받는 건축물의 건축 또는 공작물의 설치를 하려는 자는 「건축법」에서 정하는 절차에 따라 신청서류를 제출하여야 한다(법 제57조①).

특별시장·광역시장·특별자치시장·특별자치도지사·시장 또는 군수는 제1항에 따른 개발행위허가의 신청에 대하여 특별한 사유가 없으면 대통령령으로 정하는 기간 이내에 허가 또는 불허가의 처분을 하여야 한다(법 제57조②).

특별시장·광역시장·특별자치시장·특별자치도지사·시장 또는 군수는 제2항에 따라 허가 또는 불허가의 처분을 할 때에는 지체없이 그 신청인에게 허가증을 발급하거나 불허가처분의 사유를 서면으로 알려야 한다(법 제57조③).

특별시장·광역시장·특별자치시장·특별자치도지사·시장 또는 군수는 개발행위허가를 하는 경우에는 대통령령으로 정하는 바에 따라 그 개발행위에 따른 기반시설의 설치 또는 그에 필요한 용지의 확보, 위해방지, 환경오염방지, 경관, 조경 등에 관한 조치를 할 것을 조건으로 개발행위허가를 할 수 있다(법 제57조④).

③ 개발행위허가의 기준

특별시장・광역시장・특별자치시장・특별자치도지사・시장 또는 군수는 개발행위허가의 신청 내용이 다음의 기준에 맞는 경우에만 개발행위허가를 하여야 한다(법 제58조①).

1. 용도지역별 특성을 고려하여 대통령령으로 정하는 개발행위의 규모에 적합할 것
2. 도시・군관리계획의 내용에 어긋나지 아니할 것
3. 도시・군계획사업의 시행에 지장이 없을 것
4. 주변지역의 토지이용실태 또는 토지이용계획, 건축물의 높이, 토지의 경사도, 수목의 상태, 물의 배수, 하천・호소・습지의 배수 등 주변환경이나 경관과 조화를 이룰 것
5. 해당 개발행위에 따른 기반시설의 설치나 그에 필요한 용지의 확보계획이 적절할 것

특별시장・광역시장・특별자치시장・특별자치도지사・시장 또는 군수는 개발행위허가를 하려면 그 개발행위가 도시・군계획사업의 시행에 지장을 주는지에 관하여 해당 지역에서 시행되는 도시・군계획사업의 시행자의 의견을 들어야 한다(법 제58조②).

제1항에 따라 허가할 수 있는 경우 그 허가의 기준은 지역의 특성, 지역의 개발상황, 기반시설의 현황 등을 고려하여 다음의 구분에 따라 대통령령으로 정한다(법 제58조③).

1. 시가화 용도: 토지의 이용 및 건축물의 용도・건폐율・용적률・높이 등에 대한 용도지역의 제한에 따라 개발행위허가의 기준을 적용하는 주거지역・상업지역 및 공업지역
2. 유보용도: 제59조에 따른 도시계획위원회의 심의를 통하여 개발행위허가의 기준을 강화 또는 완화하여 적용할 수 있는 계획관리지역・생산관리지역 및 녹지지역 중 대통령령으로 정하는 지역
3. 보전용도: 제59조에 따른 도시계획위원회의 심의를 통하여 개발행위허가의 기준을 강화하여 적용할 수 있는 보전관리지역・농림지역・자연환경보전지역 및 녹지지역 중 대통령령으로 정하는 지역

④ 개발행위허가의 제한

국토교통부장관, 시・도지사, 시장 또는 군수는 다음 각호의 어느 하나에 해당되는 지역으로서 도시・군관리계획상 특히 필요하다고 인정되는 지역에 대하여는

대통령령으로 정하는 바에 따라 중앙도시계획위원회나 지방도시계획위원회의 심의를 거쳐 1회에 한하여 3년 이내의 기간 동안 개발행위허가를 제한할 수 있다. 다만, 제3호부터 제5호까지에 해당하는 지역에 대하여는 1회에 한하여 2년 이내의 기간 동안 개발행위허가의 제한을 연장할 수 있다(법 제63조①).

1. 녹지지역이나 계획관리지역으로서 수목이 집단적으로 자라고 있거나 조수류 등이 집단적으로 서식하고 있는 지역 또는 우량농지 등으로 보전할 필요가 있는 지역
2. 개발행위로 인하여 주변의 환경 · 경관 · 미관 · 문화재 등이 크게 오염되거나 손상될 우려가 있는 지역
3. 도시 · 군기본계획이나 도시 · 군관리계획을 수립하고 있는 지역으로서 그 도시 · 군기본계획이나 도시 · 군관리계획이 결정될 경우 용도지역 · 용도지구 또는 용도구역의 변경이 예상되고 그에 따라 개발행위허가의 기준이 크게 달라질 것으로 예상되는 지역
4. 지구단위계획구역으로 지정된 지역
5. 기반시설부담구역으로 지정된 지역

국토교통부장관, 시 · 도지사, 시장 또는 군수는 제1항에 따라 개발행위허가를 제한하려면 대통령령으로 정하는 바에 따라 제한지역 · 제한사유 · 제한대상행위 및 제한기간을 미리 고시하여야 한다(법 제63조②).

2. 건축법상 건축제한

(1) 지역 및 지구 안의 건축물

① 건축물의 대지가 지역/지국 또는 구역에 걸치는 경우

대지가 이 법이나 다른 법률에 따른 지역 · 지구(녹지지역과 방화지구는 제외한다. 이하 이 조에서 같다) 또는 구역에 걸치는 경우에는 대통령령으로 정하는 바에 따라 그 건축물과 대지의 전부에 대하여 대지의 과반(過半)이 속하는 지역 · 지구 또는 구역 안의 건축물 및 대지 등에 관한 이 법의 규정을 적용한다. 다만, 건축물이 미관지구(美觀地區)에 걸치는 경우에는 그 건축물과 대지의 전부에 대하여 미관지구 안의 건축물과 대지 등에 관한 이 법의 규정을 적용한다(법 제54조①).

하나의 건축물이 방화지구와 그 밖의 구역에 걸치는 경우에는 그 전부에 대하여 방화지구 안의 건축물에 관한 이 법의 규정을 적용한다. 다만, 건축물의 방화지구에 속한 부분과 그 밖의 구역에 속한 부분의 경계가 방화벽으로 구획되는 경우

그 밖의 구역에 있는 부분에 대하여는 그러하지 아니하다(법 제54조②).

대지가 녹지지역과 그 밖의 지역·지구 또는 구역에 걸치는 경우에는 각 지역·지구 또는 구역 안의 건축물과 대지에 관한 이 법의 규정을 적용한다. 다만, 녹지지역 안의 건축물이 미관지구나 방화지구에 걸치는 경우에는 제1항 단서나 제2항에 따른다(법 제54조③).

제1항에도 불구하고 해당 대지의 규모와 그 대지가 속한 용도지역·지구 또는 구역의 성격 등 그 대지에 관한 주변여건상 필요하다고 인정하여 해당 지방자치단체의 조례로 적용방법을 따로 정하는 경우에는 그에 따른다(법 제54조④).

② 건폐율/용적률

i) 건폐율

대지면적에 대한 건축면적(대지에 건축물이 둘 이상 있는 경우에는 이들 건축면적의 합계로 한다)의 비율(이하 "건폐율"이라 한다)의 최대한도는 「국토의 계획 및 이용에 관한 법률」 제77조에 따른 건폐율의 기준에 따른다. 다만, 이 법에서 기준을 완화하거나 강화하여 적용하도록 규정한 경우에는 그에 따른다(법 제55조).

ii) 용적률

대지면적에 대한 연면적(대지에 건축물이 둘 이상 있는 경우에는 이들 연면적의 합계로 한다)의 비율(이하 "용적률"이라 한다)의 최대한도는 「국토의 계획 및 이용에 관한 법률」 제78조에 따른 용적률의 기준에 따른다. 다만, 이 법에서 기준을 완화하거나 강화하여 적용하도록 규정한 경우에는 그에 따른다(법 제56조).

③ 대지의 분할제한

i) 해당 용도지역의 분할제한면적

건축물이 있는 대지는 다음에서 정하는 범위에서 해당 지방자치단체의 조례로 정하는 면적에 못 미치게 분할할 수 없다(법 제57조①, 영 제80조).

1. 주거지역: 60㎡
2. 상업지역: 150 ㎡
3. 공업지역: 150 ㎡
4. 녹지지역: 200㎡
5. 그 외 규정에 해당하지 아니하는 지역: 60㎡

ⅱ) 관계규정에 의한 분할제한

건축물이 있는 대지는 법 제44조(대지와 도로의 관계), 법 제55조(건축물의 건폐율), 법 제56조(건축물의 용적률), 법 제58조(대지 안의 공지), 법 제60조(건축물의 높이제한) 및 법 제61조(일조 등의 확보를 위한 건축물의 높이제한)에 따른 기준에 못 미치게 분할할 수 없다(법 제57조②).

④ 대지 안의 공지

건축물을 건축하는 경우에는 에 따른 용도지역·용도지구, 건축물의 용도 및 규모 등에 따라 건축선 및 인접 대지경계선으로부터 6미터 이내의 범위에서 바에 따라 해당 지방자치단체의 조례로 정하는 거리 이상을 띄워야 한다(법 제58조).

⑤ 건축물의 높이제한

ⅰ) 가로구역별 최고의 높이제한

허가권자는 가로구역[(街路區域): 도로로 둘러싸인 일단(一團)의 지역을 말한다. 이하 같다]을 단위로 하여 기준과 절차에 따라 건축물의 최고높이를 지정·공고할 수 있다. 다만, 특별자치도지사 또는 시장·군수·구청장은 가로구역의 최고 높이를 완화하여 적용할 필요가 있다고 판단되는 대지에 대하여는 바에 따라 건축위원회의 심의를 거쳐 최고높이를 완화하여 적용할 수 있다(법 제60조①).

특별시장이나 광역시장은 도시의 관리를 위하여 필요하면 제1항에 따른 가로구역별 건축물의 최고 높이를 특별시나 광역시의 조례로 정할 수 있다(법 제60조②).

ⅱ) 최고의 높이가 정해지지 않은 가로구역(전면도로에 의한 높이제한)

최고높이가 정하여지지 아니한 가로구역의 경우 건축물의 각 부분의 높이는 그 부분으로부터 전면(前面)도로의 반대쪽 경계선까지의 수평거리의 1.5배를 넘을 수 없다. 다만, 대지가 둘 이상의 도로, 공원, 광장, 하천 등에 접하는 경우에는 건축물의 높이를 해당 지방자치단체의 조례로 따로 정할 수 있다(법 제60조③).

ⅲ) 일조 등의 확보를 위한 건축물의 높이제한

a. 전용주거지역 또는 일반주거지역 안의 건축물

전용주거지역과 일반주거지역 안에서 건축하는 건축물의 높이는 일조(日照) 등의 확보를 위하여 정북방향(正北方向)의 인접 대지경계선으로부터의 거리에 따라 다음의 범위에서 건축조례로 정하는 거리 이상을 띄어 건축하여야 한다(법 제61조①, 영 제81조①).

1. 높이 4m 이하인 부분: 인접 대지경계선으로부터 1m 이상 2. 높이 8m 이하인 부분: 인접 대지경계선으로부터 2m 이상 3. 높이 8m를 초과하는 부분: 인접 대지경계선으로부터 해당 건축물 각 부분 높이의 2분의 1 이상

다음의 어느 하나에 해당하면 제1항에도 불구하고 건축물의 높이를 정남(正南)방향의 인접 대지경계선으로부터의 거리에 따라 높이 이하로 할 수 있다(법 제61조③).

1. 「택지개발촉진법」 제3조에 따른 택지개발지구인 경우 2. 「주택법」 제16조에 따른 대지조성사업지구인 경우 3. 「지역균형개발 및 지방중소기업 육성에 관한 법률」 제4조와 제9조에 따른 광역개발권역 및 개발촉진지구인 경우 4. 「산업입지 및 개발에 관한 법률」 제6조부터 제8조까지의 규정에 따른 국가산업단지, 일반산업단지, 도시첨단산업단지 및 농공단지인 경우 5. 「도시개발법」 제2조 제1항 제1호에 따른 도시개발구역인 경우 6. 「도시 및 주거환경정비법」 제4조에 따른 정비구역인 경우 7. 정북방향으로 도로, 공원, 하천 등 건축이 금지된 공지에 접하는 대지인 경우 8. 정북방향으로 접하고 있는 대지의 소유자와 합의한 경우나 그 밖에 대통령령으로 정하는 경우

b. 공동주택에 대한 일조권의 높이제한

공동주택(일반상업지역과 중심상업지역에 건축하는 것은 제외한다)은 채광(採光) 등의 확보를 위하여 높이 이하로 하여야 한다(법 제61조②).

1. 인접 대지경계선 등의 방향으로 채광을 위한 창문 등을 두는 경우 2. 하나의 대지에 두 동(棟) 이상을 건축하는 경우

c. 적용의 특례

2층 이하로서 높이가 8미터 이하인 건축물에는 해당 지방자치단체의 조례로 정하는 바에 따라 제1항부터 제3항까지의 규정을 적용하지 아니할 수 있다(법 제61조④).

3. 농지법상 이용제한

(1) 농업진흥구역 안에서의 행위제한

농업진흥구역에서는 농업생산 또는 농지개량과 직접적으로 관련되지 아니한 토지이용행위를 할 수 없다. 다만, 다음의 토지이용행위는 그러하지 아니하다(법 제32조①).

1. 대통령령으로 정하는 농수산물(농산물 · 임산물 · 축산물 · 수산물을 말한다. 이하 같다)의 가공 · 처리 시설의 설치 및 농수산업(농업 · 임업 · 축산업 · 수산업을 말한다. 이하 같다) 관련 시험 · 연구시설의 설치
2. 어린이놀이터, 마을회관, 그 밖에 대통령령으로 정하는 농업인의 공동생활에 필요한 편의 시설 및 이용시설의 설치
3. 농업인 주택, 어업인 주택이나 그 밖에 대통령령으로 정하는 농업용 시설, 축산업용 시설 또는 어업용 시설의 설치
4. 국방 · 군사시설의 설치
5. 하천, 제방, 그 밖에 이에 준하는 국토보존시설의 설치
6. 문화재의 보수 · 복원 · 이전, 매장 문화재의 발굴, 비석이나 기념탑, 그 밖에 이와 비슷한 공작물의 설치
7. 도로, 철도, 그 밖에 대통령령으로 정하는 공공시설의 설치
8. 지하자원 개발을 위한 탐사 또는 지하광물 채광(採鑛)과 광석의 선별 및 적치(積置)를 위한 장소로 사용하는 행위
9. 농어촌 소득원 개발 등 농어촌 발전에 필요한 시설로서 대통령령으로 정하는 시설의 설치

(2) 농업보호구역 안에서의 행위제한

농업보호구역에서는 다음 각호 외의 토지이용행위를 할 수 없다(법 제32조②).

1. 제1항 각호에 따른 토지이용행위
2. 농업인 소득 증대에 필요한 시설로서 대통령령으로 정하는 건축물 · 공작물, 그 밖의 시설의 설치
3. 농업인의 생활여건을 개선하기 위하여 필요한 시설로서 대통령령으로 정하는 건축물 · 공작물, 그 밖의 시설의 설치

농업진흥지역 지정 당시 관계법령에 따라 인가 · 허가 또는 승인 등을 받거나

신고하고 설치한 기존의 건축물·공작물과 그 밖의 시설에 대하여는 제1항과 제2항의 행위제한규정을 적용하지 아니한다(법 제32조③).

농업진흥지역 지정 당시 관계법령에 따라 다음의 행위에 대하여 인가·허가·승인 등을 받거나 신고하고 공사 또는 사업을 시행 중인 자(관계법령에 따라 인가·허가·승인 등을 받거나 신고할 필요가 없는 경우에는 시행 중인 공사 또는 사업에 착수한 자를 말한다)는 그 공사 또는 사업에 대하여만 제1항과 제2항의 행위 제한규정을 적용하지 아니한다(법 제32조④).

1. 건축물의 건축
2. 공작물이나 그 밖의 시설의 설치
3. 토지의 형질변경
4. 그 밖에 제1호부터 제3호까지의 행위에 준하는 행위

4. 산지관리법상 이용제한

(1) 보전산지 안에서의 행위제한

① 공익용 산지에서의 행위제한

공익용산지(산지전용·일시사용제한지역은 제외한다)에서는 다음의 어느 하나에 해당하는 행위를 하기 위하여 산지전용 또는 산지일시사용을 하는 경우를 제외하고는 산지전용 또는 산지 일시사용을 할 수 없다(법 제12조②).

1. 제10조 제1호부터 제9호까지, 제9호의2 및 제9호의3에 따른 시설의 설치 등
2. 제1항 제2호, 제3호, 제6호 및 제7호의 시설의 설치
3. 제1항 제12호의 시설 중 대통령령으로 정하는 시설의 설치
4. 대통령령으로 정하는 규모 미만으로서 다음 각목의 어느 하나에 해당하는 행위
   가. 농림어업인 주택의 신축, 증축 또는 개축. 다만, 신축의 경우에는 대통령령으로 정하는 주택 및 시설에 한정한다.
   나. 종교시설의 증축 또는 개축
   다. 제4조 제1항 제1호 나목 2)에 해당하는 사유로 공익용산지로 지정된 사찰림의 산지에서의 사찰신축
5. 제1호부터 제4호까지의 시설을 제외한 시설로서 대통령령으로 정하는 공용·공공용 사업을 위하여 필요한 시설의 설치
6. 제1호부터 제5호까지에 따른 시설을 설치하기 위하여 대통령령으로 정하는 기간 동안

임시로 설치하는 다음 각목의 어느 하나에 해당하는 부대시설의 설치
가. 진입로
나. 현장사무소
다. 지질·토양의 조사·탐사시설
라. 그 밖에 주차장 등 농림축산식품부령으로 정하는 부대시설
7. 제1호부터 제5호까지의 시설 중 「건축법」에 따른 건축물과 도로(「건축법」 제2조 제1항 제11호의 도로를 말한다)를 연결하기 위한 대통령령으로 정하는 규모 이하의 진입로의 설치
8. 그 밖에 산나물·야생화·관상수의 재배, 농도의 설치 등 공익용산지의 목적달성에 지장을 주지 아니하는 범위에서 대통령령으로 정하는 행위

공익용산지(산지전용·일시사용제한지역은 제외한다) 중 다음의 어느 하나에 해당하는 산지에서의 행위제한에 대하여는 해당 법률을 각각 적용한다(법 제12조③).

1. 제4조 제1항 제1호 나목 4)부터 14)까지의 산지
2. 「국토의 계획 및 이용에 관한 법률」에 따라 지역·지구 및 구역 등으로 지정된 산지로서 대통령령으로 정하는 산지

② **임업용산지에서의 행위제한**

임업용산지에서는 다음의 어느 하나에 해당하는 행위를 하기 위하여 산지전용 또는 산지 일시사용을 하는 경우를 제외하고는 산지전용 또는 산지 일시사용을 할 수 없다(법 제12조①).

1. 제1호부터 제9호까지, 제9호의2 및 제9호의3에 따른 시설의 설치 등
2. 임도·산림경영관리사(山林經營管理舍) 등 산림경영과 관련된 시설 및 산촌산업개발시설 등 산촌개발사업과 관련된 시설로서 시설의 설치
3. 수목원, 산림생태원, 자연휴양림, 수목장림(樹木葬林), 그 밖에 산림공익시설의 설치
4. 농림어업인의 주택 및 그 부대시설로서 주택 및 시설의 설치
5. 농림어업용 생산·이용·가공시설 및 농어촌휴양시설로서 시설의 설치
6. 광물, 지하수, 그 밖에 지하자원 또는 석재의 탐사·시추 및 개발과 이를 위한 시설의 설치
7. 산사태예방을 위한 지질·토양의 조사와 이에 따른 시설의 설치
8. 석유비축 및 저장시설·방송통신설비, 그 밖에 공용·공공용 시설의 설치
9. 「장사 등에 관한 법률」에 따라 허가를 받거나 신고를 한 묘지·화장시설·봉안시설·

자연장지 시설의 설치
10. 종교시설의 설치
11. 병원, 사회복지시설, 청소년수련시설, 근로자복지시설, 공공직업훈련시설 등 공익시설로서 시설의 설치
12. 교육 · 연구 및 기술개발과 관련된 시설로서 시설의 설치
13. 제1호부터 제12호까지의 시설을 제외한 시설로서 지역사회개발 및 산업발전에 필요한 시설의 설치
14. 제1호부터 제13호까지의 규정에 따른 시설을 설치하기 위하여 기간 동안 임시로 설치하는 다음 각목의 어느 하나에 해당하는 부대시설의 설치
가. 진입로
나. 현장사무소
다. 지질 · 토양의 조사 · 탐사시설
라. 그 밖에 주차장 등 부대시설
15. 제1호부터 제13호까지의 시설 중 「건축법」에 따른 건축물과 도로(「건축법」 제2조 제1항 제11호의 도로를 말한다)를 연결하기 위한 규모 이하의 진입로의 설치
16. 그 밖에 가축의 방목, 산나물 · 야생화 · 관상수의 재배, 물건의 적치(積置), 농도(農道)의 설치 등 임업용산지의 목적달성에 지장을 주지 아니하는 범위에서 행위

Chapter

04 범죄와 형벌

Ⅰ. 범 죄

1. 의 의

범죄란 구성요건 해당성, 위법성, 책임성을 가진 행위이다. 형법전 제2편은 42장 286개조에 개별적인 범죄와 형벌을 규정하고 있다. 형법상 범죄를 보호법익에 따라 분류하면 국가적 법익에 대한 죄, 사회적 법익에 대한 죄, 개인적 법익에 대한 죄로 나누어진다.

2. 형법상 범죄의 분류

(1) 국가적 법익에 대한 죄

국가적 법익에 대한 죄란, 국가의 존립과 권위, 국가의 기능 보호를 법익으로 하는 범죄를 말한다. 따라서 국가적 법익에 대한 죄는 국가의 존립과 권위에 대한 죄, 국가의 기능에 대한 죄로 구분한다.

① 국가의 존립과 권위에 대한 죄

국가의 존립과 권위에 대한 죄는 국가의 존립을 보호하기 위한 범죄와 국가의 국가의 권위를 보호하기 위한 범죄로 구별된다. 국가안전을 보호하기 위한 내란죄와 외환죄는 전자에 해당하고, 국기에 대한 죄는 후자에 해당한다. 국교에 관한 죄는 국가의 대외적 지위와 함께 외국의 이익도 동시에 보호하는 범죄이다.

국가적 법익에 대한 죄 - 국가의 존립과 권위에 대한 죄

제1장 내란의 죄	제87조(내란)
	제88조(내란목적의 살인)
	제90조(예비, 음모, 선동, 선전)
제2장 외환의 죄	제92조(외환유치)
	제93조(여적)
	제94조(모병이적)
	제95조(시설제공이적)
	제96조(시설파괴이적)
	제97조(물건제공이적)
	제98조(간첩)
	제99조(일반이적)
	제101조(예비, 음모, 선동, 선전)
	제103조(전시군수계약불이행)
제3장 국기에 관한 죄	제105조(국기, 국장의 모독)
	제106조(국기, 국장의 비방)
제4장 국교에 관한 죄	제107조(외국원수에 대한 폭행 등)
	제108조(외국사절에 대한 폭행 등)
	제109조(외국의 국기, 국장의 모독)
	제111조(외국에 대한 사전)
	제112조(중립명령위반)
	제113조(외교상기밀의 누설)

② 국가의 기능에 대한 죄

국가의 기능을 보호법익으로 하는 범죄 군을 의미한다.

국가적 법익에 대한 죄 - 국가의 기능에 대한 죄	
제7장 공무원의 직무에 관한 죄	제122조(직무유기)
	제123조(직권남용)
	제124조(불법체포, 불법감금)
	제125조(폭행, 가혹행위)
	제126조(피의사실공표)
	제127조(공무상 비밀의 누설)
	제128조(선거방해)
	제129조(수뢰, 사전수뢰)
	제127조(공무상 비밀의 누설)
	제128조(선거방해)
	제129조(수뢰, 사전수뢰)
	제130조(제삼자뇌물제공)

	제131조(수뢰후부정처사, 사후수뢰)
	제132조(알선수뢰)
	제133조(뇌물공여등)
제8장 공무방해에 관한 죄	제136조(공무집행방해)
	제137조(위계에 의한 공무집행방해)
	제138조(법정 또는 국회회의장모욕)
	제139조(인권옹호직무방해)
	제140조(공무상비밀표시무효)
	제140조의2(부동산강제집행효용침해)
	제141조(공용서류 등의 무효, 공용물의 파괴)
	제142조(공무상 보관물의 무효)
	제144조(특수공무방해)
제9장 도주와 범인은닉의 죄	제145조(도주, 집합명령위반)
	제146조(특수도주)
	제147조(도주원조)
	제148조(간수자의 도주원조)
제10장 위증과 증거인멸의 죄	제152조(위증, 모해위증)
	제154조(허위의 감정, 통역, 번역)
제11장 무고의 죄	제156조(무고)

(2) 사회적 법익에 대한 죄

사회적 법익에 대한 죄는 국민의 사회생활에서의 일반적 법익을 보호하기 위한 범죄를 말한다. 개별적인 개인을 보호하는 것이 아니라는 점에서 개인적 법익에 대한 죄와 구별된다. 또한 국가의 존립과 기능을 보호하기 위한 범죄가 아니라는 점에서 국가적 법익에 대한 죄와도 구별된다.

사회적 법익에 대한 죄	
제5장 공안(公安)을 해하는 죄	제114조(범죄단체 등의 조직)
	제115조(소요)
	제116조(다중불해산)
	제117조(전시공수계약불이행)
	제118조(공무원자격의 사칭)
제6장 폭발물에 관한 죄	제119조(폭발물사용)
	제120조(예비, 음모, 선동)
	제121조(전시폭발물제조 등)
	제12장 신앙에 관한 죄

	제158조(장례식등의 방해)
	제159조(사체 등의 오욕)
	제160조(분묘의 발굴)
	제161조(사체 등의 영득)
	제163조(변사체검시방해)
제13장 방화와 실화의 죄	제164조(현주건조물등에의 방화)
	제165조(공용건조물 등에의 방화)
	제166조(일반건조물 등에의 방화)
	제167조(일반물건에의 방화)
	제168조(연소)
	제169조(진화방해)
	제170조(실화)
	제171조(업무상실화, 중실화)
	제172조(폭발성물건파열)
	제172조의2(가스·전기등 방류)
	제173조(가스·전기등 공급방해)
	제173조의2(과실폭발성물건파열등)
	제176조(타인의 권리대상이 된 자기의 물건)
제14장 일수와 수리에 관한 죄	제177조(현주건조물등에의 일수)
	제178조(공용건조물 등에의 일수)
	제179조(일반건조물 등에의 일수)
	제180조(방수방해)
	제181조(과실일수)
	제184조(수리방해)
제15장 교통방해의 죄	제185조(일반교통방해)
	제186조(기차, 선박 등의 교통방해)
	제187조(기차 등의 전복 등)
	제188조(교통방해치사상)
	제189조(과실, 업무상과실, 중과실)
제16장 음용수에 관한 죄	제192조(음용수의 사용방해)
	제193조(수도음용수의 사용방해)
	제194조(음용수혼독치사상)
	제195조(수도불통)
제17장 아편에 관한 죄	제198조(아편 등의 제조 등)
	제199조(아편흡식기의 제조 등)
	제200조(세관 공무원의 아편 등의 수입)
	제201조(아편흡식 등, 동장소제공)
	제205조(아편 등의 소지)
제18장 통화에 관한 죄	제207조(통화의 위조 등)
	제208조(위조통화의 취득)

	제209조(자격정지 또는 벌금의 병과)
	제210조(위조통화취득후의 지정행사)
	제211조(통화유사물의 제조 등)
제19장 유가증권, 우표와 인지에 관한 죄	제214조(유가증권의 위조 등)
	제215조(자격모용에 의한 유가증권의 작성)
	제216조(허위유가증권의 작성 등)
	제217조(위조유가증권 등의 행사 등)
	제218조(인지·우표의 위조등)
	제219조(위조인지·우표등의 취득)
	제220조(자격정지 또는 벌금의 병과)
	제221조(소인말소)
	제222조(인지·우표유사물의 제조 등)
제20장 문서에 관한 죄	제225조(공문서등의 위조·변조)
	제226조(자격모용에 의한 공문서 등의 작성)
	제227조(허위공문서작성등)
	제227조의2(공전자기록위작·변작)
	제228조(공정증서원본 등의 부실기재)
	제236조(사문서의 부정행사)
	제237조(자격정지의 병과)
	제237조의2(복사문서등)
제21장 인장에 관한 죄	제238조(공인 등의 위조, 부정사용)
	제239조(사인등의 위조, 부정사용)
제22장 성풍속에 관한 죄	제242조(음행매개)
	제243조(음화반포등)
	제244조(음화제조 등)
	제245조(공연음란)
제23장 도박과 복표에 관한 죄	제246조(도박, 상습도박)
	제247조(도박장소 등 개설)
	제248조(복표의 발매 등)
	제229조(위조등 공문서의 행사)
	제230조(공문서 등의 부정행사)
	제231조(사문서등의 위조·변조)
	제232조(자격모용에 의한 사문서의 작성)
	제232조의2(사전자기록위작·변작)
	제233조(허위진단서등의 작성)
	제234조(위조사문서등의 행사)

(3) 개인적 법익에 대한 죄

개인적 법익에 대한 죄란 개인의 생명·신체·자유, 명예·신용, 사생활의 평온·재산을 보호법익으로 하는 범죄를 말한다. 크게는 개인의 인격적 법익에 대한 죄와 재산적 법익에 대한 죄로 구분된다. 인간의 존엄성이라는 헌법질서에서 개인적 법익을 보호하는 것은 형법의 가장 주된 기능이 된다.

① 인격적 이익에 대한 죄

개인적 법익에 대한 죄 - 인격적 이익에 대한 죄	
제24장 살인의 죄	제250조(살인, 존속살해)
	제251조(영아살해)
	제252조(촉탁, 승낙에 의한 살인 등)
	제253조(위계 등에 의한 촉탁살인 등)
	제255조(예비, 음모)
제25장 상해와 폭행의 죄	제257조(상해, 존속상해)
	제258조(중상해, 존속중상해)
	제258조의2(특수상해)
	제259조(상해치사)
	제260조(폭행, 존속폭행)
	제261조(특수폭행)
	제262조(폭행치사상)
제26장 과실치사상의 죄	제266조(과실치상)
	제267조(과실치사)
	제268조(업무상과실·중과실 치사상)
제27장 낙태의 죄	제269조(낙태)
	제270조(의사 등의 낙태, 부동의낙태)
제28장 유기와 학대의 죄	제271조(유기, 존속유기)
	제272조(영아유기)
	제273조(학대, 존속학대)
	제274조(아동혹사)
	제275조(유기등 치사상)
제29장 체포와 감금의 죄	제276조(체포, 감금, 존속체포, 존속감금)
	제277조(중체포, 중감금, 존속중체포, 존속중감금)
	제278조(특수체포, 특수감금)
	제281조(체포·감금등의 치사상)
제30장 협박의 죄	제283조(협박, 존속협박)
	제284조(특수협박)
제31장 약취(略取),	제287조(미성년자의 약취, 유인)

유인(誘引) 및 인신매매의 죄	제288조(추행 등 목적 약취, 유인 등)
	제289조(인신매매)
	제290조(약취, 유인, 매매, 이송 등 상해·치상)
	제291조(약취, 유인, 매매, 이송 등 살인·치사)
	제292조(약취, 유인, 매매, 이송된 사람의 수수·은닉 등)
제32장 강간과 추행의 죄	제297조(강간)
	제297조의2(유사강간)
	제298조(강제추행)
	제299조(준강간, 준강제추행)
	제301조(강간 등 상해·치상)
	제301조의2(강간등 살인·치사)
	제302조(미성년자 등에 대한 간음)
	제303조(업무상위력 등에 의한 간음)
	제305조(미성년자에 대한 간음, 추행)
제33장 명예에 관한 죄	제307조(명예훼손)
	제308조(사자의 명예훼손)
	제309조(출판물 등에 의한 명예훼손)
	제311조(모욕)
제34장 신용, 업무와 경매에 관한 죄	제313조(신용훼손)
	제314조(업무방해)
	제315조(경매, 입찰의 방해)
제35장 비밀침해의 죄	제316조(비밀침해)
	제317조(업무상비밀누설)
제36장 주거침입의 죄	제319조(주거침입, 퇴거불응)
	제320조(특수주거침입)
	제321조(주거·신체 수색)

② 재산적 이익에 대한 죄

개인적 법익에 대한 죄 - 재산적 이익에 대한 죄	
제37장 권리행사를 방해하는 죄	제323조(권리행사방해)
	제324조(강요)
	제324조의2(인질강요)
	제324조의3(인질상해·치상)
	제324조의4(인질살해·치사)
	제325조(점유강취, 준점유강취)
	제326조(중권리행사방해)
	제327조(강제집행면탈)
제38장 절도와 강도의 죄	제329조(절도)

	제330조(야간주거침입절도)
	제331조(특수절도
	제331조의2(자동차등 불법사용)
	제333조(강도)
	제334조(특수강도)
	제335조(준강도)
	제336조(인질강도)
	제337조(강도상해, 치상)
	제338조(강도살인·치사)
	제339조(강도강간)
	제340조(해상강도)
제39장 사기와 공갈의 죄	제347조(사기)
	제347조의2(컴퓨터등 사용사기)
	제348조(준사기)
	제348조의2(편의시설부정이용)
	제349조(부당이득)
	제350조(공갈)
	제350조의2(특수공갈)
제40장 횡령과 배임의 죄	제355조(횡령, 배임)
	제356조(업무상의 횡령과 배임)
	제357조(배임수증재)
	제360조(점유이탈물횡령)
제41장 장물에 관한 죄	제362조(장물의 취득, 알선 등)
제42장 손괴의 죄	제366조(재물손괴등)
	제367조(공익건조물파괴)
	제368조(중손괴)
	제369조(특수손괴)
	제370조(경계침범)

Ⅱ. 경 범 죄

1. 경범죄의 의의

경범죄란 경찰의 목적을 달성하기 위하여 경미한 경찰의무위반자에게 구류, 과료 등의 가벼운 형벌이 가해지는 범죄를 말한다. 이러한 경범죄의 유형은 경범죄처벌법에서 규정하고 있는데, 동법은 일반적으로 범죄와 형벌에 관한 기본법인 형법에 규정되지 않은 경미한 행위를 처벌대상으로 하고 있다.

경범죄처벌법은 국민의 일상생활과 밀접한 기초질서를 확립하고 준법정신을 함양하기 위하여 1954년 4월 1일 법률 316호로 제정된 이래 최근 2016년 1월 22일 개정에 이르기까지 경범죄의 종류를 현실화하고 처벌수위를 높여 왔다. 경범죄에 대한 처벌절차는 즉결심판절차법에서 정하고 있다.

2. 경범죄의 종류

현행 경범죄처벌법 제3조에서 규정하고 있는 경범죄의 종류는 모두 47개 유형이며, 그 처벌의 강약에 따라 세 종류로 분류할 수 있다.

10만원 이하의 벌금, 구류 또는 과료의 형으로 처벌하는 유형,

20만원 이하의 벌금, 구류 또는 과료의 형으로 처벌하는 유형,

60만원 이하의 벌금, 구류 또는 과료의 형으로 처벌하는 유형이다.

(1) 10만원 이하의 벌금, 구류 또는 과료의 형으로 처벌하는 유형(41개)

1. (빈집 등에의 침입) 다른 사람이 살지 아니하고 관리하지 아니하는 집 또는 그 울타리 · 건조물 · 배 · 자동차 안에 정당한 이유 없이 들어간 사람
2. (흉기의 은닉휴대) 칼 · 쇠몽둥이 · 쇠톱 등 사람의 생명 또는 신체에 중대한 위해를 끼치거나 집이나 그 밖의 건조물에 침입하는 데에 사용될 수 있는 연장이나 기구를 정당한 이유 없이 숨겨서 지니고 다니는 사람
3. (폭행 등 예비) 다른 사람의 신체에 위해를 끼칠 것을 공모하여 예비행위를 한 사람이 있는 경우 그 공모를 한 사람
4. 삭제
5. (시체 현장변경 등) 사산아(죽어 태어난 태아)를 감추거나 정당한 이유 없이 변사체 또는 사산아가 있는 현장을 바꾸어 놓은 사람
6. (도움이 필요한 사람 등의 신고불이행) 자기가 관리하고 있는 곳에 도움을 받아야 할 노인, 어린이, 장애인, 다친 사람 또는 병든 사람이 있거나 시체 또는 사산아가 있는 것을 알면서 이를 관계 공무원에게 지체없이 신고하지 아니한 사람

7. (관명 사칭 등) 국내외의 공직, 계급, 훈장, 학위 또는 그 밖에 법령에 따라 정하여진 명칭이나 칭호 등을 거짓으로 꾸며대거나 자격이 없으면서 법령에 의하여 정하여진 제복, 훈장, 기장 또는 기념장, 그 밖의 표장 또는 이와 비슷한 것을 사용한 사람
8. (물품강매·호객행위) 요청하지 아니한 물품을 억지로 사라고 한 사람, 요청하지 아니한 일을 해 주거나 재주 등을 부리고 그 대가로 돈을 달라고 한 사람 또는 여러 사람이 모이거나 다니는 곳에서 영업을 목적으로 떠들썩하게 손님을 부른 사람
9. (광고물 무단부착 등) 다른 사람 또는 단체의 집이나 그 밖의 인공구조물과 자동차 등에 함부로 광고물 등을 붙이거나 내걸거나 끼우거나 글씨 또는 그림을 쓰거나 그리거나 새기는 행위 등을 한 사람 또는 다른 사람 또는 단체의 간판, 그 밖의 표시물 또는 인공구조물을 함부로 옮기거나 더럽히거나 훼손한 또는 공공장소에서 광고물 등을 함부로 뿌린 사람
10. (마시는 물 사용방해) 사람이 마시는 물을 더럽히거나 사용하는 것을 방해한 사람
11. (쓰레기 등 투기) 담배꽁초, 껌, 휴지, 쓰레기, 죽은 짐승, 그 밖의 더러운 물건이나 못쓰게 된 물건을 함부로 아무 곳에나 버린 사람
12. (노상방뇨 등) 길, 공원, 그 밖에 여러 사람이 모이거나 다니는 곳에서 함부로 침을 뱉거나 대소변을 보거나 또는 그렇게 하도록 시키거나 개 등 짐승을 끌고 와서 대변을 보게 하고 이를 치우지 아니한 사람
13. (의식방해) 공공기관이나 그 밖의 단체 또는 개인이 하는 행사나 의식을 못된 장난 등으로 방해하거나 행사나 의식을 하는 자 또는 그 밖에 관계 있는 사람이 말려도 듣지 아니하고 행사나 의식을 방해할 우려가 뚜렷한 물건을 가지고 행사장 등에 들어간 사람
14. (단체가입 강요) 싫다고 하는 데도 되풀이하여 단체가입을 억지로 강요한 사람
15. (자연훼손) 공원·명승지·유원지나 그 밖의 녹지지역 등에서 함부로 풀·꽃·나무·돌 등을 함부로 꺾거나 캔 사람 또는 바위·나무 등에 글씨를 새기거나 하여 자연을 훼손한 사람
16. (타인의 가축·기계 등 무단조작) 다른 사람 또는 단체의 소나 말, 그 밖의 짐승 또는 매어 놓은 배·뗏목 등을 함부로 풀어 놓거나 자동차 등의

기계를 조작한 사람

17. (물길의 흐름 방해) 개천 · 도랑이나 그 밖의 물길의 흐름에 방해될 행위를 한 사람
18. (구걸행위 등) 다른 사람에게 구걸하도록 시켜 올바르지 아니한 이익을 얻은 사람 또는 공공장소에서 구걸을 하여 다른 사람의 통행을 방해하거나 귀찮게 한 사람
19. (불안감조성) 정당한 이유 없이 길을 막거나 시비를 걸거나 주위에 모여들거나 뒤따르거나 몹시 거칠게 겁을 주는 말이나 행동으로 다른 사람을 불안하게 하거나 귀찮고 불쾌하게 한 사람 또는 여러 사람이 이용하거나 다니는 도로 · 공원 등 공공장소에서 고의로 험악한 문신을 드러내어 다른 사람에게 혐오감을 준 사람
20. (음주소란 등) 공회당 · 극장 · 음식점 등 여러 사람이 모이거나 다니는 곳 또는 여러 사람이 타는 기차 · 자동차 · 배 등에서 몹시 거친 말이나 행동으로 주위를 시끄럽게 하거나 술에 취하여 이유 없이 다른 사람에게 주정한 사람
21. (인근소란 등) 악기 · 라디오 · 텔레비전 · 전축 · 종 · 확성기 · 전동기 등의 소리를 지나치게 크게 내거나 큰소리로 떠들거나 노래를 불러 이웃을 시끄럽게 한 사람
22. (위험한 불씨 사용) 충분한 주의를 하지 아니하고 건조물, 수풀, 그 밖에 불붙기 쉬운 물건 가까이에서 불을 피우거나 휘발유 또는 그 밖에 불이 옮아붙기 쉬운 물건 가까이에서 불씨를 사용한 사람
23. (물건 던지기 등 위험행위) 다른 사람의 신체나 다른 사람 또는 단체의 물건에 해를 끼칠 우려가 있는 곳에 충분한 주의를 하지 아니하고 물건을 던지거나 붓거나 또는 쏜 사람
24. (인공구조물 등의 관리소홀) 무너지거나 넘어지거나 떨어질 우려가 있는 인공구조물이나 그 밖의 물건에 대하여 관계 공무원으로부터 고칠 것을 요구받고도 필요한 조치를 게을리하여 여러 사람을 위험에 빠트릴 우려가 있게 한 사람
25. (위험한 동물의 관리소홀) 사람이나 가축에 해를 끼치는 버릇이 있는 개나 그 밖의 동물을 함부로 풀어놓거나 제대로 살피지 아니하여 나다니게 한 사람

26. (동물 등에 의한 행패 등) 소나 말을 놀라게 하여 달아나게 하거나 개나 그 밖의 동물을 시켜 사람이나 가축에 달려들게 한 사람
27. (무단소등) 여러 사람이 다니거나 모이는 곳에 켜놓은 등불이나 다른 사람 또는 단체가 표시를 하기 위하여 켜 놓은 등불을 함부로 끈 사람
28. (공중통로 안전관리소홀) 여러 사람이 다니는 곳에서 위험한 사고가 발생하는 것을 막을 의무가 있으면서도 등불을 켜 놓지 아니하거나 그 밖의 예방조치를 게을리한 사람
29. (공무원 원조불응) 눈·비·바람·해일·지진 등으로 인한 재해, 화재·교통사고·범죄, 그 밖의 급작스러운 사고가 발생하였을 때에 현장에 있으면서도 정당한 이유 없이 관계 공무원 또는 이를 돕는 사람의 현장출입에 관한 지시에 따르지 아니하거나 공무원이 도움을 요청하여도 도움을 주지 아니한 사람
30. (거짓 인적 사항 사용) 성명, 주민등록번호, 등록기준지, 주소, 직업 등을 거짓으로 꾸며대고 배나 비행기를 타거나 인적 사항을 물을 권한이 있는 공무원이 적법한 절차를 거쳐 묻는 경우 정당한 이유 없이 다른 사람의 인적 사항을 자기의 것으로 거짓으로 꾸며댄 사람
31. (미신요법) 근거 없이 신기하고 용한 약방문인 것처럼 내세우거나 그 밖의 미신적인 방법으로 병을 진찰·치료·예방한다고 하여 사람들의 마음을 홀리게 한 사람
32. (야간통행제한 위반) 전시·사변·천재지변, 그 밖에 사회에 위험이 생길 우려가 있을 경우에 경찰청장이나 해양경찰청장이 정하는 야간통행제한을 위반한 사람
33. (과다노출) 여러 사람의 눈에 뜨이는 곳에서 공공연하게 알몸을 지나치게 내놓거나 가려야 할 곳을 내놓아 다른 사람에게 부끄러운 느낌이나 불쾌감을 준 사람[1)]

---

1) '여러 사람의 눈에 뜨이는 곳에서 공공연하게 알몸을 지나치게 내놓거나 가려야 할 곳을 내놓아 다른 사람에게 부끄러운 느낌이나 불쾌감을 준 사람'을 처벌하는 경범죄처벌법(2012. 3. 21. 법률 제11401호로 전부개정된 것) 제3조 제1항 제33호가 죄형법정주의의 명확성원칙에 위배된다(헌법재판소 2016. 11. 24. 선고 2016헌가3 전원재판부).

【결정요지】 심판대상조항은 알몸을 '지나치게 내놓는' 것이 무엇인지 그 판단 기준을 제시하지 않아 무엇이 지나친 알몸노출행위인지 판단하기 쉽지 않고, '가려야 할 곳'의 의미도 알기 어렵다. 심판대상조항 중 '부끄러운 느낌이나 불쾌감'은 사람마다 달리 평가될 수밖에 없고, 노출되었을 때 부끄러운 느낌이나 불쾌감을 주는 신체부위도 사람마다 달라 '부끄러운 느낌이나 불쾌

34. (지문채취 불응) 범죄 피의자로 입건된 사람의 신원을 지문조사 외의 다른 방법으로는 확인할 수 없어 경찰공무원이나 검사가 지문을 채취하려고 할 때에 정당한 이유 없이 이를 거부한 사람
35. (자릿세 징수 등) 여러 사람이 모이거나 쓸 수 있도록 개방된 시설 또는 장소에서 좌석이나 주차할 자리를 잡아 주기로 하거나 잡아 주면서, 돈을 받거나 요구하거나 돈을 받으려고 다른 사람을 귀찮게 따라다니는 사람
36. (행렬방해) 공공장소에서 승차·승선, 입장·매표 등을 위한 행렬에 끼어들거나 떠밀거나 하여 그 행렬의 질서를 어지럽힌 사람
37. (무단출입) 출입이 금지된 구역이나 시설 또는 장소에 정당한 이유 없이 들어간 사람
38. (총포 등 조작장난) 여러 사람이 모이거나 다니는 곳에서 충분한 주의를 하지 아니하고 총포, 화약류, 그 밖에 폭발의 우려가 있는 물건을 다루거나 이를 가지고 장난한 사람
39. (무임승차 및 무전취식) 영업용 차 또는 배 등을 타거나 다른 사람이 파는 음식을 먹고 정당한 이유 없이 제 값을 치르지 아니한 사람
40. (장난전화 등) 정당한 이유 없이 다른 사람에게 전화·문자메시지·편지·전자우편·전자문서 등을 여러 차례 되풀이하여 괴롭힌 사람
41. (지속적 괴롭힘) 상대방의 명시적 의사에 반하여 지속적으로 접근을 시도하여 면회 또는 교제를 요구하거나 지켜보기, 따라다니기, 잠복하여 기다리기 등의 행위를 반복하여 하는 사람

(2) 20만원 이하의 벌금, 구류 또는 과료의 형으로 처벌하는 유형(4개 유형).

1. (출판물의 부당게재 등) 올바르지 아니한 이익을 얻을 목적으로 다른 사람

감'을 통하여 '지나치게'와 '가려야 할 곳' 의미를 확정하기도 곤란하다.

심판대상조항은 '선량한 성도덕과 성풍속'을 보호하기 위한 규정인데, 이러한 성도덕과 성풍속이 무엇인지 대단히 불분명하므로, 심판대상조항의 의미를 그 입법목적을 고려하여 밝히는 것에도 한계가 있다. 대법원은 '신체노출행위가 단순히 다른 사람에게 부끄러운 느낌이나 불쾌감을 주는 정도에 불과한 경우 심판대상조항에 해당한다.'라고 판시하나, 이를 통해서도 '가려야 할 곳', '지나치게'의 의미를 구체화 할 수 없다.

심판대상조항의 불명확성을 해소하기 위해 노출이 허용되지 않는 신체부위를 예시적으로 열거하거나 구체적으로 특정하여 분명하게 규정하는 것이 입법기술상 불가능하거나 현저히 곤란하지도 않다. 예컨대 이른바 '바바리맨'의 성기노출행위를 규제할 필요가 있다면 노출이 금지되는 신체부위를 '성기'로 명확히 특정하면 될 것이다.

따라서 심판대상조항은 죄형법정주의의 명확성원칙에 위배된다.

또는 단체의 사업이나 사사로운 일에 관하여 신문, 잡지, 그 밖의 출판물에 어떤 사항을 싣거나 싣지 아니할 것을 약속하고 돈이나 물건을 받은 사람

2. (거짓 광고) 여러 사람에게 물품을 팔거나 나누어 주거나 일을 해 주면서 다른 사람을 속이거나 잘못 알게 할 만한 사실을 들어 광고한 사람
3. (업무방해) 못된 장난 등으로 다른 사람, 단체 또는 공무수행 중인 자의 업무를 방해한 사람
4. (암표매매) 흥행장, 경기장, 역, 나루터, 정류장, 그 밖에 정하여진 요금을 받고 입장시키거나 승차 또는 승선시키는 곳에서 웃돈을 받고 입장권·승차권 또는 승선권을 다른 사람에게 되 판 사람

(3) 60만원 이하의 벌금, 구류 또는 과료의 형으로 처벌하는 유형(2개 유형).

1. (관공서에서의 주취소란) 술에 취한 채로 관공서에서 몹시 거친 말과 행동으로 주정하거나 시끄럽게 한 사람
2. (거짓신고) 있지 아니한 범죄나 재해사실을 공무원에게 거짓으로 신고한 사람

3. 경범죄처벌법의 특징

(1) 남용금지

경범죄처벌법을 적용할 때에는 국민의 권리를 부당하게 침해하지 않도록 세심한 주의를 기울여야 하며, 본래의 목적에서 벗어나 다른 목적을 위하여 이 법을 함부로 적용하여서는 아니 된다는 주의규정을 두고 있다(제2조).

(2) 특 례

① 통고처분제도

경범죄처벌법은 제3차 개정 때인 1980년 12월 31일 "경범죄처벌의 특례"를 신설하여 통고처분제도를 도입하였다. 통고처분이란 원래 교통사범, 조세범, 출입국관리사범 등에 대하여 간이·신속을 목적으로 정식재판에 갈음하여 상대방의 이행을 조건으로 하는 준사법적 성질의 행정행위이다. 통고처분의 효과는 범칙자가 통고를

받은 날부터 소정의 기간 안에 통고된 내용을 이행함으로써 통고처분은 확정판결과 동일한 효력을 발생하고, 그 결과 일사부재리의 원칙이 적용된다. 그러나 소정의 기간 내에 범칙자가 통고내용을 이행하지 아니하면 당해 통고처분은 당연히 효력을 상실하고, 통고처분을 한 해당 행정청은 지체없이 고발하여야 하는데, 경범죄처벌법에서는 해당 경찰서장 등이 지체없이 즉결심판을 청구하도록 하고 있다.

경범죄처벌법 제7조에 의하면, 경찰서장, 해양경찰서장, 제주특별자치도지사 또는 철도특별사법경찰대장은 범칙자로 인정되는 사람에 대하여 그 이유를 명백히 나타낸 서면으로 범칙금(犯則金)[2]을 부과하고 이를 납부할 것을 통고할 수 있다. 여기에서 '범칙자'란 범칙행위를 한 자를 말하며, '범칙행위'란 동법 제3조 제1항 각 호 및 제2항 각 호의 어느 하나에 위반행위를 말한다(제6조). 다만 범칙행위를 행한 사람이라고 하더라도 ㉠ 범칙행위를 상습적으로 행하는 사람, ㉡ 죄를 지은 동기나 수단 및 결과를 헤아려 볼 때 구류처분을 하는 것이 적절하다고 인정되는 사람, ㉢ 피해자가 있는 행위를 한 사람, ㉣ 18세 미만인 사람은 통고처분대상인 범칙자에서 제외된다.

② 통고처분의 예외 및 절차

통고처분은 ㉠ 통고처분서 받기를 거부한 사람, ㉡ 주거 또는 신원이 확실하지 아니한 사람, ㉢ 그 밖에 통고처분을 하기가 매우 어려운 사람에 대하여는 하지 아니한다(제6조 제2항). 통고처분서를 받은 사람은 그 통고처분서를 받은 날로부터 10일 이내에 경찰청장·해양경찰청장 도는 철도특별사법경찰대장이 지정한 은행, 그 지점이나 대리점, 우체국 또는 제주특별자치도지사가 지정하는 금융기관이나 그 지점에 범칙금을 납부하여야 한다. 다만, 천재지변이나 그 밖의 부득이한 사유로 말미암아 그 기간 내에 범칙금을 납부할 수 없을 때에는 그 부득이한 사유가 없어지게 된 날부터 5일 이내에 납부하여야 한다(제8조 제1항). 납부기간에 범칙금을 납부하지 아니한 사람은 납부기간의 마지막 날의 다음 날부터 20일 이내에 통고받은 범칙금에 그 금액의 100분의 20을 더한 금액을 납부하여야 한다(제2항). 범칙금을 납부한 사람은 그 범칙행위에 대하여 다시 처벌받지 아니한다(제3항).

2) "범칙금"이라 함은 범칙자가 경범죄처벌법 제7조의 규정에 의한 통고처분에 따라 국고 또는 제주특별자치도의 금고에 납부하여야 할 금전을 말하며(제6조 제3항), 통고할 범칙금의 액수는 범칙행위의 종류에 따라 대통령령으로 정한다(제7조 제2항).

③ 통고처분 불이행자에 대한 처리

경찰서장 또는 해양경찰서장은 ㉠ 제7조 제1항 각 호의 어느 하나에 해당하는 사람, ㉡ 제8조 제2항의 규정에 따른 납부기간에 범칙금을 납부하지 아니한 사람에 대하여는 지체없이 즉결심판을 청구하여야 한다. 다만, 즉결심판이 청구되기 전까지 통고받은 범칙금에 그 금액의 100분의 50을 더한 금액을 납부한 사람에 대하여는 즉결심판을 청구하지 아니한다(제9조 제1항). ㉡에 따라 즉결심판이 청구된 피고인이 통고받은 범칙금에 그 금액의 100분의 50을 더한 금액을 납부하고 그 증빙서류를 즉결심판선고 전까지 제출하였을 때에는 경찰서장 또는 해양경찰서장은 그 피고인에 대한 즉결심판청구를 취소하여야 한다(제2항). 이 경우 범칙금을 납부한 사람은 그 범칙행위에 대하여 다시 처벌받지 아니한다(제3항).

Ⅲ. 특별형법범

1. 개 관

특별형법범이란 형법이 아닌 형사특별법을 위반한 범죄를 말한다. 기존의 형법으로는 처벌할 수 없는 특수한 범죄에 대응하기 위하여 또는 형법에서 규정한 형벌보다 가중처벌을 하기 위한 목적으로 특별형법이 제정되어 있다.

2. 특별형법의 종류

(1) 교통사고처리 특례법
(2) 폭력행위 등 처벌에 관한 법
(3) 특정범죄 가중처벌 등에 관한 법
(4) 성폭력범죄의 처벌 등에 관한 특례법
(5) 아동·청소년의 성보호에 관한 법률
(6) 가정폭력범죄의 처벌 등에 관한 특례법
(7) 성매매알선 등 행위의 처벌에 관한 법률
(8) 정보통신망 이용촉진 및 정보보호 등에 관한 법률 등

Ⅳ. 형 벌

1. 형벌의 의의

형벌은 범죄자에 대하여 국가형벌권을 발동하는 묻는 책임이다. 형벌은 죄형법정주의의 원칙에 따라 행하여진다.

2. 형벌이론

형벌이론은 형벌이 가진 기능을 중심으로 두 가지로 구분된다.

(1) 응보형주의

응보형주의는 "눈에는 눈, 이에는 이"라는 "탈리오 법칙"[3]에 근거한 형벌이론이다. 형벌의 본질을 응보적 해악으로 파악하고, 범죄는 법익에 대한 해악이므로 형벌 또한 정의에 따른 상응하는 해악이라고 한다.

(2) 목적형주의

목적형주의 형벌이론은 형벌은 그 자체가 목적이 아니고, 범죄로부터 사회를 방위하고 보호하려는 목적을 위한 수단이라고 한다. 여기서 형벌의 목적을 무엇으로 파악하는가에 따라 일반예방주의와 특별예방주의가 대립한다.

① 일반예방주의

일반예방주의는 형벌의 목적이 일반사회인으로 하여금 장래 범죄를 범하지 않도록 예방하는 것이 목적이라고 하는 주장이다. 동양적 사고로는 손자의 일벌백계(一罰百戒)사상에 기초하고, 서양 철학으로는 포이에르바하(L. Feuerbach)의 심리강제설에 기초하는 이론이다.

---

3) 탈리오 법칙(lex talionis): 함무라비법전(法典)과 성경에서 유래한다. '생명에는 생명으로써, 눈에는 눈으로써, 이[齒]에는 이로써'라고 하는 법칙이다. 同害報服이라고도 한다. 즉 가해로 인한 피해와 복수 간의 균형을 이루어 피해자를 만족시킴으로써 사적 보복의 한계를 마련한다. 동해보복을 받은 가해자 측의 재복수는 허용되지 않는다.

② 특별예방주의

특별예방주의는 형벌의 목적을 범죄인에 대한 교화를 통하여, 범죄인이 재범하지 않고 정상적인 사회인으로 복귀하도록 하는 것이라는 이론이다.

3. 형벌의 종류

형법상 형벌에는 사형, 징역, 금고, 자격상실, 자격정지, 벌금, 구류, 과료, 몰수의 9종류가 있다(제41조). 형벌은 박탈되는 법익의 종류에 따라 생명형(사형), 자유형(징역, 금고, 구류), 재산형(벌금, 과료, 몰수), 명예형(자격상실, 자격정지)으로 구분한다.

(1) 사 형

사형(死刑)은 범죄자의 생명을 박탈하여 사회로부터 영구히 격리시키는 형벌이다. 사형의 집행은 교수, 총살, 전기의자살, 독가스살 등이 있고, 우리 형법은 교수형을(형법 제66조), 군형법은 총살형을 인정하고 있다(군형법 제3조).

(2) 자유형

자유형은 수형자를 일정한 장소에 격리, 구금함으로써 신체활동의 자유를 제한하거나 박탈하는 형벌이다. 현행 형법상 인정되는 자유형은 징역, 금고, 구류이다.

① 징 역

징역은 수형자를 교도소 내에 구치하여 정역에 복무하게 하는 것을 내용으로 하는 자유형으로서 자유형 가운데 가장 중한 형벌이다(형법 제67조). 유기징역은 1개월 이상 30년 이하로 하며 형을 가중하는 때에는 50년까지로 한다(제42조). 무기징역은 사형 다음으로 중한 형벌로서 종신형이다.

② 금 고

금고는 수형자를 교도소 내에 구치하여 자유를 제한하는 형벌이다(형법 제68조). 그러나 노동에 복무시키지 않는다는 점에서 징역과 구별된다.

③ 구 류

구류는 1일 이상 30일 미만으로 교도소 내에 구치하여 집행하는 형벌이다. 기간에서 징역이나 금고와 구별된다(형법 제46조, 제68조).

(3) 재산형

국가가 범죄인에 대하여 일정액의 금전의 지급을 명하여 범죄인의 재산적 이익을 박탈하는 형벌이다. 벌금, 과료, 몰수의 세 가지가 있다.

① 벌 금

벌금은 범죄인에 대하여 일정한 금액의 금전을 강제적으로 부담하도록 하는 재산형이다. 금액은 5 만원 이상으로 하고, 상한액에는 제한이 없다.

② 과 료

과료는 2천원 이상 5만원 미만으로 부과하는 재산형이다(제47조). 과료(科料)는 행정상의 질서벌인 과태료(過怠料)와 구별된다.

③ 몰수와 추징

몰수는 범죄의 반복을 방지하고 범죄로부터 이득을 얻지 못하게 할 목적으로 범행과 관련된 재산을 박탈하여 국고에 귀속시키는 재산형이다(제48조, 제49조). 원칙적으로 주형에 부가되는 부가형이지만 행위자에게 유죄의 재판을 하지 않은 경우에도 몰수의 요건이 갖춰지면 몰수만을 선고할 수도 있다(제49조).

추징은 소비・분실・양도 등으로 몰수할 대상물의 전부 또는 일부가 판결 당시 사실상 또는 법률상 몰수하기 불능한 경우에는 몰수에 갈음하여 그 가액의 납부를 명하는 형벌이다(제48조 제2항).

(4) 명예형

명예형은 범죄인의 명예감정을 손상시키거나 명예롭게 사회적 지위를 누릴 수 있는 권리를 박탈 내지 제한하는 형벌이며 자격형이라고도 한다.

① 자격상실

사형, 무기징역 또는 무기금고의 선고가 있으면 형의 효력으로서 당연히 일정한 자격이 상실되는 것을 자격상실이라고 한다(형법 제43조 제1항). 상실되는 자격으로는 ① 공무원이 되는 자격, ② 공법상의 선거권과 피선거권, ③ 법률로 요건을 정한 공법상의 업무에 관한 자격, ④ 법인의 이사, 감사 또는 지배인 기타 법인의 업무에 관한 검사역이나 재산관리인이 되는 자격이다.

② 자격정지

자격정지란 일정기간 일정한 형의 판결을 받은 자의 일정한 자격의 전부 또는 일부를 정지시키는 것을 말한다. 자격의 당연정지(제43조 제2항)와 판결선고에 의한 자격정지로 나누어진다.

자격의 당연정지는 유기징역 또는 유기금고의 판결을 받은 자가 그 형의 집행이 종료하거나 면제될 때까지 앞서 말한 상실되는 자격 중에서 ①~③의 자격이 당연히 정지된다. 판결선고에 의한 자격정지는 자격상실 대상의 전부 또는 일부를 대상으로 하여 1년 이상 15년 이하의 기간(제44조 제1항) 판결로 자격정지를 선고하는 것을 말한다.

4. 형의 선고유예

(1) 의 의

선고유예는 경미한 범죄를 범한 경우 일정기간 형의 선고를 유예하고 특별한 사고 없이 그 유예기간이 경과하면 면소된 것으로 간주하는 제도이다(제59조).

(2) 요 건

① 1년 이하의 징역이나 금고, 자격정지 또는 벌금의 형을 선고할 경우일 것

주형에 대하여 선고유예를 하는 경우 부가형도 선고유예를 할 수 있다. 그러나 부가형만에 대한 선고유예는 허용되지 않는다. 형을 병과 하는 경우에도 형의 전부 또는 일부에 대해 선고유예가 가능하다. 따라서 징역형과 벌금형을 병과 하는 경우에 징역형은 집행유예하고 벌금형에 대해서만 선고유예를 하는 것도 가능하다.

② 개전의 정상이 현저할 것

형을 선고하지 않아도 재범의 위험성이 없다고 인정되어야 하고, 이는 판결선고시에 양형의 조건(제51조)을 기초로 판단한다.

③ 자격정지 이상의 형을 받은 전과가 없을 것

이는 위험성이 적은 초범에 대해서만 인정할 수 있다는 의미이다.

(3) 선고유예의 효과와 실효

① 효 과

선고유예의 판결 여부는 법원의 재량에 속한다. 선고유예는 조건부 유죄판결이므로 그 범죄사실과 선고한 형을 정하여야 한다. 형의 선고를 유예하는 경우에 재범방지를 위하여 지도 및 원호가 필요한 때에는 보호관찰을 명할 수 있다(보호관찰부 선고유예)(제59조의2 제1항). 형의 선고유예를 받은 날로부터 2년을 경과하면 면소된 것으로 간주한다(제60조).

② 실 효

형의 선고유예를 받은 자가 유예기간 중 자격정지 이상의 형에 대한 판결이 확정된 경우 또는 자격정지 이상의 형에 대한 전과가 발견된 경우에는 유예한 형을 선고한다(제61조 제1항). 보호관찰부 선고유예를 받은 자가 보호관찰기간 중에 준수사항을 위반하고 그 정도가 무거운 때에는 유예한 형을 선고할 수 있다(제61조 제2항).

5. 형의 집행유예

(1) 의 의

집행유예는 유죄를 인정하여 형을 선고하면서 일정한 기간 그 형의 집행을 유예하여 유예기간 중 그 유예가 실효 또는 취소되지 않고 유예기간을 경과하면 형의 선고의 효력을 잃게 하는 제도이다(제62조 이하).

(2) 요 건

① 3년 이하의 징역 또는 금고의 형을 선고할 경우일 것

징역 또는 금고의 형을 선고하는 경우에만 집행유예가 가능하므로 벌금형선고 시에는 집행유예를 할 수 없다. 그 결과 벌금을 납입하지 못하여 노역장에 유치되는 경우에는 집행유예부 자유형 선고시보다 불리하게 된다. 형을 병과할 경우 그 형의 일부에 대하여 집행을 유예할 수 있다(제62조 제2항).

② 정상에 참작할 사유가 있을 것

정상참작의 사유란 형의 집행 없이 형의 선고만으로도 피고인에게 경고기능을 다하여 장차 재범하지 않을 것으로 인정되는 경우를 말한다. 그 판단기준은 형법 제51조의 양형의 조건이고, 판단시기는 판결선고시이다.

③ 금고 이상의 형의 선고를 받아 집행을 종료하거나 면제된 후 5년을 경과하였을 것

'형의 선고를 받은 때'란 실형선고는 물론 집행유예선고를 받은 때도 포함한다. 따라서 집행유예기간 중의 범죄에 대해서는 집행유예를 할 수 없다(통설·판례). 다시 재판할 사건의 범행시기는 묻지 않는다. 따라서 집행유예선고를 받은 범죄 전후를 불문하고 5년 이내에는 집행유예가 불가능하다.

(3) 집행유예와 보호관찰, 사회봉사명령 및 수강명령

형의 집행을 유예할 경우 보호관찰이나 사회봉사 또는 수강을 명할 수 있다(제62조의2 제1항). 보호관찰기간은 원칙적으로 집행유예기간이다. 다만 법원은 유예기간의 범위 내에서 보호관찰기간을 정할 수 있다(형법 제62조의2 제2항).

사회봉사명령이란 유죄로 인정된 범죄자로 하여금 보호처분이나 집행유예에 수반하는 조건으로서 일정기간 내에 지정된 곳에서 지정된 시간 동안 보수 없이 일정한 노역에 종사하도록 하는 사회 내 처우제도를 말한다. 사회봉사명령은 집행유예기간 내에 이를 집행한다(제62조의2 제3항). 성인에 대한 사회봉사명령은 보호관찰 등에 관한 법률에 의하면 500시간 이내이다(동법 제59조 제1항). 주된 사회봉사내용으로는 공공장소의 근로봉사, 자연보호활동, 장애우요양시설에서의 봉사활동 등을 들 수 있다.

수강명령이란 경미한 비행이나 범행을 저지른 자에 대해 자유형을 집행하는 대신에 자유로운 사회생활을 허용하면서 일정한 기간 지정된 장소에서 강의·교육상담을 받게 함으로써 재사회화의 효과를 높이려는 사회 내 처우제도를 말한다.

수강명령은 집행유예기간 내에 이를 집행한다(제62조의2 제3항). 성인에 대한 수강명령은 보호관찰 등에 관한 법률에 의하면 200시간 이내이다(동법 제59조 제1항). 일반적인 수강내용으로는 성범죄자에 대한 성교육, 약물중독자에 대한 심성교육, 기타 정신교양교육 등이 있다.

(4) 집행유예의 효과

집행유예의 선고 후 그 선고의 실효 또는 취소됨이 없이 유예기간을 경과한 때에는 형의 선고는 효력을 잃는다(제65조). 즉 형의 집행이 면제될 뿐만 아니라 처음부터 형의 선고의 법률상 효과가 소멸한다. 그러나 형의 선고가 있었다는 기왕의 사실까지 없어지지는 않는다. 집행유예기간은 1년 이상 5년 이하의 범위 내에서 법원이 재량으로 결정한다.

(5) 집행유예의 실효와 취소

집행유예의 선고를 받은 자가 유예기간 중 고의로 범한 죄로 금고 이상의 실형을 선고받아 그 판결이 확정된 때에는 집행유예의 선고는 효력을 잃는다(제63조). 집행유예의 선고를 받은 후 금고 이상의 형을 선고받아 집행을 종료한 후 또는 집행이 면제된 후 5년이 경과되지 않은 자(제62조 단서)라는 것이 발각된 때에는 집행유예의 선고를 취소한다(제64조 제1항). 보호관찰이나 사회봉사 또는 수강을 명한 집행유예를 받은 자가 준수사항이나 명령을 위반하고 그 정도가 무거운 때에는 집행유예의 선고를 취소할 수 있다(제64조 제2항).

6. 가 석 방

(1) 의의 및 취지

가석방이란 재판에 의하여 선고된 자유형의 집행을 받고 있는 자가 그 행장(行狀)이 양호하여 개전의 정이 현저한 경우에 아직 형기만료 전이라도 일정한 시기에 이를 임시로 석방하고 임시석방이 취소 또는 실효되지 않는 한 일정기간 경과 후 형의 집행을 종료한 것과 같은 효과를 가져오게 하는 제도를 말한다(제72조~제76조).

가석방제도는 목적형주의 내지 교육형주의에 기초하여 이미 개전하고 있는 수형자의 불필요한 구금을 될 수 있는 대로 피하고, 수형자에게 장래의 희망을 가지게 하며, 아울러 형기종료 후에 사회복귀를 용이하게 하려는 형사정책적 요청에서 나온 제도이다.

(2) 현행 가석방제도

① 요 건

다음과 같은 요건이 구비된 경우에 가석방심사위원회(위원장: 법무부차관)의 가석방신청에 의하여 법무부장관이 가석방을 허가할 수 있다(제72조 제1항).

i) 징역 또는 금고의 집행 중에 있는 자가 무기형의 경우 20년, 유기형에 있어서는 형기의 3분의 1을 경과한 후일 것

징역·금고의 자유형 수형자에 한해서만 가석방이 인정된다. 형기는 선고형을 말한다. 사면 등에 의해 감형된 경우에는 감형된 형이 기준이 된다.

ii) 행상이 양호하여 개전의 정이 현저할 것

수형자가 규칙을 준수하고 반성하고 있음을 인정할 만한 정상이 있음을 말한다. 즉, 잔형을 집행하지 않아도 재범의 위험성이 없다는 예측이 가능하여야 한다.

iii) 벌금 또는 과료의 병과가 있는 때에는 그 금액을 완납할 것

벌금 또는 과료에 관한 유치기간에 산입된 판결선고 전 구금일수는 그에 해당하는 금액이 납입된 것으로 간주한다(제73조 제2항).

② 가석방기간 및 보호관찰

무기형은 10년이고 유기형에 있어서는 남은 형기로 하되 10년을 초과할 수 없다(제73조의2 제1항). 가석방된 자는 가석방기간 중 보호관찰을 받는다. 다만, 가석방을 허가한 관청이 필요없다고 인정한 때에는 예외이다(동조 제2항).

③ 가석방의 효과

i) 효 과

가석방의 처분을 받은 후 처분이 실효 또는 취소되지 아니하고 가석방기간을 경과한 때에는 형의 집행을 종료한 것으로 간주한다(형법 제76조 제1항). 따라서 형을 선고한 효력 자체가 없어지는 것은 아니다. 가석방기간 중에는 아직 형집행이 종료된 것이 아니므로 그 기간 중에 다시 죄를 범해도 누범이 되지 않는다.

ii) 실효와 취소

가석방 중 금고 이상의 형을 받아 그 판결이 확정될 때에는 가석방처분은 효력을 잃는다. 다만 과실로 인한 죄로 형의 선고를 받았을 때에는 예외로 한다(제74조). 감시에 관한 규칙에 위배되거나 보호관찰의 준수사항을 위반하고 그 정도가 무거운 때에는 가석방처분을 취소할 수 있다(제75조). 실효·취소의 경우 가석방자를 재수용하여 잔여형기를 집행한다. 실효 및 취소결정에 따른 재수용자의 가석방기간 중의 일수는 형기에 산입되지 않는다(제76조 제2항).

V. 보안처분

1. 의 의

보안처분이란 범죄에 대한 사회방위와 행위자의 사회복귀가 기존의 형벌만으로는 불충분하거나 부적당한 경우 형벌을 보충 내지 대체하기 위하여 범죄인 또는 범죄의 위험이 있는 자에 대해 치료·교화·개선을 목적으로 국가가 과하는 예방적 성질의 형사제재를 말한다.

협의의 보안처분은 대인적 보안처분만을 말한다. 이는 사람에 의한 장래의 범죄행위를 방지하기 위해 범죄인 또는 범죄적 위험행위를 한 자에 대해 시행하는 보안처분이다. 광의의 보안처분은 대인적 보안처분은 물론, 대물적 보안처분, 기타 강제조치까지 포함하는 의미이다.

오늘날 보안처분은 거의 모든 국가의 형법에 규정되어 있고, 형법전이나 특별법에 보안처분에 대한 일반규정을 들지 아니하는 나라에서도 소년법에서는 거의 예외없이 보안처분을 인정하고 있다.

2. 보안처분법정주의

보안처분법정주의란 보안처분도 형벌과 마찬가지로 그 종류·적용·요건·효과 등이 미리 법률에 규정되어 있어야 한다는 것을 말한다(법률주의). 죄형법정주의에 상응하는 의미를 가진다. 보안처분도 실제로 자유나 재산 등 개인의 법익을 박탈 내지 제한하는 처분으로서 사실상 형벌과 다를 바 없으므로 적용과정에서 개인의 기본권이 본질적으로 침해되지 않도록 하기 위한 취지이다. 헌법 제12조 제1항은 "누구든지 법률과 적법한 절차에 의하지 아니하고는… 보안처분을 받지 아니한다"고 규정함으로써 보안처분법정주의를 천명하고 있다.

3. 형벌과 보안처분의 관계

보안처분과 형벌과의 관계를 어떻게 보느냐, 즉 보안처분이 그 성격상 형벌과 본질적으로 구별될 수 있느냐의 문제와 관련하여, ① 형벌의 본질을 응보형으로 보는 고전학파의 입장에서는 양자를 구별하는 이원론을 취한다. ② 형벌을 사회방위수단으로 보는 근대학파의 입장은 양자의 구별을 부정한다(일원론). ③ 형벌과 보안처분의 본질상 차이를 인정하면서도 집행단계에서 보안처분에 의한 대체를 허용하는 것이 대체주의이다.

4. 보안처분의 종류

(1) 개 요

연령에 따른 분류로는 소년법상의 보호처분과 같은 ① 소년에 대한 보안처분과 ② 성년에 대한 보안처분으로 나누고, 대상에 따른 분류로는 ① 대인적 보안처분, ② 대물적 보안처분으로 구별된다. 대인적 보안처분은 다시 자유침해의 정도에 따라 ① 자유박탈 보안처분, ② 자유제한 보안처분으로 분류된다. 자유박탈 보안처분으로는 사회치료처분, 교정처분, 노동개선처분(노작처분) 등이 있고, 자유제한 보안처분으로는 보호관찰, 선행보증, 주거제한, 단종·거세 등이 있다.

대물적 보안처분은 범죄와 법익침해를 방지하기 위하여 물건에 가하는 보안처분으로서 그 예로서 몰수, 영업장폐쇄, 법인해산 등이 있고, 기타 강제조치로는 친권박탈 등이 있다.

(2) 우리나라의 보안처분

우리나라의 현행법상 일반범죄인에 대한 보안처분으로는 보호처분(소년법, 성매매알선 등 행위의 처벌에 관한 법률), 치료보호처분(마약류 관리에 관한 법률), 치료감호처분(치료감호법), 보호관찰(형법, 보호관찰 등에 관한 법률, 소년법, 성폭력범죄의 처벌 등에 관한 특례법) 등이 있다. 국가보안사범에 대한 보안처분으로는 감시·보도처분(국가보안법 제20조 제3항에 따라 공소보류를 받은 경우), 보안관찰처분(보안관찰법) 등이 있다.

Chapter

05 근로자와 법

Ⅰ. 체불임금의 해결

1. 체불임금의 해결을 위하여 필요한 정보

체불임금의 해결을 위하여는,

- 사업주와 관련하여 성명(법인명 및 법인대표자 성명), 주소(주민등록번호), 사업장 소재지, 상시근로자의 수, 사업의 종류 등에 관한 정보(사업장 폐업시는 대표자 성명, 주소, 전화 등)
- 체불임금과 관련하여, 임금지급명세서(임금봉투 등), 임금을 지급받은 통장사본 등
- 사업주의 재산보유현황, 거래처 등(민사소송시 필요)
- 기타 근로계약서, 취업규칙, 단체협약서 등

2. 고용노동관서에 진정 또는 고소

임금을 받지 못한 근로자는 사업장 소재지 관할 지방고용노동관서에 진정 또는 고소를 할 수 있다. 진정은 임금을 받을 수 있도록 해달라고 하는 것이고, 고소는 임금을 체불한 사용자를 근로기준법위반으로 처벌해달라고 하는 것이다.

[지방고용노동관서의 처리절차]

진 정	→	사실관계조사	→	체불임금확정	→	지급지시	→	지급(종결)
- 25일(1회 연장가능) -								

불지급 (고소)	→	사용자입건	→	범죄사실수사	→	체불확정 지급권유	→	수사결과 검찰에 송치
- 2개월 -								

3. 소액사건심판에 의한 임금채권의 실현

받지 못한 임금이 2,000만원을 초과하지 않을 경우에는 소액사건심판제도를 이용하여 임금채권을 실현할 수 있다. 일반 민사소송에 비하여 상대적으로 소송비용이 저렴하고 1회 변론 후 판결을 원칙으로 하기 때문에 신속하게 판결을 얻을 수 있다. 사업장 소재지를 관할하는 지방법원 · 지방법원지원 · 시 군법원에 제기할 수 있다. 인터넷을 이용한 전자소송도 가능하다. 다만 임금을 체불한 사용자(또는 법인)에게 재산권이 있어야 실효성을 갖는다.

[소액사건심판절차 개요]

사용자재산 가압류 → 소제기 → 이행권고결정서 송부(법원)
→ 2주 내 이의신청 없으면 확정 → 결정서대로 강제집행
→ 이의신청 있으면 변론기일지정 → 변론(1회) → 판결(변론후 즉시) → 강제집행

4. 민사소송에 의한 강제집행

사업장 소재지를 관할하는 지방법원 · 지방법원지원에 민사소송을 제기하여 확정판결을 받은 뒤 강제집행을 통하여 임금채권을 실현하는 방법이다. 이 방법은 앞의 고용노동사무소에 대한 진정 또는 고소와는 별개로 행할 수 있다. 다만 임금을 체불한 사용자(또는 법인)에게 재산권이 있어야 실효성을 갖는다.

[절차개요]

사용자재산에 대한 가압류 → 소제기 → 이행권고 결정 후 결정서 송부(법원) → 이의가 없으면 확정판결과 같은 효력 → 결정서 내용대로 강제집행 → 이의가 있으면 변론기일지정 → 변론 → 판결 → 집행문부여 → 강제집행

5. 임금채권보장제도

(1) 의 의

근로자가 근무한 기업이 파산하는 경우 국가가 사업자를 대신하여 체불임금(임금・휴업수당 및 퇴직금)을 지급하고 사용자에게 구상하는 제도이다.

(2) 신청요건

산재보험 적용대상으로서 6월 이상 사업을 한 뒤 도산한 사업장에서 파산의 선고・회생절차개시의 결정. 사실상 파산인정 신청일(퇴직기준일)의 1년 전이 되는 날 이후 3년 이내에 당해 사업 또는 사업장에서 퇴직한 근로자가 신청할 수 있다.

(3) 신청기간・신청방법・신청기관

기업의 도산 인정일로부터 2년 이내에 관할 지방고용노동관서의 장에게 청구한다. 여기서 도산인정일은 재판상 도산의 경우에는 파산의 선고, 회생절차개시의 결정이 있는 때, 사실상 도산의 경우는 300인 이하 사업장은 지방고용노동관서장이 도산사실을 인정할 수 있다. 근로자는 퇴직한 날의 다음 날부터 1년 이내에 도산 등 사실 인정을 신청하여야 한다.

(4) 체당금의 상한액

임금채권보장제도에 의하여 체불임금 전액을 지급받는 것은 아니고, 최종 3월분의 임금(휴업수당 포함)과 최종 3년간의 퇴직금을 대상으로 하여 상한액이 정해져 있다.

[체당금 상한액 고시][1)]

1. 임금채권보장법 제7조제1항 제1호 · 제2호 · 제3호에 따른 체당금 (일반체당금)

(단위 : 만원)

	30세 미만	30세 이상 40세 미만	40세 이상 50세 미만	50세 이상 60세 미만	60세 이상
임금 · 퇴직금	180	260	300	280	210
휴업수당	126	182	210	196	147

※ 비고: 임금과 휴업수당은 1월분, 퇴직금은 1년분을 기준으로 한다.

2. 임금채권보장법 제7조제1항 제4호에 따른 체당금(소액체당금): 400만원

6. 법률구조제도의 이용

(1) 법률구조제도의 의의

경제적으로 어려움이나, 법을 모르기 때문에 법의 보호를 제대로 받지 못하는 국민들이 적법한 절차에 의하여 정당한 권리를 보호받을 수 있도록 하기 위하여 국가가 마련하고 있는 제도이다. 현재 대한법률구조공단(http://www.klac.or.kr)이 법률구조사업을 하고 있으며, 국민들을 위한 무료법률상담, 저소득층을 위한 소송대리, 형사변호지원 등의 사업 등을 하고 있다.

(2) 임금채권에 대한 법률구조

임금체불 근로자들이 사업주를 상대로 민사절차를 통해 임금채권을 확보할 수 있도록 대한법률구조공단에서 임금 및 퇴직금 등 체불근로자에 대하여 무료로 소송을 지원하는 제도를 이용할 수 있다.

---

1) 시행 2017.7.1., 고용노동부고시 제2017-32호, 2017.06.26..

(3) 법률구조 대상사건

- 민사 · 가사사건(단, 국가배상사건 외 국가를 상대로 하는 민사소송사건은 제외)
- 형사사건
- 개인회생 및 파산 · 면책사건
- 행정심판사건과 행정소송사건(행정심판사건은 국무총리실 및 각 시 · 도 행정심판위원회 사건에 한정)
- 헌법소원사건

(4) 법률구조를 받을 수 있는 국민

- 법률상담: 누구나 무료로 받을 수 있다.
- 공단에서 직접 소송대리를 하거나 형사변호를 하여 주는 법률구조를 받을 수 있는 사람
- 월평균 수입 260만원 이하의 국민 및 국내거주 외국인
- 국가보훈대상자 및 5 · 18민주유공자, 참전유공자
- 위관급 장교 이하의 군인(형사는 제외)
- 물품의 사용 및 용역의 이용으로 인한 피해를 입은 소비자
- 헌법재판소가 소속변호사 또는 공익법무관을 국선대리인으로 선정한 사건의 청구인
- 법원으로부터 소송구조결정(개인회생 · 개인파산사건 포함)을 받은 사람. 다만, 인지대 등 소송비용에 대해서만 소송구조결정을 받은 사람은 제외.
- 법원이 소속변호사 또는 공익법무관을 국선변호인으로 선정한 사건의 피의자 또는 피고인
- 가정폭력 · 성폭력으로 인한 피해자(단, 국내거주 외국인 여성 포함)
- 국내거주 북한이탈주민
- 농업인(축산인 포함), 어업인, 수산업법에 따른 어획물운반업 종사자, 장애인, 생활보장수급자, 기초노령연금수급자, 체불임금근로자, 범죄피해자, 소상공인과 같이 특별한 지원이 필요하여 무료법률구조 대상자로 지정된 사람
- 의사자유족 · 의상자와 그 가족, 중장기 복무 제대군인
- 가족관계 미등록자
- 다문화가족(결혼이민자와 귀화허가를 받은 자)

– 학교폭력 피해학생
– 기타 생활이 어렵고 법을 몰라 혼자서는 법률문제를 처리할 수 없는 국민 또는 국내거주 외국인

(5) 법률구조비용

공단에서의 법률구조를 하는 경우 변호사나 공익법무관을 소송대리인으로 선임하여 소송 등을 하는 경우에는 법원에 납부하는 인지대·송달료 등 소송실비와 소정의 변호사비용을 공단에 상환(납부)해야 한다.

도시영세민이나 장애인과 같이 특별한 보호가 필요한 사람에게는 공단에 상환하여야 할 소송비용을 면제시켜 주는 "무료법률구조제도"가 있고, 형사사건에 대하여도 모두 무료변호를 하고 있다. 무료법률구조를 받게 되면 변호사비용은 물론 법원에 납부하는 인지대나 송달료와 같은 소송실비까지도 공단에서 부담하지만 승소금액이 2억원을 초과한 고액사건은 무료법률구조에서 제외된다.

Ⅱ. 부당해고 구제방법

1. 진정 또는 고소

(1) 대 상

– 산재·산전·산후 휴업기간 및 그 후 30일간 해고제한위반
– 정년·퇴직 및 해고에 있어서의 남녀차별금지위반
– "기간제 및 단시간근로자 보호 등에 관한 법률"에 따른 해고 그 밖에 불리한 처우금지위반
– 그 외 부당해고

(2) 처리절차

진정 → 출석요구 → 사실관계조사 → 원직복직지시 →	복직조치 → 진정취하종결
	불응시 → 범죄인지보고 → 검찰송치

고소 → 출석요구 → 사실관계조사 → 수사보고서작성 → 검찰송치

2. 구제신청

근로자가 부당하게 해고나 징계를 당한 경우 3개월 내에 관할 지방노동위원회에 구제를 신청하는 것

	부당해고
3개월 이내 구제신청 —	↓
	지방노동위원회—심판위원회 구성—결정서 송달
불복시 10일 이내 재심신청 —	↓
	중앙노동위원회—심판위원회 구성——재심판정서 송달
불복시 15일 이내 소송제기 —	↓
	행정소송
	(행정법원－고등법원－대법원)

3. 민사소송

부당해고 등을 당한 근로자는 법원에 해고무효소송을 제기할 수 있다. 민사소송과 동시에 지방노동관서 또는 노동위원회에 구제절차를 밟을 수 있다.

Ⅲ. 아르바이트 피해구제

1. 의　　의

임금미지급, 최저임금위반, 장시간 근로, 일하다가 다친 경우이거나 산재보험 미적용, 성희롱 등 아르바이트 피해에 대하여 고용노동부 지방관서에 신고하여 권리구제를 받을 수 있다.

2. 청구방법

사업장 소재지를 관할하는 고용노동관서에 신고(진정)할 수 있다.

3. 처리절차

신고(진정)	──────→	접수: 지방고용노동관서
↑		↓
결과통보	←행정종결─	조사(시정조치): 근로개선지도과
		↓
고소/고발	──────→	범죄사건부 등재: 근로개선지도과
		↓
		수사 : 근로개선지도과
		↓
		송치
		↓
		결과통보 (민원인)

Chapter

06 소비자와 법률

Ⅰ. 소비자보호분야

소비자의 권리를 보장하는 것이 소비자보호의 출발점임과 동시에 최종 목적지이다. 이를 위해 소비자기본법에서 선언하고 있는 소비자의 8대 권리를 실현시키는 구체적인 실행방법이 필요하게 된다. 소비자보호분야는 모든 소비가 이루어지는 분야가 해당하기 때문에 일일이 열거하기에는 어려움이 있다.[1] 여기에서는 소비자의 8대권리분야를 중심으로 개별분야가 아닌 전반적인 소비활동을 아우르는 거래관계에서의 소비자보호분야만을 정리하고자 한다.

1. 약관거래

(1) 약관의 개념

약관이란 계약의 일방당사자인 판매자가 다수의 상대방인 소비자와의 계약을 체결하기에 앞서 일정한 형식에 의하여 미리 만들어 놓은 계약의 내용을 말한다. 이러한 약관은 거래를 신속하고 간편하게 함으로써 시간과 비용을 줄이고 위험을 미리 대비할 수 있다는 장점이 있어[2] 사업자들이 많이 사용하는 반면, 소비자 입장에서는 사업자로부터 계약의 내용에 대하여 사전에 충분한 설명을 듣지 못한 상

---

1) 2010년 5월 25일 기준 우리나라의 소비자관련법은 총 344개로서 전체법률 중 약 29.3%를 차지하고 이 중 안전정책관련 법률이 208개, 소비자거래관련 법률 196개, 피해구제관련 법률 117개, 정보제공관련 법률 93개, 기타 영역의 법률 80개, 소비자교육관련 법률이 36개의 순이라고 한다(이혜연 · 여정성, 우리나라 소비자관련법의 범위와 분류, 소비자정책교육연구, 한국소비자정책교육학회, 2011, 1면).

2) 권오승, 경제법, 법문사, 2005, 529면.

태에서 계약을 체결함으로써 피해를 보는 예가 많다.

이처럼 약관을 사용함으로써 발생하는 소비자피해를 예방하고 분쟁을 효율적으로 해결하기 위해 제정된 법이 "약관의 규제에 관한 법률"(이하 약관규제법이라 한다)이다.

약관규제법은 사업자가 그 거래상의 지위를 남용하여 불공정한 내용의 약관을 작성·통용하는 것을 방지하고 불공정한 내용의 약관을 규제하여 건전한 거래질서를 확립함으로써 소비자를 보호하고 국민생활의 균형 있는 향상을 도모함을 목적으로 하고 있다.

(2) 약관규제법의 주요 내용

① 약관에 대한 명시·설명의무(제3조)

사업자는 계약체결에 있어서 고객에게 약관의 내용을 계약의 종류에 따라 일반적으로 예상되는 방법으로 명시하고, 고객이 요구할 때에는 당해 약관의 사본을 고객에게 교부하여 이를 알 수 있도록 하여야 한다. 다만, 다른 법률의 규정에 의하여 행정관청의 인가를 받은 약관으로서 거래의 신속을 위하여 필요하다고 인정되어 대통령령이 정하는 약관에 대하여는 그러하지 아니하다.

또한 사업자는 약관에 정하여져 있는 중요한 내용을 고객이 이해할 수 있도록 설명하여야 한다. 다만, 계약의 성질상 설명이 현저하게 곤란한 경우에는 그러하지 아니하다. 이와 같이 사업자가 약관에 대한 명시·설명의무를 위반하는 경우에는 당해 약관을 계약의 내용으로 주장할 수 없다.

② 개별약정의 우선원칙(제4조)

약관에서 정하고 있는 사항에 관하여 사업자와 고객이 약관의 내용과 다르게 합의한 사항이 있을 때에는 당해 합의사항은 약관에 우선한다.

③ 약관해석의 원칙(제5조)

약관은 신의성실의 원칙에 따라 공정하게 해석되어야 하며 고객에 따라 다르게 해석되어서는 아니 된다. 또한 약관의 뜻이 명백하지 아니한 경우에는 고객에게 유리하게 해석되어야 한다(고객유리해석의 원칙). 신의성실의 원칙은 약관이 사업자에 의하여 일방적으로 작성되고 계약자로서는 그 구체적 조항내용을 검토하거나 확인할 충분한 기회가 없이 계약을 체결하게 되는 계약성립의 과정에 비추어 약관

작성자는 계약상대방의 정당한 이익과 합리적인 기대에 반하지 않고 형평에 맞게끔 약관조항을 작성하여야 한다는 행위원칙을 말한다고 약관심사지침에서 그 적용기준을 정하고 있다. 이 해석원칙에 따라 제6조 이하에서 규정하고 있는 불공정약관의 판단이 이루어진다.

④ **불공정약관조항**

i) 일반원칙

약관이 신의성실의 원칙에 반하여 공정을 잃은 약관조항은 불공정한 조항으로서 무효이다. 불공정한 약관의 기준은 다음과 같다.

가. 신의성실의 원칙에 반하여 공정을 잃은 약관조항
나. 고객에 대하여 부당하게 불리한 조항
다. 고객이 계약의 거래형태 등 제반사정에 비추어 예상하기 어려운 조항
라. 계약의 목적을 달성할 수 없을 정도로 계약에 따르는 본질적 권리를 제한하는 조항

ii) 면책조항의 금지(제7조)

계약당사자의 책임에 관하여 정하고 있는 약관의 내용 중 다음 각호의 1에 해당하는 내용을 정하고 있는 조항은 이를 무효로 한다.

가. 사업자, 이행보조자 또는 피용자의 고의 또는 중대한 과실로 인한 법률상의 책임을 배제하는 조항
나. 상당한 이유 없이 사업자의 손해배상범위를 제한하거나 사업자가 부담하여야 할 위험을 고객에게 이전시키는 조항
다. 상당한 이유 없이 사업자의 담보책임을 배제 또는 제한하거나 그 담보책임에 따르는 고객의 권리행사의 요건을 가중하는 조항 또는 계약목적물에 관하여 견본이 제시되거나 품질·성능 등에 관한 표시가 있는 경우 그 보장된 내용에 대한 책임을 배제 또는 제한하는 조항

iii) 손해배상액의 예정(제8조)

고객에 대하여 부당하게 과중한 지연손해금 등의 손해배상의무를 부담시키는 약관조항은 이를 무효로 한다.

iv) 계약의 해제·해지(제9조)

계약의 해제·해지에 관하여 정하고 있는 약관의 내용 중 다음 각호의 1에 해당되는 내용을 정하고 있는 조항은 이를 무효로 한다.

가. 법률의 규정에 의한 고객의 해제권 또는 해지권을 배제하거나 그 행사를 제한하는 조항

나. 사업자에게 법률에서 규정하고 있지 아니하는 해제권·해지권을 부여하거나 법률의 규정에 의한 해제권·해지권의 행사요건을 완화하여 고객에 대하여 부당하게 불이익을 줄 우려가 있는 조항

다. 계약의 해제 또는 해지로 인한 고객의 원상회복의무를 상당한 이유 없이 과중하게 부담시키거나 원상회복청구권을 부당하게 포기하도록 하는 조항

라. 계약의 해제·해지로 인한 사업자의 원상회복의무나 손해배상의무를 부당하게 경감하는 조항

마. 계속적인 채권관계의 발생을 목적으로 하는 계약에서 그 존속기간을 부당하게 단기 또는 장기로 하거나 묵시의 기간연장 또는 갱신이 가능하도록 정하여 고객에게 부당하게 불이익을 줄 우려가 있는 조항

v) 채무의 이행(제10조)

채무의 이행에 관하여 정하고 있는 약관의 내용 중 다음 각호의 1에 해당되는 내용을 정하고 있는 조항은 이를 무효로 한다.

가. 상당한 이유 없이 급부의 내용을 사업자가 일방적으로 결정하거나 변경할 수 있도록 권한을 부여하는 조항

나. 상당한 이유 없이 사업자가 이행하여야 할 급부를 일방적으로 중지할 수 있게 하거나 제3자로 하여금 대행할 수 있게 하는 조항

vi) 고객의 권익보호(제11조)

고객의 권익에 관하여 정하고 있는 약관의 내용 중 다음 각호의 1에 해당되는 내용을 정하고 있는 조항은 이를 무효로 한다.

가. 법률의 규정에 의한 고객의 항변권, 상계권 등의 권리를 상당한 이유 없이 배제 또는 제한하는 조항

나. 고객에게 부여된 기한의 이익을 상당한 이유 없이 박탈하는 조항

다. 고객이 제3자와 계약을 체결하는 것을 부당하게 제한하는 조항

라. 사업자가 업무상 알게 된 고객의 비밀을 정당한 이유 없이 누설하는 것을 허용하는 조항

vii) 의사표시의 의제(제12조)

의사표시에 관하여 정하고 있는 약관의 내용 중 다음 각호의 1에 해당되는 내

용을 정하고 있는 조항은 이를 무효로 한다.

가. 일정한 작위 또는 부작위가 있을 때 고객의 의사표시가 표명되거나 표명되지 아니한 것으로 보는 조항. 다만, 고객에게 상당한 기한 내에 의사표시를 하지 아니하면 의사표시가 표명되거나 표명되지 아니한 것으로 본다는 뜻을 명확하게 따로 고지하거나 부득이한 사유로 그러한 고지를 할 수 없는 경우에는 그러하지 아니하다.

나. 고객의 의사표시의 형식이나 요건에 대하여 부당하게 엄격한 제한을 가하는 조항

다. 고객의 이익에 중대한 영향을 미치는 사업자의 의사표시가 상당한 이유 없이 고객에게 도달된 것으로 보는 조항

라. 고객의 이익에 중대한 영향을 미치는 사업자의 의사표시에 부당하게 장기의 기한 또는 불확정기한을 정하는 조항

viii) 대리인의 책임가중(제13조)

고객의 대리인에 의하여 계약이 체결된 경우 고객이 그 의무를 이행하지 아니하는 때에는 대리인에게 그 의무의 전부 또는 일부를 이행할 책임을 지우는 내용의 약관조항은 이를 무효로 한다.

ix) 소제기의 금지 등(제14조)

고객에 대하여 부당하게 불리한 소제기의 금지조항 또는 재판관할의 합의조항이나 상당한 이유 없이 고객에게 입증책임을 부담시키는 약관조항은 이를 무효로 한다.

x) 일부무효의 특칙(제16조)

약관의 전부 또는 일부의 조항이 이 법에 의하여 계약의 내용이 되지 못하는 경우나 무효인 경우 계약은 나머지 부분만으로 유효하게 존속한다. 다만, 유효한 부분만으로는 계약의 목적달성이 불가능하거나 일방당사자에게 부당하게 불리한 때에는 당해 계약을 무효로 한다.

(3) 표준약관

약관은 당사자 사이의 분쟁에 의하여 유효성 여부를 판단하기도 하지만, 공정거래위원회에서 적극적으로 사업자가 불공정한 약관금지규정을 위반한 경우에는 당해 약관조항의 삭제·수정 등 필요한 조치를 명할 수 있다. 뿐만 아니라 건전한

거래질서를 확립하고 불공정한 약관이 통용되는 것을 방지하기 위하여 일정한 거래분야에서 표준이 되는 약관인 표준약관을 제정할 수 있다. 또한 사업자 및 사업자단체는 표준이 될 약관을 마련하여 공정거래위원회에 심사청구하거나 소비자단체 및 한국소비자원은 표준이 될 약관을 마련할 것으로 공정거래위원회에 요청할 수 있다. 표준약관은 사업자가 소비자와의 거래관계를 정할 때 기준이 된다는 점에서 소비자보호에 매우 유용하기 때문에 사용을 활성화하기 위해 공정거래위원회에서 표준약관 표지를 정해 사업자로 하여금 사용할 수 있도록 할 수 있지만 한편으로 그러한 기준이 반드시 소비자에게 유리한 것만은 아니다. 예컨대 표준약관보다 소비자에게 유리하게 계약내용을 정할 수 있음에도 불구하고 표준약관을 그대로 따르는 경우도 있기 때문이다. 이러한 점을 보완하기 위해서 표준약관은 사업자가 반드시 사용해야 하는 것은 아니며 사업자는 자신이 직접 약관의 내용을 정해서 사용할 수 있다. 그러나 만약 사업자의 약관이 공정거래위원회에서 정한 표준약관의 표지를 사용함에도 불구하고 표준약관의 내용보다 소비자에게 불리한 약관의 내용은 무효이다(약관규제법 제19조의3 제9항). 공정거래위원회에 제정되어 있는 표준약관은 전자보험거래표준약관, 무인경비표준약관, 온라인게임표준약관, 장기요양급여이용표준약관 등 약 60개가 있다.

2. 특수판매거래

(1) 특수판매의 개념

일반적으로 이루어지는 거래는 사업자의 매장에 소비자가 들어가 필요한 물건을 직접 보거나 만지는 등의 선택을 위한 시간을 가진 후에 대금을 지불함과 동시에 당해 물건을 가지고 나온다. 이와 같은 경우 소비자는 자신의 선택권을 행사하는 데 어려움이 없으며, 필요한 물품 등의 선택에 대하여 어느 정도 만족한다.

문제는 이러한 일반적인 판매형태가 아닌 방식으로 판매가 이루어지면서 소비자피해가 생기는 분야가 있는데 이들 분야를 특수판매분야라고 한다. 특수판매 분야가 단순히 소비자피해를 양산시키는 분야라고 한다면 이러한 판매방식은 중지를 시켜야 하겠지만 반드시 그런 것만은 아니다. 즉, 이들 특수판매가 주로 무점포판매로 이루어지기 때문에 점포를 사용하지 않는 부분에 대한 비용절감은 소비자에게 보다 저렴한 가격으로 제공할 있다는 장점이 있고, 새로운 시장을 확보할 수 있는 방법이 되기 때문에 선호되고 있다. 이러한 특수판매는 현행 방문판매 등에 관한 법률(이하 방문판매법이라 한다)에 의하여 규율되고 있다.

(2) 방문판매법의 대상이 되는 특수판매의 유형

① 방문판매

방문판매란 사업자가 방문의 방법으로 그의 영업소·대리점 기타의 영업장소 외의 장소에서 소비자에게 권유하여 계약의 청약을 받거나 계약을 체결하여 재화 또는 용역을 판매하는 것을 말한다.

② 전화권유판매

전화권유판매란 전화를 이용하여 소비자에게 권유하여 계약의 청약을 받거나 계약을 체결하는 등의 방법으로 재화 등을 판매하는 것을 말한다.

③ 다단계판매

다단계판매란 판매업자가 특정인에게 다단계판매원이 되어 소비자에게 재화 등을 판매하여 얻는 소매이익과 다단계판매업자가 그 다단계판매원에게 지급하는 후원수당과 같은 이익을 얻을 수 있다고 권유하여 판매원의 가입이 단계적으로 3단계 이상 이루어지고 그 다단계판매조직을 통하여 재화 등을 판매하는 것을 말한다.

④ 후원방문판매

후원방문판매란 방문판매와 다단계판매의 요건에 해당하되 특정판매원의 구매·판매 등의 실적이 그 직근 상위판매원 1인의 후원수당에만 영향을 미치는 후원수당 지급방식을 가진 경우로서 방문판매와 다단계판매에는 해당하지 않는 것을 말한다.

⑤ 계속거래

계속거래란 1개월 이상 계속하여 재화 등을 공급하는 계약으로서 중도에 해지할 경우 대금환급의 제한 또는 위약금에 관한 약정이 있는 거래를 말한다.

⑥ 사업권유거래

사업권유거래란 사업자가 소득기회를 알선·제공하는 방법으로 거래상대방을 유인하여 재화 등을 구입하게 하는 거래를 말한다.

(3) 특수판매에서 소비자보호를 위한 주요 내용

① 사업자의 신고의무

특수판매에서는 사업자가 방문판매법의 규정을 따라 소비자보호에 충실한지 여부를 지속적으로 감독하고 관리할 필요가 있다. 따라서 특수판매의 영역에 속하는 사업자에 대하여는 그 업을 감독기관에 신고토록 함으로써 적절한 관리와 규제를 하고 있다. 방문판매 및 전화권유판매에서는 사업자의 신고의무(제5조)와 방문판매원 및 전화권유판매원의 명부작성의무(제6조)를 규정하고 있으며, 다단계판매 및 후원방문판매에서도 마찬가지로 사업자와 판매원의 등록의무(제13조, 제15조)를 규정하고 있다.

② 계약체결 전 정보제공의무 및 계약체결에 따른 계약서 교부의무

특수판매가 주로 무점포판매로 이루어지고 있기 때문에 소비자가 알아야 되는 거래내용을 충분히 숙지하지 않은 상태에서 거래가 이루어지거나, 거래가 이루어졌다 하더라도 판매원의 자의적인 상품권유로 인하여 거래내용이 명확하게 소비자에게 전달되지 못하는 경우가 많다. 이에 방문판매법에서는 특수판매의 영역에 속하는 판매방식으로 거래가 이루어진 경우에는 계약체결 전에 계약의 내용을 소비자에게 충분히 설명할 수 있는 기준을 제시하고 있으며, 계약이 체결된 경우 반드시 계약내용을 기재한 계약서를 소비자에게 교부하도록 하고 있다.

③ 청약철회권의 인정

계약의 성립과 관련한 청약은 일반적으로 청약자가 임의로 철회할 수 없다(민법 제527조). 그러나 특수판매영역에서는 소비자가 판매자의 현란한 말솜씨에 현혹되거나 판매자와의 관계 때문에 어쩔 수 없이 계약을 체결하는 경우가 많아 소비자 피해가 많이 발생한다. 따라서 이러한 경우에 소비자를 보호하기 위하여 일정한 기간 내에 청약을 철회할 수 있도록 하고 있다. 청약철회기간은 소비자가 계약서를 교부받은 날로부터 또는 계약서를 교부받은 때보다 재화 등의 공급이 늦게 이루어진 경우에는 재화 등을 공급받거나 공급이 개시된 날로부터 기산하여 방문판매·전화권유판매·다단계판매·후원방문판매는 14일 이내에 철회가 가능하다.

④ 계약의 해지권

방문판매·전화권유판매·다단계판매·후원방문판매에서 인정하고 있는 청약철회권과는 달리 계속거래와 사업권유거래의 경우에는 소비자에게 언제든지 계약기간 중 계약을 해지할 수 있는 해지권을 인정하고 있다. 이는 청약철회는 계약이 체결되었음에도 불구하고 소비자로 하여금 당해 계약체결에 대한 충분한 고려를 할 수 있도록 다시 한번 시간을 준다는 의미가 있기 때문에 지나치게 그 기간을 오래주게 되면 거래의 안정성을 해치게 된다. 반면 계속거래의 경우에는 일단 계약이 성립한 이후에 사업자가 계속적으로 계약내용을 이행하는 과정에서 계약의 만료시까지 소비자가 계약내용에 따른 만족을 얻을 수 없거나 또는 소비자에게 불리한 상황이 발생할 가능성이 많기 때문에 이 경우에는 그 계약 자체를 없는 것으로 하기 보다는 일단 이행된 내용에 대해서는 그것을 인정하고 이후의 계약관계를 종료시킬 수 있도록 하기 위해 해지권을 부여하고 있는 것이다.

3. 전자상거래와 통신판매

(1) 전자상거래와 통신판매의 개념

2000년대에 들어서면서 인터넷과 TV홈쇼핑 채널이 급격히 증가하면서 이러한 것을 통한 거래에서의 소비자보호가 상당히 중요한 것으로 인식되기 시작하였다. 이에 「전자상거래 등에서의 소비자보호에 관한 법률(이하 "전자상거래소비자보호법")」이 2002년 3월 30일에 제정되어 같은 해 7월 1일 시행되었다. 특히 방문판매법에서 규정하고 있던 통신판매를 분리해서 이 법에 포함시킴으로써 전자상거래의 법제화를 기점으로 통신판매가 더 이상의 특수한 영역의 판매라기보다는 보편화된 판매방식의 하나로 인정하되 비대면에 의하여 이루어지는 판매방식의 특수성을 고려하여 별도의 법으로 규율하기에 이른 것이다. 이 법은 전자상거래와 통신판매라는 비대면의 거래에서 소비자보호를 위한 기준을 정하고 있다.

① 전자상거래

전자상거래란 그 거래의 일부 또는 전부가 전자적인 방식에 의하여 이루어지는 전자거래의 방법으로 상행위를 하는 것을 말한다. 컴퓨터와 인터넷의 결합을 전자상거래로 이해할 수 있으며 스마트폰을 이용한 모바일 상거래도 전자상거래에 해당한다.

② 통신판매

통신판매란 우편·전기통신 그 밖에 일정한 방법에 따라 재화 또는 용역의 판매에 관한 정보를 제공하고 소비자의 청약에 의하여 재화 또는 용역을 판매하는 것을 말한다. 다만, 방문판매법에서 규정하고 있는 전화권유판매를 제외한다. 대개 TV홈쇼핑이나 카탈로그쇼핑이 이에 해당하고 전자상거래도 넓은 의미에서 통신판매에 해당한다. 그러나 전자상거래는 재화와 용역의 범위에 들지 않는 디지털재화의 거래를 포함한다는 점에서 모든 전자상거래가 통신판매에 해당하지 않기 때문에 이에 대한 개념을 보다 명확히 하여야 한다는 논의가 진행되고 있다.[3)]

③ 통신판매중개

통신판매중개는 사이버몰의 이용을 허락하거나 자신의 명의로 통신판매를 위한 광고수단을 제공하거나 그 광고수단에 자신의 이름을 표시하여 통신판매에 관한 정보의 제공이나 청약의 접수 등 통신판매의 일부의 수행을 통해 거래당사자 간의 통신판매를 알선하는 행위를 말한다. 흔히 오픈마켓이라고 부르고 있으며 통신판매중개만을 전적으로 하는 사업자와 통신판매와 통신판매중개를 같이하는 사업자가 있다.

(2) 전자상거래소비자보호법의 주요 내용

① 거래기록의 보존의무

사업자는 전자상거래 및 통신판매에서의 표시・광고, 계약내용 및 그 이행 등 거래에 관한 기록을 상당한 기간 보존하여야 한다. 이 경우 소비자가 쉽게 거래기록을 열람・보존할 수 있는 방법을 제공하여야 한다. 사업자가 보존하는 거래기록의 대상・범위・기간은 다음과 같다.

i) 표시・광고에 관한 기록: 6월
ii) 계약 또는 청약철회 등에 관한 기록: 5년
iii) 대금결제 및 재화 등의 공급에 관한 기록: 5년
iv) 소비자의 불만 또는 분쟁처리에 관한 기록: 3년

② 조작실수 등의 방지의무

사업자는 전자상거래에서 소비자의 조작실수로 인한 의사표시의 착오 등으로

---

3) 김은경 외1, 디지털콘텐츠의 재화성 판단기준 제시, IT와 법연구 제5집, 경북대학교 IT법 연구소, 2011, 389면 이하; 오병철, 컴퓨터 프로그램의 물성에 관한 재검토, 재산법연구 제26권 제3호(上), 한국재산법학회, 2010, 293면 이하; 한병완, 디지털정보거래의 유형에 관한 연구, 무역보험연구 제12권 제3호, 한국무역보험학회, 2011, 105면 이하.

발생하는 피해를 예방할 수 있도록 거래대금이 부과되는 시점 또는 청약에 앞서 그 내용의 확인 및 정정에 필요한 절차를 마련하여야 한다. 조작실수 등의 방지를 위한 사업자의 조치사항은 사이버몰의 경우 결제화면으로 연결되기 전의 화면이나 팝업화면을 통하여 청약의 내용을 다시한번 확인하고 소비자가 청약내용에 따라 청약을 할 것인지 확인하는 방법을 들 수 있다(전자상거래소비자보호지침).

③ 사이버몰 운영자의 신원표시의무

전자상거래를 행하는 사이버몰의 운영자는 소비자가 사업자의 신원 등에 관하여 쉽게 알 수 있도록 사이버몰의 초기화면에 다음 사항을 표시하여야 한다.

i) 상호 및 대표자 성명
ii) 영업소 소재지 주소(소비자의 불만을 처리할 수 있는 곳의 주소를 포함한다)
iii) 전화번호 · 전자우편주소
iv) 사업자등록번호
v) 사이버몰의 이용약관
vi) 그 밖에 소비자보호를 위하여 필요한 사항으로서 호스팅서비스를 제공하는 자의 상호

④ 통신판매업자의 신고 및 신원 등의 사항에 대한 정보제공

통신판매업자는 공정거래위원회나 특별시장 · 광역시장 또는 도지사에게 통신판매업에 대하여 신고하여야 한다. 다만, 소규모 통신판매업자로서 부가가치세법에 의한 간이과세자의 경우에는 신고가 제외된다.

또한 소비자와의 거래에서 통신판매업자의 신원과 거래조건 등에 관한 상세한 사항에 대하여 정보를 제공할 의무가 있다. 특히 신원에 대한 정보제공시에는 공정거래위원회 또는 특별자치도지사 · 시장 · 군수 · 구청장에게 한 신고의 신고번호와 그 신고를 받은 기관의 이름 등 신고를 확인할 수 있는 사항을 포함하여야 한다.

⑤ 청약확인과 재화 등의 공급을 위한 조치의무

전자상거래와 통신판매는 비대면의 거래로 이루어지므로 소비자는 자신의 청약이 사업자에게 제대로 전달되어 계약이 체결되었는지 잘 알 수 없다. 이에 전자상거래와 통신판매에서는 소비자로부터의 청약에 대하여 청약확인을 사업자가 해주도록 하고 있다.

뿐만 아니라 이들 거래는 선불거래가 거래관행으로 이루고 있으므로 미리 대금

을 지불한 소비자입장에서는 재화 등이 제때에 제대로 전달되도록 하는 것이 필요하다. 따라서 선불로 지급받은 거래에서 사업자는 소비자로부터 그 대금의 전부 또는 일부를 지급받은 날로부터 3영업일 이내에 재화 등을 공급하기 위한 조치를 취하여야 하고 만일 이러한 조치가 곤란한 경우에는 지체없이 그 사유를 소비자에게 알리는 것과 함께 3영업일 이내에 환급 또는 환급에 필요한 조치를 취해야 한다.

⑥ 청약철회권의 인정

전자상거래와 통신판매에서도 특수판매에서와 마찬가지로 일정기간 내에 소비자에게 청약철회권을 인정하고 있다. 청약철회가 가능한 기간은 계약내용에 관한 서면을 교부받은 날부터 또는 서면을 교부받은 때보다 재화 등의 공급이 늦게 이루어진 경우에는 재화등의 공급을 받거나 공급이 개시된 날부터 7일 이내이다. 다만, 청약철회 등을 할 수 없는 경우에는 그 주소를 안 날 또는 알 수 있었던 날부터 7일 이내에 청약철회가 가능하며, 재화등의 내용이 표시·광고내용과 다르거나 계약내용과 다르게 이행된 경우에는 당해 재화등을 공급받은 날부터 3월 이내, 그 사실을 안 날 또는 알 수 있었던 날부터 30일 이내에 청약철회 등을 할 수 있다. 예외적으로 다음과 같은 경우에는 청약철회가 인정되지 않는다.

i) 소비자에게 책임이 있는 사유로 재화등이 멸실되거나 훼손된 경우. 다만, 재화등의 내용을 확인하기 위하여 포장 등을 훼손한 경우는 제외한다.
ii) 소비자의 사용 또는 일부 소비로 재화등의 가치가 현저히 감소한 경우
iii) 시간이 지나 다시 판매하기 곤란할 정도로 재화등의 가치가 현저히 감소한 경우
iv) 복제가 가능한 재화등의 포장을 훼손한 경우
v) 그 밖에 거래의 안전을 위하여 대통령령으로 정하는 경우로서 소비자의 주문에 따라 개별적으로 생산되는 재화등 또는 이와 유사한 재화등에 대하여 청약철회를 인정하는 경우 통신판매업자에게 회복할 수 없는 중대한 피해가 예상되는 경우로서 사전에 해당 거래에 대하여 별도로 그 사실을 고지하고 소비자의 서면(전자문서 포함)에 의한 동의를 받은 경우

그러나 이와 같은 예외적인 경우라 하더라도 사업자가 사전에 청약철회가 불가능한 사실을 재화등의 포장이나 그 밖에 소비자가 쉽게 알 수 있는 곳에 명확하게 적거나 시험사용상품을 제공하는 등의 방법으로 청약철회 등의 권리행사가 방해받

지 않도록 조치를 취하지 않은 경우에는 ⅰ)항목을 제외하고 청약철회가 가능하다.

⑦ **통신판매중개자의 책임**

일반적으로 중개의 경우 중개인이 부담하는 책임이 있지만 당사자 간에 발생하는 문제에 대한 책임을 부담하지는 않는다. 그러나 통신판매에서는 소비자가 중개인의 대외적인 이미지를 신뢰하기 때문에 거래를 하는 경우가 대부분이므로 중개인이기 때문에 책임을 면제한다면 소비자에게 매우 불리한 경우가 될 수 있다. 그렇기 때문에 이 법에서는 통신판매중개자로 하여금 자신이 통신판매의 당사자가 아니라는 사실을 소비자가 쉽게 알 수 있도록 미리 고지하여야 하고 고지를 하지 아니한 경우 소비자에게 발생한 재산상 손해에 대하여는 통신판매중개의뢰자와 연대하여 배상할 책임이 있다고 규정한다. 또한 사전에 미리 고지를 하였다 하더라도 통신판매중개의뢰인에 대한 정보(사업자인 경우에는 그 성명과 주소, 전화번호 등)를 열람할 수 있는 방법을 제공하여야 하고 이를 제공하지 아니하거나 제공한 정보가 사실과 달라 소비자에게 발생한 재산상 손해에 대하여 통신판매의뢰자와 연대하여 배상할 책임을 진다(제20조, 제21조). 마찬가지로 전자상거래관여자(호스팅사업자 등)의 경우에도 사업자의 신원확인에 관한 정보를 제공할 의무가 있다(제9조).[4]

⑧ **매매보호장치 확보의무**

전자상거래와 통신판매에서 이루어지는 선불거래에서는 소비자가 미리 대금을 지급하고 재화 등을 인도받지 못하거나 사업자의 표시·광고사항과 다른 재화등이 인도됨으로써 피해를 입는 사례가 종종 있어 왔다. 이에 동법에서는 이러한 소비자피해를 방지하기 위하여 선불거래에서의 매매보호장치로서 소비자피해보상보험계약의 체결, 결제대금예치(에스크로제도)의 이용 등을 하도록 의무화하고 있다.

다만 선불거래라고 하더라도 다음의 경우에는 매매보호장치확보의무가 제외된다.

ⅰ) 1회에 결제하는 금액을 기준으로 5만원 미만의 재화 등을 구매하는 거래
ⅱ) 신용카드로 재화 등의 대금을 지급하는 거래
ⅲ) 정보통신망에 의하여 전송되거나 제3자가 배송을 확인할 수 없는 재화 등을 구매하는 거래
ⅳ) 일정기간에 걸쳐 분할되어 공급되는 재화 등을 구매하는 거래

---

4) 윤주희, 전자상거래관여자의 민사책임에 관한 고찰, 법학연구 제13집 제3호, 인하대학교 법학연구소, 2011, 181면 이하.

v) 다른 법률에 따라 소비자의 구매안전이 충분히 갖추어진 경우 또는 결제대금예치 또는 소비자피해보상보험계약 등의 체결이 필요하지 아니하거나 곤란하다고 공정거래위원회가 정하여 고시하는 거래

예치된 결제대금예치는 거래대금을 직접 사업자에게 지급하지 않고 제3자에게 예치한 후 소비자가 당해 재화등을 공급받은 이후에 사업자에게 지급하도록 하는 제도이다. 따라서 예치된 거래대금은 거래의 진행과정에 따라 통신판매업자에게 지급하거나 소비자에게 환급하게 된다. 즉, 제3자는 재화등을 구매한 소비자에게 재화등을 공급받은 날부터 3영업일 이내에 통보해 주도록 요청하여야 하며, 소비자로부터 재화등을 공급받은 사실을 통보받은 후에는 통신판매업자에게 결제대금을 지급한다. 만일 소비자가 재화등을 공급받은 날부터 3영업일이 지나도록 정당한 사유 없이 공급받은 사실을 통보하지 않는 경우에는 통신판매업자에게 결제대금을 지급할 수 있다(시행령 제28조의3).

(3) 구매권유광고시의 사업자 준수사항

인터넷과 이동통신 등의 발달은 스팸메일로 인한 수신자의 피해를 증가시켜 사회문제로 대두되고 있다. 따라서 사업자가 전화, 팩스, 컴퓨터통신 또는 전자우편 등을 이용하여 재화를 구매하거나 용역을 제공받도록 권유하는 행위를 할 때에는 법 제21조(금지행위)에 관한 규정과 「정보통신망 이용촉진 및 정보보호 등에 관한 법률(이하 "정보통신망법")」의 규정을 준수하여야 한다.

4. 할부거래

(1) 할부거래의 개념

할부거래란 구입하는 물품 등의 대금을 일시에 지불하지 않고 일정횟수로 나누어 지급하는 거래형태를 말한다. 할부거래는 거래의 당사자 간 대금지불의 유연성을 줌으로써 거래를 활성화시키는 도구가 되어 예로부터 사용되어 온 지불형태이다. 그런데 이러한 할부거래의 형태를 띤 소비자거래는 소비자에게 충동구매나 현혹구매를 하도록 하는 요인으로 작용하여 소비자피해를 발생시키는 원인이 되기도 한다.

따라서 이와 같은 할부거래에서의 소비자피해를 예방하고 보다 합리적인 선택

권이 보장될 수 있도록 하기 위하여 1991년 12월 31일 할부거래에 관한 법률(이하 할부거래법이라 한다)이 제정되었다. 이 법에 적용되는 할부거래는 다음과 같다.

① 직접할부계약

소비자가 사업자에게 재화의 대금이나 용역의 대가를 2개월 이상의 기간에 걸쳐 3회 이상 나누어 지급하고, 재화등의 대금을 완납하기 전에 재화의 공급이나 용역의 제공을 받기로 하는 계약.

② 간접할부계약

소비자가 신용제공자에게 재화등의 대금을 2개월 이상의 기간에 걸쳐 3회 이상 나누어 지급하고, 재화등의 대금을 완납하기 전에 사업자로부터 재화등의 공급을 받기로 하는 계약.

그러나 모든 할부거래가 이 법의 적용을 받는 것은 아니다. 할부거래에서의 소비자보호를 목적으로 하기 때문에 사업자가 상행위를 위하여 재화등의 공급을 받는 거래[5]나 성질상 이 법을 적용하는 것이 적합하지 않은 경우로서 농산물·수산물·축산물·임산물·광산물로서 한국표준산업분류표상의 제조업에 의하여 생산되지 아니한 것과 의약품, 보험, 증권 및 어음 및 부동산은 이 법이 적용되지 않는다(시행령 제4조). 마찬가지로 소비자와의 할부거래라 하더라도 할부기간이 2개월 미만이거나 할부횟수가 3회 미만인 경우도 이 법의 적용대상이 아니다.

(2) 주요 내용

① 할부계약체결 전의 정보제공

할부거래업자는 할부계약을 체결하기 전에 소비자가 할부계약의 내용을 이해할 수 있도록 다음 사항을 표시하고 이를 소비자에게 고지하여야 한다(제5조).

i) 재화등의 종류 및 내용

ii) 현금가격(할부계약에 의하지 아니하고 소비자가 재화등의 공급을 받은 때에 할부거래업자에게 지급하여야 할 대금 전액을 말한다)

iii) 할부가격(소비자가 할부거래업자나 신용제공자에게 지급하여야 할 계약금과 할부금의 총합계액을 말한다)

---

5) 그러나 사업자가 사실상 소비자와 같은 지위에서 다른 소비자와 같은 거래조건을 거래하는 할부거래는 이 법의 적용을 받는다.

iv) 각 할부금의 금액 · 지급횟수 및 지급시기

v) 할부수수료의 실제연간요율

vi) 계약금(최초지급금 · 선수금 등 명칭이 무엇이든 할부계약을 체결할 때에 소비자가 할부거래업자에게 지급하는 금액을 말한다.)

vii) 지연손해금산정시 적용하는 비율

그러나 신용카드회원과 신용카드가맹점 간의 간접할부계약의 경우에는 iii), iv), vi), vii) 항목은 표시하지 않을 수 있다.

② **할부계약의 서면주의**

할부계약은 거래관계가 할부대금의 지급이 완료됨으로써 종료되기 때문에 거래기간이 길어지면서 소비자가 계약내용을 기억하지 못하거나 거래기간 중에 분쟁이 발생하는 경우의 처리를 위해서 사업자에게 계약서를 작성하여 교부토록 하고 있다(제6조). 계약서면에는 다음의 내용이 포함되어야 하되 간접할부계약의 경우에는 iv), v), xi)은 생략할 수 있다.

i) 할부거래업자 · 소비자 및 신용제공자의 성명 및 주소

ii) 재화등의 종류 · 내용 및 재화등의 공급시기

iii) 현금가격

iv) 할부가격

v) 각 할부금의 금액 · 지급횟수 · 지급기간 및 지급시기

vi) 할부수수료의 실제연간요율

vii) 계약금

viii) 재화의 소유권유보에 관한 사항

ix) 청약철회의 기한 · 행사방법 · 효과에 관한 사항

x) 할부거래업자의 할부계약의 해제에 관한 사항

xi) 지연손해금산정시 적용하는 비율

xii) 소비자의 기한의 이익상실에 관한 사항

xiii) 제16조에 따른 소비자의 항변권과 행사방법에 관한 사항

③ **소비자의 청약철회권(제5조)**

소비자는 다음과 같은 경우에 청약철회를 할 수 있다.

i) 계약서를 교부받은 날 또는 계약서를 교부받지 아니한 경우에는 목적물의

인도 등을 받은 날부터 7일 이내

ii) 계약서를 받지 않거나 할부거래업자의 주소 등이 적혀 있지 않은 계약서를 받은 경우 또는 할부거래업자의 주소변경 등으로 청약철회를 할 수 없는 경우에는 주소를 안 날 또는 알 수 있었던 날 등 청약철회를 할 수 있는 날부터 7일 이내

iii) 계약서에 청약의 철회에 관한 사항이 적혀 있지 아니한 경우에는 청약을 철회할 수 있음을 안 날 또는 알 수 있었던 날부터 7일 이내

iv) 할부거래업자가 청약의 철회를 방해한 경우에는 그 방해행위가 종료한 날부터 7일 이내

다만, 목적물의 성질 또는 계약체결의 형태에 비추어 철회를 인정하는 것이 적당하지 아니한 경우에는 예외적으로 철회가 인정되지 않는다. 그러나 이 경우에도 할부거래업자가 청약의 철회를 승낙하거나 청약을 철회할 수 없다는 사실을 재화등의 포장이나 그 밖에 소비자가 쉽게 알 수 있는 곳에 분명하게 표시하거나 시용상품을 제공하는 등의 방법으로 소비자가 청약을 철회하는 것이 방해받지 않도록 조치를 취하지 않는 경우에는 ii)~iv)의 경우에 청약철회가 가능하다. 청약철회가 인정되지 않는 경우는 다음과 같다.

i) 소비자에게 책임 있는 사유로 재화등이 멸실되거나 훼손된 경우. 다만, 재화등의 내용을 확인하기 위하여 포장 등을 훼손한 경우는 제외한다.

ii) 사용 또는 소비에 의하여 그 가치가 현저히 낮아질 우려가 있는 것으로서 대통령령으로 정하는 재화등을 사용 또는 소비한 경우

iii) 시간이 지남으로써 다시 판매하기 어려울 정도로 재화등의 가치가 현저히 낮아진 경우

iv) 복제할 수 있는 재화등의 포장을 훼손한 경우

v) 그 밖에 거래의 안전을 위하여 대통령령으로 정하는 경우

소비자가 청약을 철회하고자 하는 때에는 할부거래업자에게 철회의 의사표시가 기재된 서면을 발송하여야 한다. 청약의 철회는 서면을 발송한 날에 그 효력이 발생한 것으로 본다. 또한 계약서의 교부사실 및 그 시기, 목적물의 인도 등의 사실 및 그 시기에 관하여 다툼이 있는 경우에는 할부거래업자가 이를 입증하여야 한다. 마찬가지로 간접할부계약에서의 청약철회의 경우에는 동일 기간 내에 신용제공자에게 청약을 철회하는 의사표시가 적힌 서면을 발송하여야 한다. 만일 서면을 발송하지 않은 경우에는 신용제공자에게 할부금지급청구를 거절할 수 없다(제9조).

④ 매도인의 할부계약의 해제

할부거래업자는 소비자가 할부금지급의무를 이행하지 아니한 경우에는 할부계약을 해제할 수 있다. 이 경우 할부거래업자는 그 계약을 해제하기 전에 14일 이상의 기간을 정하여 소비자에게 그 이행을 서면으로 최고하여야 한다. 목적물의 소유권이 할부거래업자에게 유보된 경우에 할부거래업자는 그 계약을 해제하지 아니하고는 그 반환을 청구할 수 없다.

⑤ 소비자의 기한이익상실과 기한 전 지급권

소비자가 할부금을 다음 지급기일까지 연속하여 2회 이상 지급하지 아니하고 그 지급하지 아니한 금액이 할부가격의 100분의 10을 초과하는 경우나 생업에 종사하기 위하여 외국에 이주하는 경우와 외국인과의 결혼 및 연고관계로 인하여 이주하는 경우에는 할부금의 지급에 대한 기한의 이익을 주장하지 못한다. 또한 소비자는 기한이 도래하기 전이라도 나머지 할부금을 일시에 지급할 수 있다.

⑥ 소비자의 항변권

할부거래는 일단 계약을 체결하게 되면 할부거래업자와 소비자가 동시에 또는 순차적으로 이행의무가 발생한다. 만일 할부거래 자체에 문제가 생기거나 상대방이 거래내용에 따른 이행을 하지 않았을 경우에도 소비자로 하여금 이행의무를 계속 부담토록 하는 것은 지나치게 불리하다. 따라서 소비자는 다음의 어느 하나에 해당하는 사유가 있는 경우에는 할부거래업자에게 그 할부금의 지급을 거절할 수 있다.

i) 할부계약이 불성립·무효인 경우
ii) 할부계약이 취소·해제 또는 해지된 경우
iii) 재화등의 전부 또는 일부가 재화등의 공급시기까지 소비자에게 공급되지 아니한 경우
iv) 할부거래업자가 하자담보책임을 이행하지 아니한 경우
v) 그 밖에 할부거래업자의 채무불이행으로 인하여 할부계약의 목적을 달성할 수 없는 경우
vi) 다른 법률에 따라 정당하게 청약을 철회한 경우

그러나 이 경우라도 간접할부계약인 경우에는 20만원 이상인 경우에만 신용제공자에게 할부금의 지급을 거절하는 의사를 통지한 후 할부금의 지급을 거절할 수

있다. 그리고 항변권의 행사를 서면으로 하는 경우에는 서면을 발송한 날 항변권의 효력이 발생하지만 할부거래업자 또는 신용제공자가 소비자의 항변권을 접수하고 그 사유가 적당하지 않은 경우에는 그 사실을 할부거래업자는 5영업일 이내에 그리고 신용제공자는 7영업일 이내에 소비자에게 통지하여야 한다. 통지하지 않은 경우는 할부금지급의사를 수용한 것으로 본다.

5. 제조물책임

소비자보호를 위하여 무엇보다도 기본이 되는 것은 안전에 대한 것이다. 소비자안전과 관련한 법률 중에서 특히 제조물의 결함으로 인하여 생명, 신체 또는 재산상의 손해에 대하여 제조업자 등이 무과실책임의 원칙에 따라 손해배상책임을 지도록 하는 제조물책임제도가 있다. 이 제도는 제품의 안전에 대한 의식을 제고하고 피해를 예방 및 구제하기 위하여 2000년 1월 12일 제조물책임법으로 제정되어 2002년 7월 1일부터 시행되고 있다. 제조물책임법의 주요 내용은 다음과 같다.

(1) 제조물책임의 개념

제조물이란 다른 동산이나 부동산의 일부를 구성하는 경우를 포함한 제조 또는 가공된 동산으로서 제조업자로 하여금 제조물의 결함으로 소비자의 생명 · 신체 또는 재산에 손해를 입힌 경우에 그에 대한 책임으로서 발생한 손해를 배상하도록 하는 것을 제조물책임이라고 한다. 만일 제조물의 제조업자를 알 수 없는 경우에는 제조물을 영리목적으로 판매 · 대여 등의 방법에 의하여 공급한 자가 손해를 배상하여야 한다(제3조).

(2) 제조물의 결함

제조물의 결함으로 인하여 생명 · 신체 또는 재산에 손해를 입힌 경우에 적용된다. 다만 당해 제조물에 대해서만 발생한 손해의 경우에는 적용되지 않는다. 여기서의 '결함'은 제조상의 결함, 설계상의 결함, 표시상의 결함, 기타 통상적으로 기대할 수 있는 안전성이 결여되어 있는 것을 말한다.

① 제조상의 결함

제조상의 결함이란 제조업자의 제조물에 대한 제조 · 가공상의 주의의무의 이행 여부에 불구하고 제조물이 원래 의도한 설계와 다르게 제조 · 가공됨으로써 안전하지 못하게 된 경우를 말한다. 제조업자의 제조물에 대한 주의의무이행 여부를 불문하기 때문에 무과실책임이라고 할 수 있다.

② 설계상의 결함

설계상의 결함이란 제조업자가 합리적인 대체설계를 채용하였더라면 피해나 위험을 줄이거나 피할 수 있었음에도 대체설계를 채용하지 아니하여 당해 제조물이 안전하지 못하게 된 경우를 말한다.

③ 표시상의 결함

표시상의 결함이란 제조업자가 합리적인 설명 · 지시 · 경고 기타의 표시를 하였더라면 당해 제조물에 의하여 발생될 수 있는 피해나 위험을 줄이거나 피할 수 있었음에도 이를 하지 아니한 경우를 말한다.

④ 포괄적 결함

통상적으로 기대할 수 있는 안전성이 결여되어 있음을 말한다.

(3) 제조자의 책임

① 책임법리

제조상의 결함에 대해서는 법정의 무과실책임으로 이해한다. 설계상 또는 표시상의 결함의 경우에는 일정한 법정의무불이행에 따르는 불법행위책임이다.[6)]

② 책임발생요건

ⅰ) 제조물의 안전성이 결여되었을 것

안전성 결여는 다음의 하나에 해당하여야 한다.

a. 제조물이 원래 의도한 설계와 다르게 제조 · 가공됨으로써 안전하지 못할 것
b. 피해나 위험을 줄이거나 피할 수 있는 대체설계를 채용하지 않았을 것
c. 피해나 위험을 줄이거나 피할 수 있는 합리적인 설명 · 지시 · 경고 기타의 표시를 하지 않았을 것
d. 통상적인 기대안전성이 결여되었을 것

ⅱ) 결함으로 인하여 생명·신체 또는 재산에 손해가 발생하였을 것

---

6) 대법원 2004. 3. 12, 2003다16771.

iii) **인과관계가 발생하였을 것**

결함과 손해발생과의 인과관계는 상당한 인과관계가 있어야 한다. 여기에서 문제되는 것은 인과관계의 입증책임은 누구 부담하는가 하는 것이다. 고도의 기술이 집약되어 대량으로 생산되는 제품의 결함에 의하여 소비자가 손해를 입은 경우 그 제품의 생산과정은 전문가인 제조업자만이 알 수 있으며, 그 제품의 결함 존재 여부, 그 결함으로 인하여 손해가 발생한 것인지 여부를 일반소비자가 과학적·기술적으로 입증한다는 것은 어렵다. 제조물책임법은 제조물의 결함으로 발생하는 손해의 배상책임을 제조업자에게 부과하면서 만일 제조업자가 면책을 위한 일정한 요건을 입증하는 경우에 면책되도록 하고 있다. 이는 면책될 수 있는 요건을 입증하지 못하면 책임을 져야 한다는 것을 의미하고, 결국 결함과 손해와의 인과관계의 입증이 아닌 손해가 당해 제품의 결함으로 인하여 발생한 것이 아님을 입증토록 하는 것으로 제조업자가 입증책임을 부담한다고 해석할 수 있다. 또한 판례도 그 제품이 정상적으로 사용되는 상태에서 사고가 발생한 경우 소비자측에서 그 사고가 제조업자의 배타적 지배 하에 있는 영역에서 발생하였다는 점과 그 사고가 어떤 자의 과실 없이는 통상 발생하지 않는다고 하는 사정을 증명하면, 제조업자측에서 그 사고가 제품의 결함이 아닌 다른 원인으로 말미암아 발생한 것임을 입증하지 못하는 이상 그 제품에게 결함이 존재하며 그 결함으로 말미암아 사고가 발생하였다고 추정하여 손해배상책임을 지울 수 있도록 입증책임을 완화하는 것이 손해의 공평·타당한 부담을 그 지도원리로 하는 손해배상제도의 이상에 맞다고 한다.[7)]

③ **책임부담자**

i) **1차로 제조업자**

제조업자는 제조물의 제조·가공 또는 수입을 업으로 하는 자, 그리고 제조물에 성명·상호·상표 기타 식별가능한 기호 등을 사용하여 자신을 제조업자로 표시하거나 제조업자로 오인시킬 수 있는 표시를 한 자이다.

ii) **2차로 제조물의 공급자**

제조물의 제조업자를 알 수 없는 경우 공급자가 제조물의 제조업자 또는 제조물을 자신에게 공급한 자를 알거나 알 수 있었음에도 불구하고 상당한 기간 내에 그 제조업자 또는 공급한 자를 피해자 또는 그 법정대리인에게 고지하지 아니한

---

7) 대법원 2004. 3. 12, 2003다16771.

때에는 공급자가 손해를 배상하여야 한다. 여기의 공급자는 제조물을 영리목적으로 판매·대여 등의 방법에 의하여 공급한 자를 말한다.

④ **책임의 면책**

i) 면책사유

이 법에 의하여 손해배상책임을 지는 자가 다음의 어느 하나를 입증하면 손해배상책임을 면한다.

a) 제조업자가 당해 제조물을 공급하지 아니한 사실

b) 제조업자가 당해 제조물을 공급한 때의 과학·기술수준으로는 결함의 존재를 발견할 수 없었다는 사실

c) 제조물의 결함이 제조업자가 당해 제조물을 공급할 당시의 법령이 정하는 기준을 준수함으로써 발생한 사실

d) 원재료 또는 부품의 경우에는 당해 원재료 또는 부품을 사용한 제조물제조업자의 설계 또는 제작에 관한 지시로 인하여 결함이 발생하였다는 사실

ii) 면책사유의 제한

이 법에 의하여 손해배상책임을 지는 자가 제조물을 공급한 후, 당해 제조물에 결함이 존재한다는 사실을 알거나 알 수 있었음에도 그 결함에 의한 손해의 발생을 방지하기 위한 적절한 조치를 하지 아니한 때에는 위 a), b), c)의 면책사유를 주장하지 못한다.

iii) 면책약관의 제한

이 법에 의한 손해배상책임을 배제하거나 제한하는 특약은 무효로 한다. 그러나 자신의 영업에 이용하기 위하여 제조물을 공급받는 자가 자신의 영업용 재산에 대하여 발생한 손해에 관하여 하는 면책약관은 가능하다.

⑤ **책임의 내용**

i) 손해배상책임

이 법의 제조물책임이 성립하면 책임부담자는 피해자가 입은 손해에 대하여 배상책임을 부담한다.

ii) 연대책임

동일한 손해에 대하여 이 법상 배상책임을 부담할 자가 2인 이상인 경우에는 연대하여 그 손해를 배상할 책임이 있다. 이들의 책임은 부진정연대책임이다.

iii) **손해배상청구권의 존속기간**

a. 소멸시효기간 3년

이 법에 의한 손해배상의 청구권은 피해자 또는 그 법정대리인이 손해 및 손해배상책임을 지는 자를 안 날부터 3년간 이를 행사하지 아니하면 시효로 인하여 소멸한다.

b. 제척기간 10년

이 법에 의한 손해배상의 청구권은 제조업자가 손해를 발생시킨 제조물을 공급한 날부터 10년 이내에 이를 행사하여야 한다.

c. 시효기산점에 관한 특례

신체에 누적되어 사람의 건강을 해하는 물질에 의하여 발생한 손해 또는 일정한 잠복기간이 경과한 후에 증상이 나타나는 손해에 대하여는 그 손해가 발생한 날부터 기산한다.

(4) 민법규정의 적용

제조물의 결함에 의한 손해배상책임에 관하여 이 법에 규정된 것을 제외하고는 민법의 규정에 의한다.

Ⅱ. 소비자피해와 구제

1. 소비자피해현황

소비자의 상담 및 피해구제는 한국소비자원을 비롯해서 여러 소비자단체 등에서 개별적으로 접수하여 진행하여 왔으나 보다 효율적인 소비자구제를 위해 2010년 1월부터 한국소비자단체협의회, 한국소비자원 및 광역지자체의 상담센터를 통합해 '1372 소비자상담센터'를 운영하고 있다. 소비자상담센터는 전국적으로 단일 전화번호인 1372와 인터넷을 통해 상담을 접수하고 있으며, 원하는 상담분야를 선택하면 상담가능한 인근지역으로 연결되어 상담이 이루어진다.

2011년도 '1372 상담센터'에 접수된 상담건수는 총 778,050건으로 2010년도에 비하여 6%가량 증가하였다. 품목별로 보면 휴대폰이 40,406건으로 가장 많았으며, 초고속인터넷이 18,157건, 중고자동차 중개·매매가 12,942건 등이었다. 10대 상담다발품목 및 주요 상담내용은 다음과 같다.[8)]

순위	품목명	건수	주요 상담내용
1	휴대폰	40,406	품질 및 A/S, 가격
2	초고속인터넷	18,157	계약해지 위약금, 요금
3	중고자동차 중개 · 매매	12,942	구입한 차량의 품질 및 A/S
4	이동전화서비스	11,865	계약이행, 품질 및 A/S
5	스마트폰	10,604	기기의 품질 및 A/S, 하자수리
6	택배화물운송서비스	10,598	배달지연, 운송물의 파손
7	점퍼, 자켓, 사파리	10,320	품질, 구입한 제품의 반품
8	헬스장, 휘트니스센터	9,585	중도해지 위약금, 청약철회
9	보험	8,679	보험금지급거절, 불충분한 지급
10	상조서비스	8,038	계약해지, 서비스 제공내용

2. 소비자피해의 원인

이처럼 소비자가 거래관계에서 불만이 발생하고 피해가 생기는 이유는 무엇보다도 사업자의 지나친 판매활동으로 인하여 무리한 계약체결이 주된 것이라고 할 수 있다. 뿐만 아니라 거래방식의 다양화로 소비자가 예측하지 못한 거래내용으로 인해 발생하는 피해도 있는데, 특히 인터넷의 발달을 통한 전자상거래의 급증영향과 TV홈쇼핑이라든지 전화권유판매 등에서의 소비자피해가 그것이다.

이는 결국 사업자의 판매방식이나 판매기법은 계속적으로 새롭게 변화해 가면서 소비자보호를 위한 조치를 취하기에 앞서 이익을 먼저 취하고자 하는 것에서부터 소비자문제가 발생한다고 할 수 있다. 더 나아가 소비자입장에서도 거래관계에서 발생하는 소비자책임을 소홀히하고 거래에 임하여 조금만 더 주의를 기울였더라도 입지 않았을 피해를 입는 경우도 상당히 많다.

3. 소비자피해의 구제방법

소비자피해는 발생한 피해를 신속히 구제해 주는 것도 중요하지만 무엇보다도 피해가 발생하기 않도록 예방하는 것이 더 중요하다. 앞서 살펴보았던 각종 소비자보호관련법도 이러한 피해가 발생하지 않도록 사업자에게 소비자보호를 위한 의

8) 공정거래위원회 보도자료 2012년 2월 13일자, "2011년 상담센터(1372) 운영실적 발표."

무를 이행토록 하는 규정이 대부분이다. 그럼에도 불구하고 발생한 소비자피해에 대해서는 신속하게 구제해 주어야 하는데, 그 구제방법으로 대표적인 방법이 분쟁조정제도이다.

소비자피해는 다른 거래에서의 당사자피해와는 달리 소액으로써 다수의 피해자가 생기는 경우가 많으므로 소비자가 스스로 자신의 피해를 구제받기 위해 적극적인 조치를 취하지 않는 경우가 많다. 더욱이 자신의 피해를 구제받기 위한 적극적 행동으로써 소송을 한다 하더라도 구제를 목적으로 하는 비용보다 구제를 위한 절차의 비용이 오히려 더 많이 들게 되어 이러한 절차를 포기하기도 한다.

따라서 이러한 문제를 해결하고 보다 신속하고 간편하게 또한 저렴한 비용으로 소비자문제를 해결하기 위해 조정제도를 두고 있다. 현재 소비자기본법에 의하여 한국소비자원(www.kca.go.kr) 내에 소비자분쟁조정위원회가 설치되어 있으며, 동법 제31조에 의하여 한국소비자단체협의회 내에서 자율분쟁조정위원회(http:// www.amco.or.kr)가 설치되어 있어 소비자문제의 조정을 해 주고 있다.

이들 분쟁조정위원회는 소송에 따른 절차와 비용의 문제를 해결하고 보다 신속하게 분쟁을 해결하기 위한 중재제도의 일환으로써 본 조정에 의하여 당사자가 수락을 하게 되면 재판상 화해와 동일한 효력이 있어 소비자피해를 구제해 줄 수 있다.

4. 구체적인 소비자피해 사례 및 구제절차

소비자피해의 품목은 소비자의 선호도에 따라 달라질 수 있으며 그에 따른 소비자불만이 생겨난다. 여기에서는 앞서 살펴본 상담다발품목의 주요 상담내용을 중심으로 일반적인 소비자피해의 원인과 해결사례를 정리해 보았다.

(1) 품질불만

[질문] 구입한 제품에 대하여 품질에 불만이 있다. 수리 또는 교환이 가능한가?

[답변] 구입한 제품에 따라 다르지만 일반 공정거래위원회에서 고시하고 있는 소비자분쟁해결기준에 의하여 계약의 해지 내지 품목별 품질보증기간 및 부품보유기간 여부를 확인한 후 사업자에게 품질에 대한 수리 또는 교환 등을 요청할 수 있다.

(2) 계약의 해제 · 해지불만

[질문] 방문판매원으로부터 건강식품을 구매하였다. 그러나 물건이 도착해서 보니 제품이 조악하고 디자인도 맘에 들지 않아 계약을 취소하고 싶은데 방문판매원에게 연락이 되지 않는다. 이런 경우 계약을 취소할 수 있는가?

[답변] 방문판매법은 "계약서를 교부받은 날 또는 재화 등을 인도받은 날로부터 14일 이내에 그 구입계약에 관한 청약철회 등을 할 수 있다"고 규정하고 있으므로 방문판매로 구입한 제품의 판매처에 내용증명우편으로 청약철회의 사항을 기재하여 발송하면 철회가 가능하다.

(3) A/S 불만

[질문] 얼마 전에 구입한 제품인데 고장이 잦아 A/S 센터를 여러 번 방문하였다. 그런데 A/S센터에서는 더 이상 무료로 A/S를 해 줄 수 없다고 한다. 어떻게 하면 되는가?

[답변] 구입한 제품의 종류에 따라 일정기간 내에 수리가 가능하며 고장횟수가 여러 번인 경우에는 교환이 가능하다. 즉 소비자피해보상규정에 의하여 품질보증기간 내에 고장횟수가 일정횟수를 넘어서면 교환 및 환불해 주도록 하고 있다. 따라서 해당 제품의 품질보증기간인정 여부와 고장횟수에 대한 교환 여부를 먼저 확인토록 하여야 한다.

(4) 가격 · 요금의 불만

자녀 명의로 이동전화 가입을 하면서 정액요금제도(월 15,000원)를 신청하였다. 그런데 요금청구서를 받아보니 무선인터넷 이용요금이 300,000원 청구되었다. 정액요금제로 가입한 이동전화에 대해 초과요금의 청구를 거절할 수 있는가?

[답변] 초과요금에 대한 청구를 거절할 수 있다. 즉 계약 당시에 정액제로 가입하였고 초과부분의 요금청구에 대한 사업자의 고지사실이 없다면 사업자는 초과부분에 대한 요금을 청구할 수 없다. 다만, 이동통신의 정액요금제는 통신에 한한 부분으로서 이 한도에 포함되지 않는 세금이나 정보이용료 등이 있어 계약시 이러한 사항을 면밀히 확인해야 피해를 입지 않을 수 있다.

뿐만 아니라 이동통신과 관련한 요금분쟁의 주 원인으로써 소비자가 예상치 못한 정보이용료 내지 데이터통신료가 있는데 이러한 점을 해결하고자 공정거래위원회에서 "엠커머스(mobile commerce)를 위한 사업자 가이드라인"을 2006년 10월 제정하여 데이터통신료가 2만원을 초과시마다 실시간으로 통보해 주도록 권고하고 있다.

(5) 사업자의 부당행위

[질문] 핸드폰을 통하여 이동통신 부가서비스를 한 달간 무료로 제공하겠다고 전화를 받았다. 그래서 무료로 이용할 수 있는 기간 외에는 부가서비스를 사용하지 않았는데 요금이 계속 청구되고 있다. 청구된 요금을 결제하지 않을 수 있는가?

[답변] 청구된 요금은 결제하지 않아도 되며 이미 지급된 요금에 대해서도 반환을 요청할 수 있다. 즉 가입자의 동의 없이 부가서비스가 가입되어 제공되고 있는 것이므로 이러한 사항을 이동통신사업자에게 통지하고 부가서비스의 해지요청과 함께 당해 요금의 반환 및 청구정지를 요청할 수 있다. 핸드폰과 같은 통신요금은 이용자가 요금의 상세내역을 잘 확인하지 않는 점을 이용하여 사업자가 부당행위를 하는 경우가 많다. 따라서 소비자는 요금청구시에 상세내역을 지속적으로 확인하는 습관을 들여야 한다.

(6) 계약의 미이행

[질문] 인터넷으로 교육동영상서비스를 6개월간 수강할 수 있는 계약을 체결하였다. 그런데 2개월 이후부터는 인터넷사이트에 접속이 제대로 되지 않는 경우가 많고, 동영상의 질도 많이 떨어져 계약을 취소하고 수강하지 않은 기간에 대한 수강료도 돌려받고 싶다. 가능한가?

[답변] 가능하다. 1개월 이상 계속에서 거래가 이루어지는 경우 방문판매법상 계속거래에 해당하기 때문에 소비자는 언제든지 계약을 해지할 수 있다. 뿐만 아니라 계약을 해지한 경우 계약체결 당시의 위약금조항에 근거하여 위약금을 공제한 후 나머지 수강료는 돌려받을 수 있다. 이때 위약금조항이 소비자에게 지나치게 불리한 경우 소비자는 소비자피해

보상규정상의 규정에 의하여 남은 수강료를 돌려받을 수 있다.

(7) 제품의 안전미흡

[질문] 압력밥솥을 사용하는 도중 압력밥솥이 폭발하여 사람은 다치지 않았으나 주방기구 및 주변이 손상되어 수리하였다. 이에 대한 보상을 받을 수 있는가?

[답변] 제품의 안전과 관련하여 소비자의 생명, 신체 및 재산상의 피해가 발생한 경우 사업자는 이에 대하여 손해배상을 하여야 한다. 다만 제품의 하자가 제품 자체의 하자인 경우에 배상을 받을 수 있으며, 만일 제품의 하자는 없지만 소비자의 사용상의 잘못으로 말미암아 피해가 발생했다면 배상을 받을 수 없다. 따라서 소비자는 제품사용에 대한 정확한 사항을 숙지하는 것이 매우 중요하다.

(8) 약관불만

[질문] 여행사와 여행계약을 체결하였으나 개인사정으로 1주일 전에 여행을 취소하게 되었다. 그런데 여행사에서는 1주일 전에 취소하는 경우에는 위약금을 50%공제한 나머지 금액을 돌려준다고 약관에 되어 있다고 한다. 여행 1주일 전에 취소했는데도 50%를 공제한 금액을 받아야만 하는가?

[답변] 여행사와의 계약 당시에 여행약관상 50%로 돌려주기로 약정했다 하더라도 이 약정내용에 대해 소비자에게 설명해 주지 않았다면 약관의 내용으로 인정받지 못할 여지가 크다. 또한 소비자분쟁해결기준에 의하면 여행개시 5일 전까지 해지를 통보하면 계약금 전액을 돌려주도록 규정되어 있다. 따라서 여행사의 여행 1주일 전에 계약을 취소했더라도 50%의 위약금을 공제한다고 한 약관규정은 불공정약관조항으로써 무효가 될 가능성이 크므로 구제절차에 따라 전액을 돌려달라고 요청할 수 있다.

(9) 광고내용과 다른 이행

[질문] TV홈쇼핑에서 순모 100%로 되어 있는 이불을 구입하였으나 확인해 보니 합성섬유가 포함되어 있는 제품이었다. 판매회사에서는 구입 후 20

일이 경과되어 반품이 안 된다고 하는데 구제받을 수 있는가?

[답변] 계약을 취소하고 대금을 환급받을 수 있다. 전자상거래소비자보호법에서 "재화 등의 내용이 표시·광고내용과 다르거나 계약내용과 다르게 이행된 경우에는 당해 재화 등을 공급받은 날부터 3월 이내, 그 사실을 안 날 또는 알 수 있었던 날부터 30일 이내에 청약철회 등을 할 수 있다"고 규정하고 있으므로 관련되는 입증자료를 첨부하여 청약철회를 통보하여 계약의 효력을 막을 수 있다. 여기에서 관련되는 입증자료는 소비자가 TV홈쇼핑을 보면서 구입했기 때문에 구체적인 자료가 있을 수 없으므로 소비자는 광고내용과 다르다는 사실만을 표시하여 청약철회를 할 수 있다. 이때 사업자는 소비자가 제기하는 문제에 대한 광고 및 표시사항에 대한 입증책임이 있다.

Chapter

07 민사소송절차

Ⅰ. 민사소송의 의의 및 필요성

사법상의 권리를 침해당한 경우 원칙적으로 사력(私力)에 의한 구제는 허용되지 않고 국가구제에 의하여야 한다. 또한 사인 간의 법률관계에 분쟁이 생긴 경우 당사자의 합의에 의한 분쟁해결이 되지 않는 경우도 있다. 이러한 경우 국가구제절차로서 사권의 존재를 확정하여 사권을 보호하고 사법질서의 유지를 목적으로 하는 법원, 당사자 기타 이해관계인들의 행위로 이루어지는 재판절차를 민사소송이라고 한다.

권리를 침해당한 경우, 최후의 구제수단은 집행권원을 얻어 채무자의 재산권에 대한 강제집행을 통하여 실현하게 된다. 여기서 집행권원이란 국가의 공권력을 발동시킬 수 있는 힘을 말한다. 채무자가 채무를 이행하지 않는 경우에도 사력(私力)에 의한 물리력으로 채권을 실현하는 것은 허용되지 않는다. 국가의 공권력의 작용에 의해서만 실현할 수 있다. 이때 공권력을 쓸 수 있는 권원이 필요한데 이를 집행권원이라고 한다. 무엇이 집행권원이 되는가? 확정판결, 확정판결과 동일시되는 화해조서, 조정조서, 인락조서, 공정증서 등이 이에 해당한다.

결국 채권자는 채무불이행으로 채권을 침해당한 경우, 집행권원을 얻어 채무자의 재산권으로부터 강제적으로 채권을 실현하기 위하여 그 전제로서 집행권원이 필요하고 이 집행권원을 얻기 위하여 민사소송을 할 필요성이 있게 된다.

Ⅱ. 민사소송의 절차 개요

1. 서　　설

민사소송은 국가기관으로서 법원, 분쟁당사자 및 기타 이해관계인들의 행위로서 행하여지는데, 이 책에서는 법원의 행위 가운데 당자사와 관련된 사항과 분쟁당사자의 행위를 중심으로 하는 민사소송절차를 채권자의 채권행사와 관련한 범위에서 살펴본다.

2. 민사소송절차의 개요

소의 제기 → 소장부본 송달 → 변론 → 판결 → 판결문 송달 → 항소, 상고 → 판결의 확정

Ⅲ. 민사소송의 준비

1. 상대방에 대한 이행의 최고

상대방에게 이행할 것을 최고한다. 최고는 구두로도 가능하지만, 문서로 작성하여 내용증명우편제도를 이용하여 하는 것이 이후에 최고사실을 입증하는 데 유용하다.

2. 입증자료의 수집

상대방이 부인할 수 있는 내용에 대하여 입증할 수 있는 자료를 수집한다. 계약서, 증인 등의 입증가능한 자료를 최대한 수집·정리한다.

3. 상대방의 재산권파악

판결이 확정되면 상대방의 재산권에 관한 강제집행절차를 밟을 수 있다. 그러

나 상대방에게 재산권이 없는 경우라면 소송을 제기할 것인지의 여부를 재고하여야 한다. 상대방이 소유한 물권, 제3자에 대하여 가지는 채권, 상대방이 근무하고 받는 보수 등을 파악하여 정리한다.

4. 재산권의 보전(가압류 · 가처분신청)

상대방의 재산권에 대하여 가압류 또는 가처분신청을 한다. 가압류는 소송이 진행되는 동안 상대방의 재산권을 보전하기 위한 절차로서 법원에 신청하여 법원의 허가를 얻어 행한다. 가처분은 채무자의 현재의 상황을 보전하거나 임시적으로 지위를 정하기 위하여 하는 절차이다.

Ⅳ. 민사소송절차

1. 소의 제기

소의 제기는 소장을 제출하는 것으로 한다.

(1) 소장의 작성

소장은 A4 용지를 세워쓰기로 하여 간결하게 작성한다. 소의 명칭, 당사자(원고, 피고)의 주소, 성명, 연락처(가능한 연락이 가능하도록 상세히 기재한다), 청구취지(법원으로부터 판결을 원하는 내용), 청구원인(소를 제기하게 된 법률관계 및 사실관계 등), 입증방법, 첨부서류, 소장제출일, 작성자의 기명날인 및 간인, 관할법원의 표시를 하여 작성한다. 소장은 피고의 수만큼 부본을 마련하여 소장제출시 함께 제출하여야 한다.

(2) 소장제출법원

소장을 법원에 제출하려면 그 사건 관할법원에 제출하여야 한다. 법원관할은 일반관할과 특별관할로 구분된다.

[가압류신청 서식]

부동산가압류신청서(임차보증금반환채권)

채 권 자 ○ ○ ○
○○시 ○○구 ○○동 (우편번호 ○○○ - ○○○)
채 무 자 △ △ △
○○시 ○○구 ○○동 (우편번호 ○○○ - ○○○)
등기부상 주소 ○○시 ○○구 ○○동 ○○

청구채권의 표시

금 ○○○○원
(○○시 ○○구 ○○동 ○○번지 ○○아파트 ○○○동 ○○○호에 대하여 임대차기간 종료에 의한 임대차보증금반환채권)

가압류하여야 할 부동산의 표시

별지목록 기재와 같습니다.

신 청 취 지

채권자의 채무자에 대한 위 청구채권을 보전하기 위하여 채무자 소유 별지목록 기재 부동산을 가압류한다. 라는 재판을 구합니다.

신 청 이 유

1. 채권자는 채무자와 ○○○○ ○월 ○일 채무자 소유의 ○○시 ○○구 ○○동 ○○번지 소재 ○○아파트 ○○○동 ○○호 95㎡을 임차보증금○○○원에 임대기간을 ○○개월로 하여 임차한 사실이 있습니다.
2. 채무자는 기간이 만료되었음에도 불구하고 보증금을 반환하지 아니하고 채권자에게 세를 놓아서 나가라고만 하고 기일만 연기할 뿐 아니라 채무자는 근래에 와서 이 사건 부동산을 타에 매매하고자 기도 하고 있고, 만약 타에 매도하면 채무자는 재산이 전무한 상태입니다.
3. 따라서 채권자는 채무자를 상대로 전세금반환청구의 본안소송을 서두르고 있으나 본안소송은 상당한 시일을 요하므로 그동안 집행보전의 방법상 이건 신청에 이른 것입니다. 그리고 채무자를 위하여 공탁을 함에 있어 민사소송법 제122에 의거 보증보험주식회사와 체결한 공탁보증보험증권을 제출할 수 있도록 허가하여 주시기 바랍니다.

첨 부 서 류

1. 부동산 임대차계약서 1통
1. 등기부등본 1통

○○○○년 ○○월 ○○일

위 채권자 ○ ○ ○ (인)

○ ○ 지 방 법 원 귀중

[별 지]

가 압 류 할 부 동 산 의 표 시

1. ○○시 ○○구 ○○동 ○○번지 ○○아파트 ○○○동 ○○○호 대 254.3㎡
1. 위 지상
철근콘크리트 벽돌조 평슬래브 지붕 아파트 ○○○동 ○○○호 7층 ○○○호 95㎡

소 장

원고 성명
주소 연락처(전화, 휴대전화, 팩스, 이메일)
피고 성명
주소 연락처(전화, 휴대전화, 팩스, 이메일)

대여금 청구의 소

청구취지

1. 피고는 원고에게 돈10,000,000원 및 이에 대한 소장부본 송달 다음날부터 완제할 때까지 연 20%의 비율에 의한 이자를 지급하라.
2. 소송비용은 피고의 부담으로 한다.
3. 제1항은 가집행할 수 있다.

라는 판결을 구합니다.

청구원인

피고는 2005. 10. 20 원고에게서 10,000,000원을 차용하고 2007. 7. 20까지 변제하기로 약속하였으나, 이를 변제하지 않고 있어 이 소를 제기합니다.

입증방법

1. 갑 제1호증(현금차용증서)

첨부서류

1. 소장부분1통
1. 납부서 1통

○○○○. ○○. ○○.

위 원고 ○ ○ ○ (인)

○○ 지방법원 귀중

일반관할	
자연인	피고의 주소지 관할법원, 주소가 없거나, 주소를 알 수 없는 때에는 거소(현재 사실상 거주), 거소가 없거나 알 수 없는 때에는 최후의 주소지 관할법원에 제출한다.
법인 기타 단체	주된 사무소 또는 영업소(본점) 소재지, 주된 영업소가 없는 때에는 주된 업무담당자의 주소지 관할법원에 제출한다.

<table>
<tr><th colspan="2">특별관할</th></tr>
<tr><td>근무지 법원</td><td>사무소 또는 영업소에 계속하여 근무하는 자에 대한 소</td></tr>
<tr><td>거소지 또는 의무이행지 법원</td><td>재산권에 관한 소</td></tr>
<tr><td>어음, 수표의 지급지 법원</td><td>어음·수표에 관한 소, 단 이득상환청구나 소구통지의 해태로 인한 손해배상청구와 같은 어음·수표법상의 권리에 관한 소는 이에 해당하지 않습니다.</td></tr>
<tr><td>사무소, 영업소 소재지</td><td>사무소 또는 영업소가 있는 자에 대한 소는 그 사무소 또는 영업소의 업무에 관한 것에 한하여 그 소재지 법원에 제기할 수 있습니다.</td></tr>
<tr><td>불법행위지</td><td>불법행위에 관한 소는 그 행위지의 법원</td></tr>
<tr><td>부동산 소재지</td><td>부동산에 관한 소</td></tr>
<tr><td>등기·등록지</td><td>등기·등록에 관한 소는 등기 또는 등록할 공무소 소재지 법원</td></tr>
<tr><td>특정유형의 소에 대한
특별재판적</td><td>지식재산권과 국제거래에 관한 소의 경우 그에 관한 전문재판부가 설치된 고등법원이 있는 곳의 지방법원에 특별재판적을 인정하고, 편의이송 규정을 신설함</td></tr>
<tr><td colspan="2">특별관할법원이 있는 경우, 일반관할과 비교하여 원고에게 유리한 법원을 선택할 수 있다.</td></tr>
<tr><td colspan="2">당사자의 합의에 의하여 인정되는 소장 제출법원
법률상의 전속관할로 지정된 경우를 제외하고는 당사자가 일정한 법률관계에 기인한 소에 관하여 서면으로써 합의에 의하여 제1심 관할법원을 정할 수도 있다.</td></tr>
</table>

2. 소장부본의 송달

소장이 접수되면 법원은 소장부본을 당사자에게 송달한다. 소장이 송달되면 소송은 계속된다.

3. 답변서의 제출의무

소장이 송달되면 소장을 송달받은 때로부터 30일 이내 피고는 답변서를 제출하여야 한다. 기간 내 답변서의 제출이 없으면 무변론에 의한 원고승소판결이 있게 된다. 피고가 답변서를 제출하면 변론준비절차로 진행된다.

<table><tr><td>

답변서

사건 :
원고 :
피고 :
위 사건에 관하여 피고는 다음과 같이 답변합니다.

청구취지에 대한 답변

(내 용)

청구원인에 대한 답변

(내 용)

200 . . .

위 피고 ○ ○ ○ (인)

○ ○ 지방법원 귀중

</td></tr></table>

4. 변론준비절차

(1) 서면에 의한 변론준비절차

재판장은 기간을 정하여 당사자로 하여금 준비서면 등을 제출 또는 교환하게 하고 그 주장사실을 증명할 증거를 신청하게 하는 방법으로 변론준비절차를 진행하게 된다. 변론준비절차는 4월을 넘기지 못한다.

<table><tr><td>

준 비 서 면

사건 :
원고 :
피고 :
위 사건에 관하여 다음과 같이 변론을 준비합니다.

다 음

(내 용)

200 . . .

위 피고 ○ ○ ○ (인)

○ ○ 지방법원 귀중

</td></tr></table>

(2) 변론준비기일의 진행

서면준비절차에 의하여 쟁점의 정리가 부족하여 재판장 등이 필요하다고 인정하는 경우에는 양당사자를 출석하게 하여 그 진술조서를 작성한다. 변론준비기일은 시차체 소환방식으로 사건별로 개별적으로 기일을 지정하여야 한다.

5. 변론의 실시

변론은 재판장이 지정하여 당사자에게 통지한 기일에 공개법정에서 사건과 당사자의 호명으로 개시된다. 원고의 신청에 관한 진술로 시작되며, 피고는 소각하·청구기각의 반대신청을 하고, 이어서 당사자의 사실상·법률상 주장과 그 주장에 대한 입증 등의 공격·방어방법의 제출로 변론이 진행된다.

6. 판결의 확정절차

법원은 판결하기에 성숙하게 되면 변론을 종결하고 판결서를 작성하여 판결의 선고를 한다. 당사자에게 판결서의 정본이 송달되면 1심은 종료하고 상소기간이 진행한다. 상소기간 내 상소의 제기가 없으면 판결은 확정된다.

Ⅴ. 민사소송비용

1. 서 설

권리를 침해당한 경우, 소송을 통하여 구제받을 것인가에 대하여 소송비용이 얼마나 들어갈 것인가, 소송을 통하여 구제받을 수 있는가 등을 고려하여 소송으로 가게 된다. 민사소송을 하는 데 어떤 비용이 얼마나 들어가는가에 대하여 해설한다. 민사소송에 들어가는 비용은 각종 서식작성비용(소장, 준비서면, 답변서, 기타 신청서 등), 법원에 납부해야 할 인지액과 송달료, 일정한 경우 제공해야 할 담보, 소송대리인의 선임시 그에 대한 보수, 기타 경비 등이다. 서식작성을 스스로 하는 경우, 담보를 제공해야 할 사건이 아닌 경우, 소송대리인을 선임하지 않는 경우에는 이러한 비용은 포함되지 않는다.

2. 서식작성비용

서식작성은 스스로 하는 경우 비용이 들지 않지만, 법무사나 변호사 사무실에 가서 작성할 경우 일정액의 보수를 지급하여야 한다. 복잡한 법률관계의 경우 이러한 전문 법률가의 조력을 받는 것이 정확한 서식을 작성할 수 있고, 법적 판단을 하는 데 유리하다.

3. 인지액과 송달료

(1) 인지액의 계산(2017년 8월 현재)

소송목적의 값(청구금액)	인지액의 계산		
	1심	항소장	상고장
~ 1,000만원 미만	소송목적 가액 × 0.50%×0.9	1심×1.5	1심×2
1,000만원 이상 ~ 1억원 미만	(소송목적 가액 × 0.45% +5,000원)	1심×1.5	1심×2
1억원 이상 ~ 10억원 미만	(소송목적 가액 × 0.40% +55,000원)	1심×1.5	1심×2
10억원 이상 ~	(소송목적 가액 × 0.35% +555,000원)	1심×1.5	1심×2

※ 유의사항 : 산출된 인지액이 1,000원 미만인 때에는 이를 1,000원으로 하고, 1,000원 이상인 경우에 100원 미만의 단수가 있는 때에는 그 단수는 계산하지 않는다.
※ 전자소송의 경우에는 위 각 인지액의 90%액
※ 전자결제수수료 신용카드,계좌이체 : 소송비용 x 2.43%,
휴대폰소액결제 : 소송비용 x 7%, 최저수수료 : 200원

소송목적의 값은 원고가 청구취지로서 구하는 범위 내에서 원고가 전부 승소할 경우에 직접 받게 될 경제적 이익을 객관적으로 평가하여 정한 금액을 말한다. 소송목적에 따른 산정표준이 다르다.

[소송목적의 값 산정]

통상의 소	
확인의 소 (소극적 확인의 소 포함)	권리의 가액
증서진부확인의 소	유가증권: 그 가액의 2분의 1, -기타증서: 200,000원
금전지급청구의 소	청구금액(이자, 손해배상, 위약금 또는 비용의 청구가 소송의 부대목적이 되는 때에는 가액에 산입하지 않습니다.)
기간이 확정되지 아니한 정기금	기 발생분 및 1년분의 정기금 합산액
물건의 인도, 명도 또는 방해배제를 구하는 소	소유권에 기한 경우: 목적물건 가액의 2분의 1 지상권, 전세권, 임차권, 담보물권에 기한 경우, 또는 그 계약의 해지·해제, 계약기간의 만료를 원인으로 하는 경우: 목적물건 가액의 2분의 1 점유권에 기한 경우: 목적물건 가액의 3분의 1 소유권의 이전을 목적으로 하는 계약에 기한 동산인도청구: 목적물건의 가액
상린관계상의 청구	부담을 받는 이웃 토지부분 가액의 3분의 1
공유물분할청구의 소	목적물건의 가액에 원고의 공유지분 비율을 곱하여 산출한 가액의 3분의 1
경계확정의 소	다툼이 있는 범위의 토지부분의 가액
사해행위취소의 소	취소되는 법률행위의 목적의 가액을 한도로 한 원고의 채권액
정기금판결과 변경의 소	증액 또는 감액을 구하는 부분의 1년간 합산액

등기, 등록 등 절차에 관한 소	
소유권이전등기	목적물건의 가액
지상권, 임차권	목적물건의 가액의 2분의 1
담보물권, 전세권	목적물건의 가액을 한도로 한 피담보채권액(근저당권의 경우에는 채권최고액)
지역권	승역지 가액의 3분의 1

기타의 소
재산권상의 소로서 그 소송목적의 값을 산출할 수 없는 것과 비재산권을 목적으로 하는 소송의 소송목적의 값은 2,000만 100원으로 한다.
민사소송등인지규칙 제15조 제1항 내지 제3항(회사등 관계 소송 등), 제17조의2(특허소송), 제18조(무체재산권에 관한 소)에 정한 소송의 소송목적의 값은 5,000만 100원으로 한다.

(2) 송달료의 계산(2017년 8월 31일 현재)

소장을 제출할 때에는 당사자 수에 따른 계산방식에 의한 송달료를 송달료수납은행(대부분 법원 구내 은행)에 납부하고 교부받은 송달료납부서를 소장에 첨부하여야 한다. 각 사건의 송달료 계산방식은 다음과 같다.

사건구분	송달료 계산법(송달료 1회분=3,700원, 2017.8.1. 현재)
민사 제1심 소액사건	당사자수 × 송달료 10회분
민사 제1심 단독사건	당사자수 × 송달료 15회분
민사 제1심 합의사건	당사자수 × 송달료 15회분
민사항소사건	당사자수 × 송달료 12회분
민사 상고사건(다)	당사자수 × 송달료 8회분
민사 조정사건(머)	당사자수 × 송달료 5회분
부동산 등 경매사건(타경)	(신청서상의 이해관계인 수 + 3) × 송달료 10회분

〈예시〉 갑은 을에 대한 금전채권 1억원을 목적으로 민사소송을 제기하고자 한다. 갑이 납부해야할 인지액과 송달료를 계산하라.

① 인지액의 계산

금전채권이므로 소송목적의 값은 1억원이 된다.
인지액의 계산은 (소송목적의 값 × 10,000분의 40 +55,000원)에 의하여
1억원 × 10,000분의 40 +55,000원
= 4,550,000원

② 송달료의 계산

민사 1심 사건이므로 (당사자수 × 송달료 1회분 × 15)에 의하여
2(인) × 3,700원 × 15회
= 111,000원

(3) 인지액과 송달료의 납부

인지액은 해당 가액의 인지를 소장에 첩부한다. 그러나 현금으로 납부하고 납부서를 첨부하여도 된다. 인지액이 10만원을 초과하는 때에는 전액을 현금으로 납부하여야 한다. 현금의 납부는 송달료수납은행에 납부하며 대부분 법원 구내에 위

치하고 있다. 송달료도 송달료수납은행에 납부하고 그 은행으로부터 교부받은 송달료납부서를 소장에 첨부하여야 한다. 납부한 금액에 과오납금이 있음을 발견한 때에는 수입징수관에게 반환을 청구할 수 있다.

4. 변호사 보수의 소송비용산정

(1) 서 설

변호사를 소송대리인으로 선임하여 소송대리를 위임한 경우 변호사 보수를 지급하게 된다. 변호사에게 지급한 보수는 당연히 소송비용이 될 것인데, 변호사에게 실제로 지급한 보수액의 전부를 소송비용으로 인정하지 않는다. 「변호사보수의소송비용산입에관한규칙」에 따라 산정된 액을 소송비용으로 한다.

(2) 소송비용으로 산입되는 변호사 보수

〈2017.8.1. 현재〉

소송목적의 값	소송비용에 산입되는 비율
1,000만원까지 부분	8%
1,000만원을 초과하여 2,000만원까지 부분 [80만원 + (소송목적의 값 − 1,000만원) × $\frac{7}{100}$]	7%
2,000만원을 초과하여 3,000만원까지 부분 [150만원 + (소송목적의 값 − 2,000만원) × $\frac{6}{100}$]	6%
3,000만원을 초과하여 5,000만원까지 부분 [210만원 + (소송목적의 값 − 3,000만원) × $\frac{5}{100}$]	5%
5,000만원을 초과하여 7,000만원까지 부분 [310만원 + (소송목적의 값 − 5,000만원) × $\frac{4}{100}$]	4%
7,000만원을 초과하여 1억원까지 부분 [390만원 + (소송목적의 값 − 7,000만원) × $\frac{3}{100}$]	3%
1억원을 초과하여 2억원까지 부분 [480만원 + (소송목적의 값 − 1억원) × $\frac{2}{100}$]	2%

2억원을 초과하여 5억원까지 부분 [680만원 + (소송목적의 값 − 2억원) × $\frac{1}{100}$]	1%
5억원을 초과하는 부분 [980만원 + (소송목적의 값 − 5억원) × $\frac{0.5}{100}$]	0.5%

○ 심급단위로 산정한다.
○ 최저금액은 30만원으로 한다.
○ 변론 또는 심문을 거친 가압류, 가처분 명령의 신청, 그 명령에 대한 이의 또는 취소의 신청사건은 2분의 1로 한다.
○ 피고의 전부자백 또는 자백간주에 의한 판결과 무변론 판결의 경우 2분의 1로 한다.
○ 법원은 상당액 감액 또는 2분의 1한도에서 증액할 수 있다.

대법원 민사판결문 예시

대법원 2017. 4. 13. 선고 2016다274904 판결 【기타(금전)】
[공2017상,963]

【판시사항】
[1] 약관조항이 고객에 대하여 부당하게 불리한 조항으로서 '신의성실의 원칙에 반하여 공정을 잃은 약관조항'이라는 이유로 무효라고 보기 위한 요건과 판단 기준
[2] 약관에 정하여진 사항이 별도의 설명 없이도 고객이 충분히 예상할 수 있었거나 이미 법령에 의하여 정해진 것을 되풀이하거나 부연하는 정도인 경우, 사업자에게 명시·설명의무가 있는지 여부(소극)
[3] 기한이 있는 채권의 이행기가 도래한 후 채권자와 채무자가 기한을 유예하기로 합의한 경우, 소멸시효의 기산점(= 변경된 이행기가 도래한 때) / 위와 같은 기한 유예의 합의가 묵시적으로도 가능한지 여부(적극) 및 기한 유예의 묵시적 합의가 있는지 판단하는 기준
【판결요지】
[1] 구 약관의 규제에 관한 법률(2010. 3. 22. 법률 제10169호로 개정되기 전의 것) 제6조 제1항, 제2항 제1호에 따라 고객에 대하여 부당하게 불리한 조항으로서 '신의성실의 원칙에 반하여 공정을 잃은 약관조항'이라는 이유로 무효라고 보기 위해서는, 약관조항이 고객에게 다소 불이익하다는 점만으로는 부족하고, 약관 작성자가 거래상의 지위를 남용하여 계약 상대방의 정당한 이익과 합리적인 기대에 반하여 형평에 어긋나는 약관조항을 작성·사용함으로써 건전한 거래질서를 훼손하는 등 고객에게 부당하게 불이익을 주었다는 점이 인정되어야 한다. 그리고 이와 같이 약관조항의 무효 사유에 해당하는 '고객에게 부당하게 불리한 조항'인지는 약관조항에 의하여 고객에게 생길 수 있는 불이익의 내용과 불이익 발생의

개연성, 당사자들 사이의 거래과정에 미치는 영향, 관계 법령의 규정 등 모든 사정을 종합하여 판단하여야 한다.
[2] 약관에 정하여진 사항이더라도 거래상 일반적이고 공통된 것이어서 고객이 별도의 설명 없이도 충분히 예상할 수 있었던 사항이거나, 이미 법령에 의하여 정해진 것을 되풀이하거나 부연하는 정도에 불과한 사항이라면, 그러한 사항에 관해서까지 사업자에게 명시·설명의무가 있다고 할 수는 없다.
[3] 민법 제166조는 "소멸시효는 권리를 행사할 수 있는 때로부터 진행한다."라고 규정하고 있으므로, 기한이 있는 채권의 소멸시효는 이행기가 도래한 때부터 진행하지만, 이행기가 도래한 후 채권자와 채무자가 기한을 유예하기로 합의한 경우에는 유예된 때로 이행기가 변경되어 소멸시효는 변경된 이행기가 도래한 때부터 다시 진행한다. 이와 같은 기한 유예의 합의는 명시적으로뿐만 아니라 묵시적으로도 가능한데, 계약상의 채권관계에서 어떠한 경우에 기한 유예의 묵시적 합의가 있다고 볼 것인지는 계약의 체결경위와 내용 및 이행경과, 기한 유예가 채무자의 이익이나 추정적 의사에 반하는지 여부 등 제반 사정을 종합적으로 고려해서 판단하여야 한다.
【참조조문】
[1] 구 약관의 규제에 관한 법률(2010. 3. 22. 법률 제10169호로 개정되기 전의 것) 제6조 제1항, 제2항 제1호 / [2] 구 약관의 규제에 관한 법률(2010. 3. 22. 법률 제10169호로 개정되기 전의 것) 제3조 / [3] 민법 제166조
【참조판례】
[1] 대법원 2008. 12. 16.자 2007마1328 결정(공2009상, 29), 대법원 2014. 6. 12. 선고 2013다214864 판결(공2014하, 1387) / [2] 대법원 2007. 4. 27. 선고 2006다87453 판결(공2007상, 780)
【전 문】
【원고, 상고인】 주식회사 인텔로그디앤씨 (소송대리인 변호사 김현정 외 1인)
【피고, 피상고인】 피고 (소송대리인 법무법인 청목 담당변호사 김세현 외 1인)
【원심판결】
서울중앙지법 2016. 11. 24. 선고 2016나17247 판결
【주 문】
원심판결을 파기하고, 사건을 서울중앙지방법원 합의부에 환송한다.
【이 유】
상고이유(상고이유서 제출기간이 지난 후에 제출된 각 상고이유보충서 기재는 상고이유를 보충하는 범위 내에서)를 판단한다.
1. 분양대금 정산의 기준 및 분양대금 채무의 범위에 관하여
가. 구 약관의 규제에 관한 법률(2010. 3. 22. 법률 제10169호로 개정되기 전의 것, 이하 '구 약관규제법'이라고 한다) 제6조 제1항, 제2항 제1호에 따라 고객에 대하여 부당하게 불리한 조항으로서 '신의성실의 원칙에 반하여 공정을 잃은 약

관조항'이라는 이유로 무효라고 보기 위해서는, 그 약관조항이 고객에게 다소 불이익하다는 점만으로는 부족하고, 약관 작성자가 거래상의 지위를 남용하여 계약 상대방의 정당한 이익과 합리적인 기대에 반하여 형평에 어긋나는 약관조항을 작성·사용함으로써 건전한 거래질서를 훼손하는 등 고객에게 부당하게 불이익을 주었다는 점이 인정되어야 한다. 그리고 이와 같이 약관조항의 무효 사유에 해당하는 '고객에게 부당하게 불리한 조항'인지 여부는 그 약관조항에 의하여 고객에게 생길 수 있는 불이익의 내용과 불이익 발생의 개연성, 당사자들 사이의 거래과정에 미치는 영향, 관계 법령의 규정 등 모든 사정을 종합하여 판단하여야 한다(대법원 2008. 12. 16.자 2007마1328 결정, 대법원 2014. 6. 12. 선고 2013다214864 판결 등 참조).
약관에 정하여진 사항이더라도 거래상 일반적이고 공통된 것이어서 고객이 별도의 설명 없이도 충분히 예상할 수 있었던 사항이거나, 이미 법령에 의하여 정해진 것을 되풀이하거나 부연하는 정도에 불과한 사항이라면, 그러한 사항에 관해서까지 사업자에게 명시·설명의무가 있다고 할 수는 없다(대법원 2007. 4. 27. 선고 2006다87453 판결 등 참조).
나. 원심은 다음과 같은 사정에 비추어 보면, 추첨 후 배정된 점포의 임대분양면적에 따라 임대보증금을 정산하도록 한 이 사건 분양계약 제5조 제1항이 신의성실의 원칙에 반하여 공정을 잃은 조항이거나, 원고가 약관에 정하여져 있는 중요한 내용을 고객인 피고가 이해할 수 있도록 설명할 의무를 위반한 것이어서 구 약관규제법에 의하여 무효이므로, 위 조항을 '전용면적의 증감에 비례한 공용면적의 증감' 범위 내에서만 적용되는 것으로 수정해석해야 한다고 전제한 다음, 이 사건 분양계약상 임대보증금은 '전용면적의 증감에 비례한 공용면적을 더한 임대분양면적의 증감률(전용면적의 증감률과 같다)'에 비례하여 정산하여야 한다고 판단하였다.
① 집합건물의 소유 및 관리에 관한 법률(이하 '집합건물법'이라고 한다)은 제10조 제1항에서 "공용부분은 구분소유자 전원의 공유에 속한다."라고 규정하고 있고, 제12조 제1항에서 "각 공유자의 지분은 그가 가지는 전유부분의 면적 비율에 따른다."라고 규정하고 있으며, 실제 구분점포의 공용면적은 전유부분의 면적 비율에 따르는 것이 통상의 거래 관행이므로, 평균적·합리적 고객이라면 공용면적의 증감은 전용면적의 증감에 비례하여 이루어질 것으로 기대하게 된다. 이와 달리 동일 층의 구분점포 사이에서 전용면적 비율이 아닌 다른 기준에 따라 공용면적이 배정된다는 것은 매우 이례적인 것이어서 예상하기 어렵다.
② 이 사건 분양계약에서는 임대분양면적의 산정기준 또는 방법을 정하고 있지 않으므로, 계약조항을 문언 그대로 해석하게 되면 사업자가 계약 후 일방적으로 정할 수 있는 '전용면적의 증감에 비례하지 않은 공용면적을 더한 분양면적'을 기준으로 임대보증금이 정산되어 수분양자의 정당한 이익과 합리적인 기대에 어긋나는 불합리한 결과가 발생할 수 있다.

③ 이 사건 분양계약 제5조 제1항은 사업자에게 계약 후 일방적으로 정산기준을 정할 권한을 부여하고 있는 점에서 수분양자에게 부당하게 불리하고, 수분양자가 계약의 거래형태 등 관련된 모든 사정에 비추어 예상하기 어려우며, 구 약관규제법 제10조 제1호에서 약관의 무효사유로 정한 '상당한 이유 없이 급부의 내용을 사업자가 일방적으로 결정하거나 변경할 수 있도록 권한을 부여하는 경우'에 해당한다.
④ 원고는 집합건물법 등 법령의 취지와 통상의 관행에 따른 공용면적의 배분원칙을 따르지 아니하고, 수분양자의 동의 없이 일방적으로 설정된 별도의 기준을 적용하여 구분점포별로 공용면적을 배정한 후 이를 기초로 정산금을 청구하였고, 그 과정에서 피고 등 수분양자에게 위 기준에 관하여 명시하거나 설명하지 않았다.
다. 원심판결 이유와 원심이 적법하게 채택한 증거들에 의하면, 다음과 같은 사실을 알 수 있다.
① 동대문중부상권시장 재건축사업조합은 구 동대문 흥인시장 등의 부지이던 서울 중구 신당동 일대에서 시장 재건축사업을 시행하여 '○○○○'이라는 상가건물(이하 '이 사건 상가'라고 한다)의 신축사업을 추진하였고, 원고는 2002. 9.경 위 재건축조합과 사이에 재건축사업의 총괄시행대행계약을 체결하였다.
② 위 재건축조합은 2006. 9. 28.경 조합원 임시총회를 열어 분양면적 산정 시 각 점포에 접한 통로면적(이른바 '접도면적')의 1/2을 해당 점포의 공용면적에 포함시키고, 나머지 공용면적은 전용면적에 비례하여 산출하기로 결의하였다.
③ 원고는 2008. 6.부터 2008. 7. 사이에 세 차례에 걸쳐 피고와 이 사건 상가 점포에 관한 임차권을 분양하는 이 사건 분양계약을 체결하였다.
④ 이 사건 분양계약 제1조 제1항은 1구좌 전용면적 기준을 3.9㎡로, 같은 조 제2항은 '구체적인 점포 위치는 잔금 납부 후 추첨하고, 추첨에 의해 결정된 점포의 면적에 따라 분양대금을 정산한다'고 각 정하고 있다. 위 계약 제4조 제1항은 '점포 임대분양면적은 전용면적에 공용면적을 더한 면적으로' 하고, '점포 추첨 후 전용면적의 증감이 있을 경우 증감률에 비례하여 분양대금을 가감하는 방식으로 정산한다'고 정하고 있고, 제5조 제1항은 '수분양자는 추첨 후 배정된 점포의 임대분양면적에 따라 임대보증금을 정산하여야 한다'고 정하고 있다.
라. 위 사실관계를 앞서 본 법리에 비추어 살펴보면, 원심의 판단은 다음과 같은 이유에서 수긍할 수 없다.
① 집합건물법에 의하면, 공용부분은 일부공용부분을 제외하고 구분소유자 전원의 공유에 속하고(제10조 제1항), 각 공유자의 지분은 그가 가지는 전유부분의 면적 비율에 따르지만(제12조 제1항), 이러한 사항에 관하여는 규약으로써 달리 정할 수 있다(제10조 제2항). 실제 거래관계에서도 공용부분에 대한 각 공유자의 지분이 전유부분 면적에 정확히 비례하지 않는 경우는 비일비재하다.
② 다수의 구분점포가 입점한 대규모 상가의 경우 동일 층에서도 위치에 따라 개

별 점포의 가치가 크게 차이날 수 있으므로 임대보증금의 기준이 되는 공용면적을 산정하면서 해당 점포에 접한 통로면적을 반영하는 것이 수분양자들의 정당한 이익과 합리적인 기대에 반한다고 볼 수는 없다.
③ 이 사건 상가의 경우 분양면적 산정 시 각 구분점포에 접한 통로면적의 1/2을 해당 점포의 공용면적에 포함시키고, 나머지 공용면적은 전용면적에 비례하여 산출하기로 한 것은 장차 추첨을 통해 자기 점포의 위치가 결정되어야 할 입장에 있던 재건축조합원들이 그들 사이에서 발생할 불공평을 해소하기 위해 임시총회를 통해 결정한 사항으로서 사업자 등 어느 한 쪽의 이익을 위해 일방적으로 정해진 것이 아니다. 이는 위 산출방식에 의할 때 분양대금이 증액되는 점포뿐만 아니라, 분양대금이 감액되는 점포가 발생한다는 점을 보아도 알 수 있다.
④ 이 사건 분양계약 제5조 제1항의 문언, 내용, 체계 등에 비추어 보면 분양대금 중 임대보증금은 전용면적에 공용면적을 더한 임대분양면적에 따라 정산하여야 한다는 뜻임이 명백하다. 또한 위와 같은 내용은 거래상 일반적이고 공통된 것이어서 피고도 이를 알았거나 충분히 예상할 수 있었던 사항에 해당한다.
⑤ 설령 원고가 위 조항에서 말하는 공용면적의 산출방식, 즉 각 구분점포에 접한 통로면적의 1/2을 공용면적에 포함시키고, 나머지 공용면적은 전용면적에 비례하여 산출한다는 점을 피고에게 따로 설명하지 않았다고 하더라도, 이 사건 분양계약 당시부터 점포 추첨 후 면적의 증감에 따른 분양대금 정산이 예정되어 있었고 그 정산방법은 계약당사자들에게 중요한 관심사였을 것으로 보이는 점, 피고는 이 사건 분양계약이나 점포 추첨 과정에서는 물론이고 원고로부터 분양대금 최종 정산내역을 통지받고도 이에 대해 별다른 이의를 제기하지 않았던 점 등에 비추어 보면 피고가 계약 당시부터 위와 같은 내용을 잘 알고 있었거나 혹은 잘 몰랐더라도 그러한 사정이 계약의 체결 여부에 영향을 미치지 않았을 것으로 보인다.
마. 그런데도 원심은 그 판시와 같은 사정만으로 이 사건 분양계약 제5조 제1항이 그 문언대로 해석할 경우 구 약관규제법의 취지에 비추어 무효이므로 이 사건 분양계약상 임대보증금은 전용면적의 증감률에 따라 산정하는 것으로 해석하여야 한다고 판단하였으니, 이러한 원심판결에는 구 약관규제법에 관한 법리를 오해하여 판결에 영향을 미친 잘못이 있다. 이를 지적하는 상고이유 주장은 이유 있다.
2. 분양대금 잔금 채권의 소멸시효 완성 여부에 관하여
가. 민법 제166조는 '소멸시효는 권리를 행사할 수 있는 때로부터 진행한다'라고 규정하고 있으므로, 기한이 있는 채권의 소멸시효는 이행기가 도래한 때부터 진행하지만, 그 이행기가 도래한 후 채권자와 채무자가 기한을 유예하기로 합의한 경우에는 그 유예된 때로 이행기가 변경되어 소멸시효는 변경된 이행기가 도래한 때부터 다시 진행한다. 이와 같은 기한 유예의 합의는 명시적으로뿐만 아니라 묵시적으로도 가능한데, 계약상의 채권관계에서 어떠한 경우에 기한 유예의 묵시적 합의가 있다고 볼 것인지는 계약의 체결경위와 내용 및 이행경과, 기한 유예가

채무자의 이익이나 추정적 의사에 반하는지 여부 등 제반 사정을 종합적으로 고려해서 판단하여야 한다.

나. 원심판결 이유와 원심이 적법하게 채택한 증거들에 의하면, 이 사건 분양계약 제2조는 분양대금 잔금의 이행기를 2009. 10. 25.로 정하는 한편(제2항) 점포 추첨 이후 면적의 증감이 있을 경우 분양대금을 최종 정산하도록 하였고(제1항), 중도금 및 잔금 납입일이 변경될 경우 수분양자에게 서면으로 통보하도록 하였으며(제6항), 제3조는 수분양자가 분양대금을 기한 내에 납부하지 않는 경우 연 19%의 연체료를 납부하도록 정하였던 사실, 피고는 위 2009. 10. 25.이 지나도록 최초 분양대금을 기준으로 한 잔금 일부를 납부하지 않고 있었던 사실, 원고는 추첨을 통하여 수분양자들에게 점포가 배정된 후 피고가 배정받은 점포의 전유면적 및 공용부분 면적에 따라 분양대금을 최종 정산한 다음 2010. 3. 19.경 피고에게 그 정산금을 2010. 4. 30.까지 납부하도록 서면으로 통지한 사실, 피고는 위 통지를 받고도 이에 대해 별다른 이의를 제기하지 아니한 사실을 각 알 수 있다.

다. 위와 같은 사실관계와 이를 통해 알 수 있는 다음과 같은 사정, 즉 이 사건 분양계약은 성립 당시부터 점포 추첨 후 분양대금 정산을 예정하고 있었고, 그 과정에서 잔금 이행기일이 변경될 수 있음을 전제로 하고 있었던 점, 원고의 납부기한 유예 통지는 최초 분양계약에서 정한 납부기한이 도래한 후에도 잔금 일부를 미납하고 있던 피고에게 이 사건 분양계약 제3조에서 정한 연체료를 따지지 않고 원금의 납부기한을 6개월 이상 연기해주는 내용이어서 피고의 이익이 되고 그 추정적 의사에 반할 것으로 보이지 않는 점 등을 앞서 본 법리에 비추어 살펴보면, 이 사건 분양계약에 의한 잔금 채권의 이행기일은 2010. 4. 30.로 묵시적으로 변경되었다고 봄이 타당하다. 따라서 위 채권의 소멸시효는 위와 같이 변경된 이행기일의 다음 날인 2010. 5. 1.부터 다시 진행한다고 할 것이므로 이 사건 지급명령 신청일인 2015. 3. 9.에는 아직 5년의 상사소멸시효가 완성되지 않았음이 역수상 분명하다.

라. 그런데도 원심은 그 판시와 같은 사정만으로 이 사건 분양대금 잔금 채권에 대하여 소멸시효가 완성되었다고 판단하였으니, 이러한 원심판결에는 소멸시효 기산점에 관한 법리를 오해하여 판결에 영향을 미친 잘못이 있다. 이를 지적하는 상고이유 주장은 이유 있다.

3. 결론

그러므로 나머지 상고이유 주장에 관한 판단을 생략한 채 원심판결을 파기하고, 사건을 다시 심리·판단하도록 원심법원에 환송하기로 하여, 관여 대법관의 일치된 의견으로 주문과 같이 판결한다.

대법관 조희대 (재판장) 김창석 (주심) 박상옥

Chapter 08 행정심판 · 행정소송절차

Ⅰ. 행정심판

1. 행정심판의 의의 및 대상

행정심판은 행정청의 위법 또는 부당한 처분이나 부작위로 침해된 국민의 권리 또는 이익을 구제하고, 아울러 행정의 적정한 운영을 도모하기 위한 행정구제절차를 말한다. 행정심판의 대상이 되는 것은 행정청의 처분 또는 부작위이다. 대통령의 처분 또는 부작위에 대하여는 법률에 별도의 규정이 없는 한 행정심판을 청구할 수 없다.

2. 행정심판의 종류

(1) 취소심판

행정청의 위법 또는 부당한 처분을 취소하거나 변경하는 행정심판이다. 가령 국가유공자 등 예우 및 지원에 관한 법률이 정한 이의신청을 받아들이지 아니하는 결과를 통보받은 자가 통보받은 날부터 90일 이내에 행정심판 또는 취소소송을 제기할 수 있다.[1)]

(2) 무효등확인심판

행정청의 처분의 효력 유무 또는 존재 여부를 확인하는 행정심판

1) 대법원 2016.07.27. 선고 2015두45953 판결.

(3) 의무이행심판

당사자의 신청에 대한 행정청의 위법 또는 부당한 거부처분이나 부작위에 대하여 일정한 처분을 하도록 하는 행정심판

3. 심판청구의 기간

행정심판은 처분이 있음을 알게 된 날부터 90일 이내에 청구하여야 한다. 청구인이 천재지변, 전쟁, 사변, 그 밖의 불가항력으로 인하여 90일 이내에 심판청구를 할 수 없었을 때에는 그 사유가 소멸한 날부터 14일 이내에 행정심판을 청구할 수 있다. 다만, 국외에서 행정심판을 청구하는 경우에는 30일 이내에 행정심판을 청구할 수 있다. 행정심판은 처분이 있었던 날부터 180일이 지나면 청구하지 못한다. 다만, 정당한 사유가 있는 경우에는 그러하지 아니하다. 여기서의 90일과 180일은 불변기간으로 한다. 무효등확인심판청구와 부작위에 대한 의무이행심판청구에는 심판청구의 기간에 제한이 없다.

4. 행정심판기관

(1) 행정심판위원회

다음의 각 행정청은 행정심판위원회를 설치하고 당해 행정청 또는 그 소속행정청의 처분 또는 부작위에 대한 행정심판의 청구에 대하여 심리 · 재결한다.

① 감사원, 국가정보원장, 그 밖에 대통령령으로 정하는 대통령 소속기관의 장
② 국회사무총장 · 법원행정처장 · 헌법재판소사무처장 및 중앙선거관리위원회 사무총장
③ 국가인권위원회, 진실 · 화해를위한과거사정리위원회, 그 밖에 지위 · 성격의 독립성과 특수성 등이 인정되어 대통령령으로 정하는 행정청

(2) 중앙행정심판위원회

다음의 행정청의 처분 또는 부작위에 대한 심판청구에 대하여는 국민권익위원회에 두는 중앙행정심판위원회에서 심리 · 재결한다.

① 행정심판위원회를 설치하는 행정청 외의 국가행정기관의 장 또는 그 소속

행정청

② 특별시장 · 광역시장 · 특별자치시장 · 도지사 · 특별자치도지사(교육감을 포함) 또는 광역의회 및 기초의회의 의회

③ 「지방자치법」에 따른 지방자치단체조합 등 관계 법률에 따라 국가 · 지방자치단체 · 공공법인 등이 공동으로 설립한 행정청

(3) 시 · 도지사 소속 행정심판위원회

다음의 행정청의 처분 또는 부작위에 대한 심판청구에 대하여는 시 · 도지사 소속으로 두는 행정심판위원회에서 심리 · 재결한다.

① 시 · 도 소속 행정청

② 시 · 도의 관할구역에 있는 시 · 군 · 자치구의 장, 소속 행정청 또는 시 · 군 · 자치구의 의회(의장, 위원회의 위원장, 사무국장, 사무과장 등 의회 소속 모든 행정청을 포함한다)

③ 시 · 도의 관할구역에 있는 둘 이상의 지방자치단체(시 · 군 · 자치구를 말한다) · 공공법인 등이 공동으로 설립한 행정청

④ 대통령령으로 정하는 국가행정기관 소속 특별지방행정기관의 장의 처분 또는 부작위에 대한 심판청구에 대하여는 해당 행정청의 직근상급행정기관에 두는 행정심판위원회에서 심리 · 재결한다.

5. 행정심판의 절차

(1) 심판청구서의 제출 및 접수 · 처리

① 심판청구서의 서면제출

행정심판은 서면으로 청구하여야 한다. 서면에는 청구인의 이름과 주소 또는 사무소, 피청구인과 위원회, 심판청구의 대상이 되는 처분의 내용, 처분이 있음을 알게 된 날, 심판청구의 취지와 이유, 피청구인의 행정심판 고지 유무와 그 내용이 포함된 심판청구서에 청구인(대표자 · 관리인 · 선정대표자 · 대리인)이 서명하거나 날인하여 피청구인이나 위원회에 제출하여야 한다. 이 경우 피청구인의 수만큼 심판청구서 부본을 함께 제출하여야 한다.

② 피청구인의 심판청구서 등의 접수·처리

피청구인이 심판청구서를 접수하면 10일 이내에 심판청구서와 답변서를 위원회에 보내야 한다. 피청구인이 답변서를 보낼 때에는 청구인의 수만큼 답변서 부본을 함께 보내되, 답변서에는 다음의 사항을 명확하게 적어야 한다.

i) 처분이나 부작위의 근거와 이유
ii) 심판청구의 취지와 이유에 대응하는 답변
iii) 제2항에 해당하는 경우에는 처분의 상대방의 이름 · 주소 · 연락처와 제2항의 의무이행 여부

③ 피청구인의 직권취소 등

심판청구서를 받은 피청구인은 그 심판청구가 이유 있다고 인정하면 심판청구의 취지에 따라 직권으로 처분을 취소 · 변경하거나 확인을 하거나 신청에 따른 처분을 할 수 있다. 이 경우 서면으로 청구인에게 알려야 하고, 직권취소 등의 사실을 증명하는 서류를 위원회에 함께 제출하여야 한다.

④ 위원회의 심판청구서 등의 접수·처리

위원회는 심판청구서를 받으면 지체없이 피청구인에게 심판청구서 부본을 보내야 한다. 그리고 피청구인으로부터 답변서가 제출되면 답변서 부본을 청구인에게 송달하여야 한다.

⑤ 절차의 병합 또는 분리

위원회는 필요하면 관련되는 심판청구를 병합하여 심리하거나 병합된 관련 청구를 분리하여 심리할 수 있다.

(2) 심 리

① 보정 및 주장의 보충

위원회는 심판청구가 적법하지 아니하나 보정할 수 있다고 인정하면 기간을 정하여 청구인에게 보정할 것을 요구할 수 있다. 다만, 경미한 사항은 직권으로 보정할 수 있다. 청구인은 보정요구를 받으면 서면으로 보정하여야 한다. 이 경우 다른 당사자의 수만큼 보정서 부본을 함께 제출하여야 한다.

당사자는 심판청구서 · 보정서 · 답변서 · 참가신청서 등에서 주장한 사실을 보

충하고 다른 당사자의 주장을 다시 반박하기 위하여 필요하면 위원회에 보충서면을 제출할 수 있다. 이 경우 다른 당사자의 수만큼 보충서면 부본을 함께 제출하여야 한다.

② 증거서류 등의 제출 및 자료의 제출요구 등

당사자는 심판청구서 · 보정서 · 답변서 · 참가신청서 · 보충서면 등에 덧붙여 그 주장을 뒷받침하는 증거서류나 증거물을 제출할 수 있다. 증거서류에는 다른 당사자의 수만큼 증거서류 부본을 함께 제출하여야 한다.

위원회는 사건심리에 필요하면 관계 행정기관이 보관 중인 관련 문서, 장부, 그 밖에 필요한 자료를 제출할 것을 요구할 수 있다. 위원회는 필요하다고 인정하면 사건과 관련된 법령을 주관하는 행정기관이나 그 밖의 관계 행정기관의 장 또는 그 소속 공무원에게 위원회 회의에 참석하여 의견을 진술할 것을 요구하거나 의견서를 제출할 것을 요구할 수 있다.

③ 증거조사

위원회는 사건을 심리하기 위하여 필요하면 직권으로 또는 당사자의 신청에 의하여 다음의 방법에 따라 증거조사를 할 수 있다.

i) 당사자나 관계인을 위원회의 회의에 출석하게 하여 신문하는 방법
ii) 당사자나 관계인이 가지고 있는 문서 · 장부 · 물건 또는 그 밖의 증거자료의 제출을 요구하고 영치하는 방법
iii) 특별한 학식과 경험을 가진 제3자에게 감정을 요구하는 방법
iv) 당사자 또는 관계인의 주소 · 거소 · 사업장이나 그 밖의 필요한 장소에 출입하여 당사자 또는 관계인에게 질문하거나 서류 · 물건 등을 조사 · 검증하는 방법

④ 심리기일의 지정과 변경

심리기일은 위원회가 직권으로 지정한다. 심리기일의 변경은 직권으로 또는 당사자의 신청에 의하여 한다. 위원회는 심리기일이 변경되면 지체없이 그 사실과 사유를 당사자에게 알려야 한다. 심리기일의 통지나 심리기일변경의 통지는 서면으로 하거나 심판청구서에 적힌 전화, 휴대전화를 이용한 문자전송, 팩시밀리 또는 전자우편 등 간편한 통지방법(이하 "간이통지방법"이라 한다)으로 할 수 있다.

⑤ 심리의 방식

i) 행정심판의 심리는 구술심리나 서면심리로 한다. 다만, 당사자가 구술심리를 신청한 경우에는 서면심리만으로 결정할 수 있다고 인정되는 경우 외에는 구술심리를 하여야 한다. 위원회는 구술심리신청을 받으면 그 허가 여부를 결정하여 신청인에게 알려야 한다.

ii) 직권심리

위원회는 필요하면 당사자가 주장하지 아니한 사실에 대하여도 심리할 수 있다.

iii) 비공개심리

위원회에서 위원이 발언한 내용이나 그 밖에 공개되면 위원회의 심리 · 재결의 공정성을 해칠 우려가 있는 사항으로서 대통령령으로 정하는 사항은 공개하지 아니한다.

(3) 재 결

① 재결기간

재결은 피청구인 또는 위원회가 심판청구서를 받은 날부터 60일 이내에 하여야 한다. 다만, 부득이한 사정이 있는 경우에는 위원장이 직권으로 30일을 연장할 수 있다. 위원장은 재결기간을 연장할 경우에는 재결기간이 끝나기 7일 전까지 당사자에게 알려야 한다.

② 재결의 종류

i) 각하재결

위원회는 심판청구가 적법하지 아니하면 그 심판청구를 각하한다.

ii) 기각재결

위원회는 심판청구가 이유가 없다고 인정하면 그 심판청구를 기각한다.

iii) 인용재결

위원회는 취소심판의 청구가 이유가 있다고 인정하면 처분을 취소 또는 다른 처분으로 변경하거나 처분을 다른 처분으로 변경할 것을 피청구인에게 명한다.

위원회는 무효등확인심판의 청구가 이유가 있다고 인정하면 처분의 효력 유무 또는 처분의 존재 여부를 확인한다.

위원회는 의무이행심판의 청구가 이유가 있다고 인정하면 지체없이 신청에 따른 처분을 하거나 처분을 할 것을 피청구인에게 명한다.

iv) **사정재결**

위원회는 심판청구가 이유가 있다고 인정하는 경우에도 이를 인용하는 것이 공공복리에 크게 위배된다고 인정하면 그 심판청구를 기각하는 재결을 할 수 있다. 이 경우 위원회는 재결의 주문에서 그 처분 또는 부작위가 위법하거나 부당하다는 것을 구체적으로 밝혀야 한다. 위원회는 사정재결을 할 때에는 청구인에 대하여 상당한 구제방법을 취하거나 상당한 구제방법을 취할 것을 피청구인에게 명할 수 있다. 사정재결은 무효등확인심판에는 적용하지 아니한다.

③ **재결의 방식**

재결은 서면으로 한다. 재결서에는 다음의 사항이 포함되어야 한다.

i) 사건번호와 사건명

ii) 당사자·대표자 또는 대리인의 이름과 주소

iii) 주문

iv) 청구의 취지

v) 이유

vi) 재결한 날짜

재결서에 적는 이유에는 주문내용이 정당하다는 것을 인정할 수 있는 정도의 판단을 표시하여야 한다.

④ **재결의 범위**

i) **불고불리의 원칙**

위원회는 심판청구의 대상이 되는 처분 또는 부작위 외의 사항에 대하여는 재결하지 못한다.

ii) **불이익변경금지의 원칙**

위원회는 심판청구의 대상이 되는 처분보다 청구인에게 불리한 재결을 하지 못한다.

⑤ **재결의 송달과 효력발생**

위원회는 지체없이 당사자에게 재결서의 정본을 송달하여야 한다. 이 경우 중앙행정심판위원회는 재결 결과를 소관 중앙행정기관의 장에게도 알려야 한다. 재결은 청구인에게 송달되었을 때에 그 효력이 생긴다.

⑥ **재결의 효력**

i) 재결의 기속력 등

심판청구를 인용하는 재결은 피청구인과 그 밖의 관계 행정청을 기속(羈束)한다. 재결에 의하여 취소되거나 무효 또는 부존재로 확인되는 처분이 당사자의 신청을 거부하는 것을 내용으로 하는 경우에는 그 처분을 한 행정청은 재결의 취지에 따라 다시 이전의 신청에 대한 처분을 하여야 한다. 당사자의 신청을 거부하거나 부작위로 방치한 처분의 이행을 명하는 재결이 있으면 행정청은 지체 없이 이전의 신청에 대하여 재결의 취지에 따라 처분을 하여야 한다. 신청에 따른 처분이 절차의 위법 또는 부당을 이유로 재결로써 취소된 경우에는 그 처분을 한 행정청은 재결의 취지에 따라 다시 이전의 신청에 대한 처분을 하여야 한다. 법령의 규정에 따라 공고하거나 고시한 처분이 재결로써 취소되거나 변경되면 처분을 한 행정청은 지체 없이 그 처분이 취소 또는 변경되었다는 것을 공고하거나 고시하여야 한다. 법령의 규정에 따라 처분의 상대방 외의 이해관계인에게 통지된 처분이 재결로써 취소되거나 변경되면 처분을 한 행정청은 지체 없이 그 이해관계인에게 그 처분이 취소 또는 변경되었다는 것을 알려야 한다.

ii) 위원회의 직접 처분

위원회는 피청구인이 재결의 기속력에 따른 처분을 하지 아니하는 경우에는 당사자가 신청하면 기간을 정하여 서면으로 시정을 명하고 그 기간에 이행하지 아니하면 직접 처분을 할 수 있다. 다만, 그 처분의 성질이나 그 밖의 불가피한 사유로 위원회가 직접 처분을 할 수 없는 경우에는 그러하지 아니하다. 위원회가 직접 처분을 하였을 때에는 그 사실을 해당 행정청에 통보하여야 하며, 그 통보를 받은 행정청은 위원회가 한 처분을 자기가 한 처분으로 보아 관계 법령에 따라 관리・감독 등 필요한 조치를 하여야 한다.

iii) 위원회의 간접강제

a. 배상명령[2)]

위원회는 피청구인이 재결의 기속력에 따른 처분을 하지 아니하면 청구인의 신청에 의하여 결정으로 상당한 기간을 정하고 피청구인이 그 기간 내에 이행하지 아니하는 경우에는 그 지연기간에 따라 일정한 배상을 하도록 명하거나 즉시 배상을 할 것을 명할 수 있다. 다만 사정의 변경이 있는 경우에는 당사자의 신청에 의

2) 행정심판법 일부개정으로 신설한 제도, 2017.10.19. 시행.

하여 배상결정의 내용을 변경할 수 있다.

이 배상결정의 결정의 효력은 피청구인인 행정청이 소속된 국가ㆍ지방자치단체 또는 공공단체에 미치며, 결정서 정본은 불복에 따른 행정소송 제기와 관계없이 「민사집행법」 에 따른 강제집행에 관하여는 집행권원과 같은 효력을 가진다. 이 경우 집행문은 위원장의 명에 따라 위원회가 소속된 행정청 소속 공무원이 부여한다.

간접강제 결정에 기초한 강제집행에 관하여 이 법에 특별한 규정이 없는 사항에 대하여는 「민사집행법」의 규정을 준용한다. 다만, 「민사집행법」의 집행문부여의 소, 집행문부여 등에 관한 이의신청), 청구에 관한 이의의 소) 및 집행문부여에 대한 이의의 소에서 관할 법원은 피청구인의 소재지를 관할하는 행정법원으로 한다.

b. 상대방의견 청취

위원회는 배상결정 또는 사정변경에 따른 변경결정을 하기 전에 신청 상대방의 의견을 들어야 한다.

c. 불복에 의한 행정소송

청구인은 위원회의 배상결정 또는 사정변경에 따른 변경결정에 불복하는 경우 그 결정에 대하여 행정소송을 제기할 수 있다.

ⅳ) 재심판청구의 금지

심판청구에 대한 재결이 있으면 그 재결 및 같은 처분 또는 부작위에 대하여 다시 행정심판을 청구할 수 없다.

6. 전자정보처리조직을 통한 행정심판

행정심판절차를 밟는 자는 심판청구서와 그 밖의 서류를 전자문서화하고 이를 정보통신망을 이용하여 위원회에서 지정ㆍ운영하는 전자정보처리조직을 통하여 제출할 수 있다. 이 경우에는 부본 제출의무가 면제된다.

재결사례

사 건 명	여객자동차 운수사업법위반 과징금부과처분 취소청구
사건번호	2016-485
재결일자	2017. 01. 23.
재결결과	기각

재결 요지

광명시장이 통보한 증거 사진에 의하면 청구인이 버스정류소 앞에서 빈차 등을 켜고 정차하고 있다가 승객을 승차시킨 사실이 확인되고 청구인은 대기시간이 길지 않았고 정차질서를 문란하게 하는 행위를 하지 않았다고 주장하나, KTX광명역에 버스전용차로와 택시전용차가 구분되어 있는바, 버스정류소에서 택시가 정차하여 승객을 기다릴 수 있도록 허용할 경우 승객의 안전에 위험과 불편을 초래할 수 있으므로 이와 같은 상황에서의 정차 및 대기행위는 정류소에서 정차 질서를 문란하게 한 경우에 해당한다고 할 것이며, 또한 피청구인이 2016.1.19.청구인 등에게 KTX광명역에서 빈차 등을 켜고 대기하는 차량에 대해서는 단속을 하고 있다는 내용의 공문을 보낸 점, 청구인이 앞으로 주의하겠다는 취지의 의견제출서를 제출함에따라 피청구인이 사전 통지한 과징금 액수 보다 1/2 감경하여 이 사건 처분을 한 점 등을 종합하여 보면, 이 사건 처분이 과중하다거나 재량의 범위를 일탈하여 위법·부당한 것이라고 볼 수 없다.

주문

청구인의 청구를 「기각」 한다.

청구 취지

피청구인이 2016. 11. 28. 청구인에게 한「여객자동차 운수사업법위반 과징금부과처분」을 취소한다.

이유

1. 사건개요

청구인은 인천광역시 ○○로 ○○로(○○동)에서'○○운수 합자회사'라는 택시여객자동차 운송사업을 운영하던 중 이 회사 소속 택시운수종사자(이하 '이 사건 운전기사'라 한다)가 2016. 10. 12. 14:25경 인천에서 손님을 모시고 광명역에 손님을 하차시키고 인천광역시 ○○신도시로 이동하는 콜이 떠서 손님을 태우기 위해 광명역 6번 출구 버스정류소 앞에서 정차하는'정류소 정차질서 문란'행위로 적발되었다. 이에 피청구인은 2016. 11. 7. 청구인에게 「여객자동차 운수사업법」 제21조 위반을 사유로 과징금 20만 원 부과처분을 사전 통지하였고 2016. 11. 28. 청구인에게 사전 통지한 과징금의 2분의 1을 감경한 과징금 10만 원을 부과(이하 '이 사건 처분'이라 한다)하였다.

2. 청구인 주장

청구인은 다음과 같이 주장한다.

청구인은 카카오 택시 운전기사로 사건 당시 인천에서 출발하여 KTX광명역에 손님을 내려주고 다시 인천으로 복귀하던 중 콜택시를 예약한 손님을 태우기 위해 KTX광명역 6번 출구에서 대기한 것인데, 대기시간이 길지 않았고 정차질서를 문란하게 하는 행위는 하지 않았으며, KTX광명역의 경우 택시 승강장에 진입할 경우 광명시 소속 택시기사들과 마찰로 인해 자칫 싸움으로 번질 위험이 있어 택시 승강장 진입이 어려운바, 손님이 나오고 있다고 하여 손님을 빨리 태우기 위해 6번 출구 쪽으로 이동하여 손님을 태웠는데 이러한 점들을 고려하지 않은 이 사건 처분은 타당하지 않다.

3. 피청구인 주장

피청구인은 다음과 같이 주장한다.

KTX광명역은 명확하게 버스 및 택시 진입로가 구분되어 진입하도록 설계돼 있는바 이는 버스정류소에 승용차 및 택시 등이 무단 진입하여 정류장 질서 문란 행위를 방지하는데 그 목적이 있는데, 사건 당시 청구인이 빈차 등을 켜고 KTX광명역을 돌고 있는 장면과 버스정류소 앞에서 빈차 등을 켜고 승객을 유치하는 장면이 적발되어 관련 법령과 당시 상황 및 여객자동차 운송사업의 확립 필요성 등 여건을 종합적으로 고려하여,'택시운송사업자가 정류소에 주차 또는 정차로 질서를 문란하게 한 경우'처분 기준인 과징금 20만 원에 대하여 「여객자동차 운수사업법 시행령」 제46조제2항의 규정에 의거 과징금 20만 원을 2분의 1로 감경하여 과징금 10만 원을 부과한 것은 결코 부당한 처분이 아니므로 청구인의 청구는 기각되어야 한다.

4. 이 건 처분의 위법·부당여부

가. 관계법령

「여객자동차 운수사업법」 제21조, 제85조, 제88조

「여객자동차 운수사업법 시행령」 제46조 [별표 5]

「여객자동차 운수사업법 시행규칙」 제44조

나. 사실관계

청구인 및 피청구인이 제출한 관련자료 등을 종합하여 보면 다음과 같은 사실을 인정할 수 있다.

1) 청구인은 인천광역시 ○구 ○○로 ○○○(○○동)에서 '○○운수 합자회사'라는 택시 여객자동차 운송사업을 운영하는 자이다.

2) 이 회사 소속 택시운수종사자가 인천○○바○○○○차량으로 2016. 10. 12. 14:25경 경기도 광명시 KTX광명역에서 승객을 하차시키고 인천광역시 ○○신도시로 이동하는 콜이 떠서 손님을 태우기 위해 광명역 6번 출구 버스정류소 앞에 정차하다 14:31경 손님을 태우고 영업을 한 사실에 대해 2016. 10. 17. 경기도 광명시장이 피청구인에게 통보하여 적발되었다.

3) 피청구인은 2016. 11. 7. 청구인에게 「여객자동차 운수사업법」 제21조 위반을 사유로 과징금 20만 원 부과처분을 사전 통지하였다.

4) 이에 청구인은 2016. 11. 12. 사건 당시 정차한 곳이 버스 정류소인지 모르고 정차한 것으로 이런 일이 없도록 주의 하겠다는 의견서를 피청구인에게 제출하였다.

5) 피청구인은 2016. 11. 28. 청구인에게 사전 통지한 과징금의 2분의 1을 감경한 과징금 10만 원을 부과하였다.

다. 판 단

1) 먼저, 관계법령을 살펴보면

「여객자동차 운수사업법」 제21조제10항 및 같은 법 시행규칙 제44조제3항 [별표 4] 1.가.6),가)에 따르면 운송사업자는 운수종사자로 하여금 여객을 운송할 때 정류소 또는 택시승차대에서 주차 또는 정차할 때에는 질서를 문란하게 하는 일이 없도록 하여야 한다고 규정하고 있으며, 같은 법 제85조제1항제21호, 제88조 및 동법 시행령 제46조제1항 [별표 5] 1.16.마. 및 같은 조 제2항에 의하면 이를 위반한 택시운송사업자에 대하여는 사업정지처분에 갈음하여 부과하는 과징금의 액수는 20만 원으로 하되, 여객자동차 운수사업자의 사업규모, 사업지역의 특수성, 운전자 과실의 정도와 위반행위의 내용 및 횟수 등을 고려하여 위 과징금 액수의 2분의 1의 범위에서 가중하거나 경감할 수 있다고 규정하고 있다.

2) 이 사건 처분의 위법·부당 여부

가) 광명시장이 통보한 「여객자동차 운수사업법」 위반 적발차량 통보 및 그에 첨부된 택시불법행위 적발사진과 단속현황사진, 택시 영업일보, 청구인 작성의 의견제출서 등을 종합하여 보면, 청구인 회사 소속 운수종사자 ○○○이 2016. 10. 12. 인천에서 그가 운전한 택시(인천○○바○○○○)에 탑승한 승객을 KTX광명역 앞에 내려준 다음, 역사를 한 바퀴 돈 뒤 역사 동편 6번 출구 버스정류소 앞에서 빈차 등을 켜고 정차하고 있다가 승객을 탑승시킨 사실을 인정할 수 있다.

나) 청구인은 대기시간이 길지 않았고 정차질서를 문란하게 하는 행위를 하지 않았다고 주장한다. 그런데 KTX광명역의 동편 진입로는 1차로부터 3차로까지는 버스전용차로, 5차로와 6차로는 택시전용차로 뚜렷하게 구분되어 있는바, 이는 역사 주변에서 버스, 택시, 승용차의 진·출입 및 승객의 승·하차로 인한 혼란과 그로 인한 사고를 예방하기 위한 목적인 것으로 보인다. 그럼에도 불구하고 버스정류소에서 택시가 정차하여 승객을 기다릴 수 있도록 허용할 경우에는, 상대적으로 역사 내부 접근성이 용이한 버스정류소(1차로 ~ 3차로) 내에서의 택시 및 승용차의 무분별한 진입과 주·정차를 야기할 수 있고, 이로 인해 정작 버스는 버스정류소가 아닌 주행차로에서 승객을 승·하차시키거나 정해진 정류소를 벗어나 정차하는 등 승객의 안전에 대한 위험과 불편을 초래할 수 있을 것으로 보인다. 따라서 비록 청구인이 버스정류소 내에 정차하여 승객을 기다린 시간이 길지 않았다고 하더라도, 위와 같은 상황에서의 정차 및 대기행위는 정류소에서 정차 질서를 문란하게 한 경우에 해당한다고 할 것이므로 청구인의 위 주장은 받아들이지 아니한다.

다) 또한 청구인은, 콜을 받고 KTX광명역 동편 6번 출구 앞에서 만나기로 승객과 통화하였는데, 택시승강장엔 광명시 소속 택시들이 대기 중이어서 통행이 원활하지 않았고, 택시승강장에 진입할 경우에는 광명시 소속 택시기사들과 마찰로 인해 자칫 싸움으로 번질 위험이 있어 택시승강장 진입이 어려운 상황이었음에도, 이러한 상황들을 고려하지 않고서 한 이 사건 처분은 부당하다고 주장한다. 하지만, 청구인의 위 주장과 같은 사정만으로는 버스정류소 내에 택시를 정차하여 승객을 기다리거나 탑승시킴으로써 정류소 질서를 문란하게 하는 행위가 용인될 수 있는 것은 아니라 할 것이고, 더욱이 피청구인은 청구인 등에게 KTX광명역 동편 1차로부터 3차로 구간에서의 여객유치행위를 집중 단속하니 운수종사자에게 교육·홍보하여 줄 것과 콜을 받아 승객을 유치하는 경우라도 예약 등이 아닌 빈차 등을 켜고 대기하는 차량에 대해서는 단속을 하고 있다는 내용의 공문을 보낸 점, 피청구인이 청구인의 위와 같은 위반행위에 대하여 20만 원의 과징금을 부과하고자 한다는 내용의 처분사전통지를 하자 청구인은 사건의 경위를 설명하면서 앞으로는 그런 일이 없도록 주의하겠다는 취지의 의견제출서를 제출하였고, 이에 따라 피청구인은 과징금의 액수를 당초 20만 원에서 10만 원으로 감경하여 이 사건 처분을 한 점 등을 종합하여 보면, 이 사건 처분이 과중하다거나 재량의

범위를 일탈하여 위법·부당한 것이라고 볼 수 없다.

5. 결 론

그렇다면 청구인의 주장을 인정할 수 없으므로 청구인의 청구를 받아들이지 않기로 하여 주문과 같이 재결한다.

Ⅱ. 행정소송

1. 행정소송의 의의 및 대상

행정소송은 행정청의 위법한 처분 그 밖에 공권력의 행사 · 불행사등으로 인한 국민의 권리 또는 이익의 침해를 구제하고, 공법상의 권리관계 또는 법적용에 관한 다툼을 적정하게 해결함을 목적으로 하는 소송이다. 행정소송에 대하여는 다른 법률에 특별한 규정이 있는 경우를 제외하고는 행정소송법이 정하는 바에 의하지만, 행정소송에 관하여 행정소송법에 특별한 규정이 없는 사항에 대하여는 법원조직법과 민사소송법 및 민사집행법의 규정을 준용한다.

행정소송의 대상이 될 수 있는 것은 구체적인 권리의무에 관한 분쟁이어야 하고 일반적, 추상적인 법령이나 고시 자체로서 국민의 구체적인 권리의무에 직접적인 변동을 초래하는 것이 아닌 것은 그 대상이 될 수 없다. 따라서 구체적인 권리의무에 관한 분쟁을 떠나서 고시 자체의 무효확인을 구하는 청구는 행정소송의 대상이 아닌 사항에 대한 것으로서 부적법하다.[3]

2. 행정소송의 종류

(1) 항고소송

항고소송이란 행정청의 처분등이나 부작위에 대하여 제기하는 소송을 말한다. 항고소송은 다음과 같이 구분한다.

3) 대법원 1991.08.27. 선고 91누1738 판결.

① 취소소송

행정청의 위법한 처분등을 취소 또는 변경하는 소송

② 무효등확인소송

행정청의 처분등의 효력 유무 또는 존재 여부를 확인하는 소송

참조판례 ▌행정청이 한 여론조사의 무효확인을 구하는 소송의 적부
행정소송법 제45조는 민중소송 및 기관소송은 법률이 정한 경우에 법률이 정한 자에 한하여 제기할 수 있다고 규정하고 있고, 행정청이 주민의 여론을 조사한 행위에 대하여는 법상 소로서 그 시정을 구할 수 있는 아무런 규정이 없으며, 행정소송법 제46조는 법률에서 민중소송을 허용하고 있는 경우에 그 재판절차를 규정한 것에 불과하므로, 원심이 여론조사의 무효확인을 구하는 소송을 각하한 것은 정당하다.[4)]

③ 부작위위법확인소송

행정청의 부작위가 위법하다는 것을 확인하는 소송

참조판례 ▌음주운전 여부에 대한 조사 과정에서 운전자 본인의 동의를 받지 아니하고 법원의 영장도 없이 한 혈액 채취 조사 결과를 근거로 한 운전면허 정지 · 취소 처분이 위법한지 여부(원칙적 적극)
음주운전 여부에 관한 조사방법 중 혈액 채취(이하 '채혈'이라고 한다)는 상대방의 신체에 대한 직접적인 침해를 수반하는 방법으로서, 이에 관하여 도로교통법은 호흡조사와 달리 운전자에게 조사에 응할 의무를 부과하는 규정을 두지 아니할 뿐만 아니라, 측정에 앞서 운전자의 동의를 받도록 규정하고 있으므로(제44조 제3항), 운전자의 동의 없이 임의로 채혈조사를 하는 것은 허용되지 아니한다.
그리고 수사기관이 범죄 증거를 수집할 목적으로 운전자의 동의 없이 혈액을 취득·보관하는 행위는 형사소송법상 '감정에 필요한 처분' 또는 '압수'로서 법원의 감정처분허가장이나 압수영장이 있어야 가능하고, 다만 음주운전 중 교통사고를 야기한 후 운전자가 의식불명 상태에 빠져 있는 등으로 호흡조사에 의한 음주측정이 불가능하고 채혈에 대한 동의를 받을 수도 없으며 법원으로부터 감정처분허가장이나 사전 압수영장을 발부받을 시간적 여유도 없는 긴급한 상황이 발생한 경우에는 수사기관은 예외적인 요건하에 음주운전 범죄의 증거 수집을 위하여 운전자의 동의나 사전 영장 없이 혈액을 채취하여 압수할 수 있으나 이 경우에도 형사소송법에 따라 사후에 지체 없이 법원으로부터 압수영장을 받아야 한다.
따라서 음주운전 여부에 대한 조사 과정에서 운전자 본인의 동의를 받지 아니하고 또한 법원의 영장도 없이 채혈조사를 한 결과를 근거로 한 운전면허 정지·취소 처분은 도로교통법 제44조 제3항을 위반한 것으로서 특별한 사정이 없는 한 위법한 처분으로 볼 수밖에 없다.[5)]

---

4) 대법원 1996.01.23. 선고 95누12736 판결.

(2) 당사자소송

당사자소송이란 행정청의 처분등을 원인으로 하는 법률관계에 관한 소송, 그 밖에 공법상의 법률관계에 관한 소송으로서 그 법률관계의 한쪽 당사자를 피고로 하는 소송을 말한다.

(3) 민중소송

민중소송이란 국가 또는 공공단체의 기관이 법률에 위반되는 행위를 한 때에 직접 자기의 법률상 이익과 관계없이 그 시정을 구하기 위하여 제기하는 소송을 말한다. 판례는 공직선거법 제222조와 제224조에서 규정하고 있는 선거소송이 행정소송법 제3조 제3호에서 규정한 민중소송에 해당한다고 한다.[6]

(4) 기관소송

기관소송이란 국가 또는 공공단체의 기관 상호간에 있어서의 권한의 존부 또는 그 행사에 관한 다툼이 있을 때에 이에 대하여 제기하는 소송을 말한다. 다만, 헌법재판소법에 의하여 헌법재판소의 관장사항으로 되는 소송은 제외한다.

3. 취소소송

(1) 재판관할

취소소송의 제1심 관할법원은 피고의 소재지를 관할하는 행정법원으로 한다. 다만, 중앙행정기관 또는 그 장이 피고인 경우의 관할법원은 대법원 소재지의 행정법원으로 한다. 토지의 수용 기타 부동산 또는 특정의 장소에 관계되는 처분등에 대한 취소소송은 그 부동산 또는 장소의 소재지를 관할하는 행정법원에 이를 제기할 수 있다.

---

5) 대법원 2016.12.27. 선고 2014두46850 판결.
6) 대법원 2016.11.24. 선고 2016수64 판결.

(2) 당사자

① 원고적격

취소소송은 처분등의 취소를 구할 법률상 이익이 있는 자가 제기할 수 있다. 처분등의 효과가 기간의 경과, 처분등의 집행 그 밖의 사유로 인하여 소멸된 뒤에도 그 처분등의 취소로 인하여 회복되는 법률상 이익이 있는 자의 경우에는 또한 같다.

② 피고적격

취소소송은 다른 법률에 특별한 규정이 없는 한 그 처분등을 행한 행정청을 피고로 한다. 다만, 처분등이 있은 뒤에 그 처분등에 관계되는 권한이 다른 행정청에 승계된 때에는 이를 승계한 행정청을 피고로 한다. 이에 따른 행정청이 없게 된 때에는 그 처분등에 관한 사무가 귀속되는 국가 또는 공공단체를 피고로 한다.

③ 공동소송

수인의 청구 또는 수인에 대한 청구가 처분등의 취소청구와 관련되는 청구인 경우에 한하여 그 수인은 공동소송인이 될 수 있다.

④ 제3자의 소송참가

법원은 소송의 결과에 따라 권리 또는 이익의 침해를 받을 제3자가 있는 경우에는 당사자 또는 제3자의 신청 또는 직권에 의하여 결정으로써 그 제3자를 소송에 참가시킬 수 있다. 또한 법원은 다른 행정청을 소송에 참가시킬 필요가 있다고 인정할 때에는 당사자 또는 당해 행정청의 신청 또는 직권에 의하여 결정으로써 그 행정청을 소송에 참가시킬 수 있다.

(3) 소의 제기

① 행정심판과의 관계

취소소송은 법령의 규정에 의하여 당해 처분에 대한 행정심판을 제기할 수 있는 경우에도 이를 거치지 아니하고 제기할 수 있다. 다만, 다른 법률에 당해 처분에 대한 행정심판의 재결을 거치지 아니하면 취소소송을 제기할 수 없다는 규정이 있는 때에는 그러하지 아니하다.

② 행정심판의 재결 없이 취소소송을 제기할 수 있는 경우

i) 행정심판청구가 있은 날로부터 60일이 지나도 재결이 없는 때
ii) 처분의 집행 또는 절차의 속행으로 생길 중대한 손해를 예방하여야 할 긴급한 필요가 있는 때
iii) 법령의 규정에 의한 행정심판기관이 의결 또는 재결을 하지 못할 사유가 있는 때
iv) 그 밖의 정당한 사유가 있는 때

③ 행정심판 제기 없이 취소소송을 제기할 수 있는 경우

i) 동종사건에 관하여 이미 행정심판의 기각재결이 있은 때
ii) 서로 내용상 관련되는 처분 또는 같은 목적을 위하여 단계적으로 진행되는 처분 중 어느 하나가 이미 행정심판의 재결을 거친 때
iii) 행정청이 사실심의 변론종결 후 소송의 대상인 처분을 변경하여 당해 변경된 처분에 관하여 소를 제기하는 때
iv) 처분을 행한 행정청이 행정심판을 거칠 필요가 없다고 잘못 알린 때

④ 취소소송의 대상

취소소송은 처분등을 대상으로 한다. 다만, 재결취소소송의 경우에는 재결 자체에 고유한 위법이 있음을 이유로 하는 경우에 한한다.

⑤ 제소기간

취소소송은 처분등이 있음을 안 날부터 90일 이내에 제기하여야 한다. 여기서 “처분등이 있음을 안 날부터”의 의미는 통지, 공고 기타의 방법에 의하여 당해 처분 등이 있었다는 사실을 현실적으로 안 날을 의미한다.[7] 다만 다른 법률에 당해 처분에 대한 행정심판의 재결을 거치지 아니하면 취소소송을 제기할 수 없다는 규정이 있는 때, 그 밖에 행정심판청구를 할 수 있는 경우 또는 행정청이 행정심판청구를 할 수 있다고 잘못 알린 경우에 행정심판청구가 있은 때의 기간은 재결서의 정본을 송달받은 날부터 기산한다. 또한 취소소송은 처분등이 있은 날부터 1년(재결이 있은 날부터 1년)을 경과하면 이를 제기하지 못한다. 다만, 정당한 사유가 있는 때에는 그러하지 아니하다. 이 기간은 불변기간으로 한다.

---

7) 대법원 2017.03.09. 선고 2016두60577 판결 : 대법원 2014.9.25. 선고 2014두8254 판결.

제소기간의 준수 여부는 취소소송의 대상이 되는 개개의 처분마다 독립적으로 판단하는 것이 원칙이다.[8)]

참조판례 ▌[1] 행정처분의 효력발생요건으로서 도달의 의미 [2] 행정소송법 제20조 제1항이 정한 제소기간 기산점인 '처분 등이 있음을 안 날'의 의미 / 사회통념상 처분이 있음을 처분상대방이 알 수 있는 상태에 놓인 때에 처분상대방이 처분이 있음을 알았다고 추정할 수 있는지 여부(원칙적 적극) 및 우편물이 등기취급의 방법으로 발송된 경우 그 무렵 수취인에게 배달되었다고 추정할 수 있는지 여부(원칙적 적극)보험자가 보험계약자의 대리인과 보험계약을 체결하는 경우, 보험약관에 관한 명시·설명의무의 상대방

[1] 행정처분의 효력발생요건으로서의 도달이란 처분상대방이 처분서의 내용을 현실적으로 알았을 필요까지는 없고 처분상대방이 알 수 있는 상태에 놓임으로써 충분하며, 처분서가 처분상대방의 주민등록상 주소지로 송달되어 처분상대방의 사무원 등 또는 그 밖에 우편물 수령권한을 위임받은 사람이 수령하면 처분상대방이 알 수 있는 상태가 되었다고 할 것이다.

[2] 행정소송법 제20조 제1항이 정한 제소기간의 기산점인 '처분 등이 있음을 안 날'이란 통지, 공고 기타의 방법에 의하여 당해 처분 등이 있었다는 사실을 현실적으로 안 날을 의미하므로, 행정처분이 상대방에게 고지되어 상대방이 이러한 사실을 인식함으로써 행정처분이 있다는 사실을 현실적으로 알았을 때 행정소송법 제20조 제1항이 정한 제소기간이 진행한다고 보아야 하고, 처분서가 처분상대방의 주소지에 송달되는 등 사회통념상 처분이 있음을 처분상대방이 알 수 있는 상태에 놓인 때에는 반증이 없는 한 처분상대방이 처분이 있음을 알았다고 추정할 수 있다. 또한 우편물이 등기취급의 방법으로 발송된 경우 그것이 도중에 유실되었거나 반송되었다는 등의 특별한 사정에 대한 반증이 없는 한 그 무렵 수취인에게 배달되었다고 추정할 수 있다.[9)]

(4) 심 리

① 행정심판기록의 제출명령

법원은 당사자의 신청이 있는 때에는 결정으로써 재결을 행한 행정청에 대하여 행정심판에 관한 기록의 제출을 명할 수 있다. 제출명령을 받은 행정청은 지체없이 당해 행정심판에 관한 기록을 법원에 제출하여야 한다.

② 직권심리

법원은 필요하다고 인정할 때에는 직권으로 증거조사를 할 수 있고, 당사자가 주장하지 아니한 사실에 대하여도 판단할 수 있다.

---

8) 대법원 2016.11.09. 선고 2014두1260 판결.
9) 대법원 2017.03.09. 선고 2016두60577 판결.

(5) 재 판

① 재량처분의 취소

행정청의 재량에 속하는 처분이라도 재량권의 한계를 넘거나 그 남용이 있는 때에는 법원은 이를 취소할 수 있다.

② 사정판결

원고의 청구가 이유 있다고 인정하는 경우에도 처분등을 취소하는 것이 현저히 공공복리에 적합하지 아니하다고 인정하는 때에는 법원은 원고의 청구를 기각할 수 있다. 이 경우 법원은 그 판결의 주문에서 그 처분등이 위법함을 명시하여야 한다. 이러한 사정판결을 함에 있어서는 미리 원고가 그로 인하여 입게 될 손해의 정도와 배상방법 그 밖의 사정을 조사하여야 한다.

③ 취소판결 등의 효력

처분등을 취소하는 확정판결은 제3자에 대하여도 효력이 있다.

④ 취소판결 등의 기속력

처분등을 취소하는 확정판결은 그 사건에 관하여 당사자인 행정청과 그 밖의 관계행정청을 기속한다. 따라서 판결에 의하여 취소되는 처분이 당사자의 신청을 거부하는 것을 내용으로 하는 경우에는 그 처분을 행한 행정청은 판결의 취지에 따라 다시 이전의 신청에 대한 처분을 하여야 한다.

(6) 제3자에 의한 재심청구

처분등을 취소하는 판결에 의하여 권리 또는 이익의 침해를 받은 제3자는 자기에게 책임 없는 사유로 소송에 참가하지 못함으로써 판결의 결과에 영향을 미칠 공격 또는 방어방법을 제출하지 못한 때에는 이를 이유로 확정된 종국판결에 대하여 재심의 청구를 할 수 있다. 재심청구는 확정판결이 있음을 안 날로부터 30일 이내, 판결이 확정된 날로부터 1년 이내에 제기하여야 한다. 이 기간은 불변기간으로 한다.

4. 취소소송 외의 항고소송

(1) 원고적격

무효등확인소송은 처분등의 효력 유무 또는 존재 여부의 확인을 구할 법률상 이익이 있는 자가 제기할 수 있다. 부작위위법확인소송은 처분의 신청을 한 자로서 부작위의 위법의 확인을 구할 법률상 이익이 있는 자만이 제기할 수 있다.

(2) 준 용

소의제기, 심리, 재판 등에 대해서는 취소소송에 관한 내용을 준용한다.

5. 당사자소송

(1) 피고적격

당사자소송은 국가·공공단체 그 밖의 권리주체를 피고로 한다.

(2) 재판관할

제1심 관할법원은 피고의 소재지를 관할하는 행정법원으로 한다. 다만, 중앙행정기관 또는 그 장이 피고인 경우의 관할법원은 대법원 소재지의 행정법원으로 한다. 토지의 수용 기타 부동산 또는 특정의 장소에 관계되는 처분등에 대한 당사자소송은 그 부동산 또는 장소의 소재지를 관할하는 행정법원에 이를 제기할 수 있다. 다만, 국가 또는 공공단체가 피고인 경우에는 관계행정청의 소재지를 피고의 소재지로 본다.

(3) 제소기간

당사자소송에 관하여 법령에 제소기간이 정하여져 있는 때에는 그 기간은 불변기간으로 한다.

(4) 준 용

소의제기, 심리, 재판 등에 대해서는 취소소송에 관한 내용을 준용한다.

6. 민중소송 및 기관소송

(1) 원고적격

민중소송 및 기관소송은 법률이 정한 경우에 법률에 정한 자에 한하여 제기할 수 있다. 가령 행정청의 고시 일부조항이 상위법규인 법률, 시행규칙 및 헌법 등에 반하여 무효이므로 그 확인을 구한다는 소송은 행정소송법이 규정하고 있는 민중소송이다.[10)]

(2) 준 용

민중소송 또는 기관소송으로써 처분등의 취소를 구하는 소송에는 그 성질에 반하지 아니하는 한 취소소송에 관한 규정을 준용한다. 민중소송 또는 기관소송으로써 처분등의 효력 유무 또는 존재 여부나 부작위의 위법의 확인을 구하는 소송에는 그 성질에 반하지 아니하는 한 각각 무효등확인소송 또는 부작위위법확인소송에 관한 규정을 준용한다. 민중소송 또는 기관소송은 그 성질에 반하지 아니하는 한 당사자소송에 관한 규정을 준용한다.

대법원 행정소송 판결문 예시
대법원 2017. 4. 13. 선고 2016두57472 판결 【부가가치세부과처분등취소】 [공2017상,1027] 【판시사항】 [1] 부가가치세 면세대상인 교육용역의 범위에 관하여 구 부가가치세법 시행령 제30조에서 정한 '그 밖의 비영리단체'의 의미 [2] 학교나 학원 등에 대한 구체적 시설 및 설비의 기준을 정한 법률이 아닌 다른 법령에 따라 설립된 비영리단체가 평생교육을 주된 목적으로 하여 설치된 평생교육기관으로서 주무관청에 의하여 지도·감독이 이루어지는 경우, 구 부가가치세법 제12조 제1항 제6호 및 구 부가가치세법 시행령 제30조에서 정한 '그 밖의 비영리단체'에 포함되는지 여부(적극) [3] 구 박물관 및 미술관 진흥법에 따라 제2종 박물관으로 등록된 유리공예품·조

10) 대법원 1991.08.27. 선고 91누1738 판결.

형물 등을 전시하는 사립박물관에서 유리만들기 체험학습 프로그램을 운영하여 박물관 입장료와 별도로 체험학습 신청자들로부터 체험학습비를 받았는데, 관할 세무서장이 위 박물관에서의 체험학습이 부가가치세 과세대상에 해당한다고 보아 부가가치세를 결정·고지한 사안에서, 위 박물관에서 제공하는 유리만들기 체험학습은 부가가치세가 면제되는 교육용역에 해당한다고 한 사례

【판결요지】

[1] 구 부가가치세법(2013. 6. 7. 법률 제11873호로 전부 개정되기 전의 것) 제12조 제1항 제6호 및 구 부가가치세법 시행령(2013. 2. 15. 대통령령 제24359호로 개정되기 전의 것) 제30조에 의하면 '주무관청의 허가 또는 인가를 받거나 주무관청에 등록 또는 신고된 학교·학원·강습소·훈련원·교습소 또는 그 밖의 비영리단체나 청소년활동 진흥법에 따른 청소년수련시설에서 학생 등에게 지식·기술 등을 가르치는 교육용역'의 공급에 대하여는 부가가치세가 면제된다.

이와 같이 면세대상 교육용역의 요건으로 '주무관청의 허가나 인가 등'을 요구하고 있는 이유는 주무관청이 해당 학교나 학원 등의 교육기관을 지도·감독하겠다는 것이며, 위 시행령 제30조가 '그 밖의 비영리단체'를 학원·강습소·훈련원·교습소와 병렬적으로 나열하고 있는 점 등을 종합하면, 위 시행령 제30조에서 정한 '그 밖의 비영리단체'는 주무관청의 허가나 인가 등을 받아 설립된 모든 비영리단체를 의미하는 것은 아니며 원칙적으로 초·중등교육법, 고등교육법, 영유아보육법, 유아교육법, 학원의 설립·운영 및 과외교습에 관한 법률, 체육시설의 설치·이용에 관한 법률, 평생교육법 등과 같이 학교나 학원 등에 대한 구체적 시설 및 설비의 기준을 정한 법률에 따른 허가나 인가 등을 받아 설립된 비영리단체를 의미한다.

[2] 평생교육법 제2조 제2호는 '평생교육법에 따라 인가·등록·신고된 시설·법인 또는 단체'[(가)목]뿐만 아니라 '그 밖에 다른 법령에 따라 평생교육을 주된 목적으로 하는 시설·법인 또는 단체'[(다)목]를 평생교육기관으로 정하고 있고, 평생교육은 '학교의 정규교육과정을 제외한 학력보완교육, 성인 문자해득교육, 직업능력 향상교육, 인문교양교육, 문화예술교육, 시민참여교육 등을 포함하는 모든 형태의 조직적인 교육활동'을 말하므로, 학교나 학원 등에 대한 구체적 시설 및 설비의 기준을 정한 법률이 아닌 다른 법령에 따라 설립된 비영리단체라 하더라도 위와 같은 평생교육을 주된 목적으로 하여 설치된 평생교육기관으로서 주무관청에 의하여 지도·감독이 이루어지는 경우에는 평생교육법에 따라 인가 등을 받아 설립되어 평생교육프로그램을 실시하는 평생교육기관인 단체 등과 차이가 없어, 구 부가가치세법(2013. 6. 7. 법률 제11873호로 전부 개정되기 전의 것) 제12조 제1항 제6호 및 구 부가가치세법 시행령(2013. 2. 15. 대통령령 제24359호로 개정되기 전의 것) 제30조에서 정한 '그 밖의 비영리단체'에 포함된다.

[3] 구 박물관 및 미술관 진흥법(2016. 5. 29. 법률 제14204호로 개정되기 전의 것, 이하 '구 박물관미술관법'이라 한다) 제16조 제1항에 따라 제2종 박물관으로 등록된 유리공예품·조형물 등을 전시하는 사립박물관에서 유리만들기 체험학습 프로그램을 운영하여 박물관 입장료와 별도로 체험학습 신청자들로부터 체험학습비를 받았는데, 관할 세무서장이 위 박물관에서의 체험학습이 부가가치세 과세대상에 해당한다고 보아 부가가치세를 결정·고지한 사안에서, 구 박물관미술관법에 따라 박물관자료 및 시설 등을 갖추어 등록한 사립박물관인 위 박물관은 수집·관리·보존·조사·연구·전시하는 박물관자료에 관하여 실시하는 문화예술교육 및 시민참여교육 등의 교육활동과 관련하여 평생교육법 제2조 제2호 (다)목에서 정한 평생교육기관에 해당하는 점 등에 비추어, 위 박물관은 평생교육법에 따른 평생교육기관으로서 구 부가가치세법(2013. 6. 7. 법률 제11873호로 전부 개정되기 전의 것) 제12조 제1항 제6호 및 구 부가가치세법 시행령(2013. 2. 15. 대통령령 제24359호로 개정되기 전의 것) 제30조에서 정한 '그 밖의 비영리단체'에 해당하며, 유리공예품·조형물 등을 전시하는 위 박물관에서 제공하는 유리만들기 체험학습은 박물관자료에 관한 지식·기술 등을 가르치는 문화예술교육 내지 시민참여교육으로서 부가가치세가 면제되는 교육용역에 해당한다고 한 사례.

【참조조문】

[1] 구 부가가치세법(2013. 6. 7. 법률 제11873호로 전부 개정되기 전의 것) 제12조 제1항 제6호(현행 제26조 제1항 제6호 참조), 구 부가가치세법 시행령(2013. 2. 15. 대통령령 제24359호로 개정되기 전의 것) 제30조(현행 제36조 참조) / [2] 구 부가가치세법(2013. 6. 7. 법률 제11873호로 전부 개정되기 전의 것) 제12조 제1항 제6호(현행 제26조 제1항 제6호 참조), 구 부가가치세법 시행령(2013. 2. 15. 대통령령 제24359호로 개정되기 전의 것) 제30조(현행 제36조 참조), 평생교육법 제2조 제1호, 제2호 (가)목, (다)목 / [3] 구 박물관 및 미술관 진흥법(2016. 5. 29. 법률 제14204호로 개정되기 전의 것) 제2조 제1호, 제4조 제1항 제2호, 제16조 제1항, 구 부가가치세법(2013. 6. 7. 법률 제11873호로 전부 개정되기 전의 것) 제12조 제1항 제6호(현행 제26조 제1항 제6호 참조), 구 부가가치세법 시행령(2013. 2. 15. 대통령령 제24359호로 개정되기 전의 것) 제30조(현행 제36조 참조), 평생교육법 제2조 제2호 (다)목

【참조판례】

[1] 대법원 2008. 6. 12. 선고 2007두23255 판결(공2008하, 986)

【전 문】

【원고, 상고인】 원고

【피고, 피상고인】 제주세무서장

【원심판결】

광주고법 2016. 10. 19. 선고 (제주)2016누1075 판결

【주 문】

원심판결 중 2012년 제1기 및 제2기 부가가치세 부과처분에 관한 부분을 파기하고, 이 부분 사건을 광주고등법원에 환송한다. 나머지 상고를 기각한다.

【이 유】

상고이유를 판단한다.

1. 2012년 제1기 및 제2기 부가가치세 부과처분 부분에 대하여

가. 구 부가가치세법(2013. 6. 7. 법률 제11873호로 전부 개정되기 전의 것) 제12조 제1항 제6호 및 구 부가가치세법 시행령(2013. 2. 15. 대통령령 제24359호로 개정되기 전의 것) 제30조(이하 위 각 조항을 통틀어 '이 사건 면세조항'이라 한다)에 의하면 '주무관청의 허가 또는 인가를 받거나 주무관청에 등록 또는 신고된 학교·학원·강습소·훈련원·교습소 또는 그 밖의 비영리단체나 청소년활동진흥법에 따른 청소년수련시설에서 학생 등에게 지식·기술 등을 가르치는 교육용역'의 공급에 대하여는 부가가치세가 면제된다.

이와 같이 면세대상 교육용역의 요건으로 '주무관청의 허가나 인가 등'을 요구하고 있는 이유는 주무관청이 해당 학교나 학원 등의 교육기관을 지도·감독하겠다는 것이며, 위 시행령 제30조가 '그 밖의 비영리단체'를 학원·강습소·훈련원·교습소와 병렬적으로 나열하고 있는 점 등을 종합하면, 위 시행령 제30조에서 정한 '그 밖의 비영리단체'는 주무관청의 허가나 인가 등을 받아 설립된 모든 비영리단체를 의미하는 것은 아니며 원칙적으로 초·중등교육법, 고등교육법, 영유아보육법, 유아교육법, 학원의 설립·운영 및 과외교습에 관한 법률, 체육시설의 설치·이용에 관한 법률, 평생교육법 등과 같이 학교나 학원 등에 대한 구체적 시설 및 설비의 기준을 정한 법률(이하 '교육시설관련법'이라 한다)에 따른 허가나 인가 등을 받아 설립된 비영리단체를 의미한다(대법원 2008. 6. 12. 선고 2007두23255 판결 참조). 그런데 평생교육법 제2조 제2호는 '평생교육법에 따라 인가·등록·신고된 시설·법인 또는 단체'[(가)목]뿐만 아니라 '그 밖에 다른 법령에 따라 평생교육을 주된 목적으로 하는 시설·법인 또는 단체'[(다)목]를 평생교육기관으로 정하고 있고, 평생교육은 '학교의 정규교육과정을 제외한 학력보완교육, 성인 문자해득교육, 직업능력 향상교육, 인문교양교육, 문화예술교육, 시민참여교육 등을 포함하는 모든 형태의 조직적인 교육활동'을 말하므로, 교육시설관련법이 아닌 다른 법령에 따라 설립된 비영리단체라 하더라도 위와 같은 평생교육을 주된 목적으로 하여 설치된 평생교육기관으로서 그 주무관청에 의하여 지도·감독이 이루어지는 경우에는 평생교육법에 따라 인가 등을 받아 설립되어 평생교육프로그램을 실시하는 평생교육기관인 단체 등과 차이가 없어, 이 사건 면세조항에서 정한 '그 밖의 비영리단체'에 포함된다고 해석함이 타당하다.

나. 원심이 인용한 제1심판결 이유 및 적법하게 채택된 증거들에 의하면, 다음과 같은 사실들을 알 수 있다.

(1) 원고는 2008. 3. 1. 유리공예품·조형물 등을 전시하는 사립박물관인 '○○○○박물관'(이하 '이 사건 박물관'이라 한다)을 설립하고 2010. 11. 2. 구 박물관

및 미술관 진흥법(2016. 5. 29. 법률 제14204호로 개정되기 전의 것, 이하 '구 박물관미술관법'이라 한다) 제16조 제1항에 따라 제주특별자치도지사에게 제2종 박물관으로 등록하였다.
(2) 이 사건 박물관에서는 유리만들기 체험학습 프로그램을 운영하여 박물관 입장료와 별도로 체험학습 신청자들로부터 체험학습비를 받았는데, 원고는 이를 부가가치세 면세수입금액으로 신고하였다.
(3) 피고는 이 사건 박물관에서의 체험학습이 부가가치세 과세대상에 해당한다고 보아, 2014. 12. 8. 원고에게 2012년 1기분 및 2기분 부가가치세를 결정·고지하였다(이하 '이 사건 부과처분'이라 한다).
다. 구 박물관미술관법 제2조 제1호에 의하면 박물관이란 '문화·예술·학문의 발전과 일반 공중의 문화향유 증진에 이바지하기 위하여 역사·고고(고고)·인류·민속·예술·동물·식물·광물·과학·기술·산업 등에 관한 자료를 수집·관리·보존·조사·연구·전시·교육하는 시설'을 말하며, 구 박물관미술관법 제4조 제1항 제2호는 박물관의 사업으로 박물관자료에 관한 교육을 규정하고 있다. 따라서 박물관미술관법에 따라 박물관자료 및 시설 등을 갖추어 등록한 사립박물관인 이 사건 박물관은 그 수집·관리·보존·조사·연구·전시하는 박물관자료에 관하여 실시하는 문화예술교육 및 시민참여교육 등의 교육활동과 관련하여 평생교육법 제2조 제2호 (다)목에서 정한 평생교육기관에 해당한다.
그리고 이 사건 박물관은 그 시설과 관리·운영에 관하여 구 박물관미술관법을 준수하여야 하고 구 박물관미술관법이나 설립 목적을 위반하면 구 박물관미술관법 제28조 제1항에 따라 문화체육관광부장관 또는 제주특별자치도지사로부터 시정을 요구받는 등 제주특별자치도지사 등에 의한 지도·감독을 받는다.
라. 이 사건 박물관에 관한 위와 같은 사실관계 및 사정과 관련 법률 규정들을 앞에서 본 법리에 비추어 살펴보면, 이 사건 박물관은 평생교육법에 따른 평생교육기관으로서 이 사건 면세조항에서 정한 '그 밖의 비영리단체'에 해당하며, 유리공예품·조형물 등을 전시하는 이 사건 박물관에서 제공하는 유리만들기 체험학습은 박물관자료에 관한 지식·기술 등을 가르치는 문화예술교육 내지 시민참여교육으로서 부가가치세가 면제되는 교육용역으로 봄이 타당하다.
그럼에도 이와 달리 원심은, 원고가 이 사건 박물관에 대하여 박물관미술관법에 따라 등록절차를 마쳤더라도 교육시설관련법에 따라 등록을 하여 설립한 것으로 볼 수 없다는 이유만을 들어, 이 사건 박물관에서 제공한 체험학습이 이 사건 면세조항에 의하여 부가가치세가 면제되는 교육용역에 해당하지 아니한다고 판단하였다.
따라서 이러한 원심의 판단에는 부가가치세 면세대상인 교육용역의 범위에 관한 법리를 오해하여 판결에 영향을 미친 위법이 있다. 이를 지적하는 상고이유 주장은 이유 있다.
2. 나머지 부분에 대하여

원고는 원심판결 중 2011년 제1기, 2013년 제1기 및 제2기, 2014년 제1기 부가가치세의 수정신고 권고행위에 대한 취소청구의 소를 각하한 제1심판결을 그대로 유지한 부분에 관하여도 상고하였으나, 상고장 및 상고이유서에 이에 관한 구체적인 상고이유를 적지 아니하였다.

3. 결론

그러므로 원심판결 중 2012년 제1기 및 제2기 부가가치세 부과처분에 관한 부분을 파기하고, 이 부분 사건을 다시 심리·판단하게 하기 위하여 원심법원에 환송하기로 하며, 나머지 상고를 기각하기로 하여, 관여 대법관의 일치된 의견으로 주문과 같이 판결한다.

대법관 김소영 (재판장) 김용덕 (주심) 김신 이기택

찾아보기

ㅇ

ㅈ

ㅊ

ㅋ

ㅌ

저자약력

법학박사, 행정사
前 인천전문대학, 아주대, 건국대, 천안대, 한국외대 법대, 숭실대 법대, 서울법학원 강사
現 협성대학교 도시개발·행정학과 교수

〈주요논문〉

* 등기와 지적제도의 이원화로 인한 법률문제 연구(박사학위논문 : 숭실대)
* 이중매매의 법률문제에 관한 연구
* 인공수정의 법률문제에 관한 연구
* 뇌사와 관련한 법률문제
* 호의동승의 법률관계
* 소비자보호를 위한 PL법안의 구성법리
* 물권행위의 무인성과 거래실제
* 물권적 청구권과 비용부담의 문제
* 부동산 공시제도 일원화 방안
* 교회분열시 교회재산의 귀속
* 물권행위의 무인성과 등기의 공신력
* 부동산실권리자명의등기에관한법률과 명의신탁의 법리
* 등기와 지적제도의 이원화로 인한 법률문제연구
* E-Commerce에서 통신판매 중개자의 법적 지위와 책임
* 등기부와 지적공부의 불일치
* 지적과 토지이동의 불일치시 소유권의 범위
* 조합재산의 처분방법과 등기절차상의 문제
* 물권행위 해석론에서의 세 가지 논쟁
* DCFR에서의 약관규제
* 건물공사 하수급인의 유치권
* DCFR의 소비자법 통합에 관한 고찰
* 물권적 청구권의 법경제적 문제에 관한 소고
* 이자제한법제의 현황과 과제
* 부동산유치권제도 폐지론
* 토지이동(土地異動)시 소유권의 범위
* 부부재산제에 관한 민법개정법률안 소고
* 채권자대위권의 법적 성질
* 전소법상 사업자면책규정의 타당성 고찰
* DCFR에서의 임대차계약
* 개인정보보호 관리등급제 도입연구
* 채권자대위권의 행사요건 및 효과의 재구성

○ 저 서

* 민법총칙강의, 도서출판 서울법학원, 1990
* 물권법강의, 도서출판 서울법학원 1991
* 채권법강의, 도서출판 서울법학원, 1992
* 친족상속법강의, 도서출판 서울법학원 1993
* 민법, 한국교육기획, 1993
* 민법총칙강의, 형설출판사, 2001
* 판례수록 민사법전, 서울법학원, 1994
* 채권법강의, 형설출판사, 2001
* 가족법강의, 건국대, 1997
* 민법총칙론, 형설출판사, 2004
* 물권법강의, 형설출판사, 2001
* 채권법론, 형설출판사, 2004
* 민법학론, 형설출판사, 2003
* 물권법, 법문사, 2007
* 물권법론, 형설출판사, 2005
* 채권법, 법문사, 2007, 2011
* (객)민법, 법문사, 2007
* 법과 사회(공저), 화산미디어, 2013
* 부동산학(공저), 법문사, 2008
* 민법총칙[2판], 화산미디어, 2014
* 일상생활과 법(공저), 법문사, 2007
* 물권법, 화산미디어, 2014
* 민법총칙, 법문사, 2007, 2011
* 채권법, 동방문화사, 2015
* 소비자법(공저), 박영사, 2013

법과 생활

초판 인쇄 2017년 8월 4일
초판 발행 2017년 8월 10일

저 자 노종천
발 행 인 현근택
발 행 처 화산미디어
주 소 경기도 고양시 덕양구 용현로 10, 507-102(행신동, 무원마을)
신 고 2009년 2월 16일/제395-2009-000012호
전 화 031-973-6929
팩 스 031-972-6930
블 로 그 blog.daum.net/kthyun1
홈페이지 www.hwasanm.com

정 가 20,000원
ISBN 979-11-5977-013-5(93360)